RÉPUBLIQUE FRANÇAISE

—

MINISTÈRE DU COMMERCE ET DE L'INDUSTRIE

—

CONSERVATOIRE NATIONAL DES ARTS ET MÉTIERS

—

OFFICE NATIONAL

DE

LA PROPRIÉTÉ INDUSTRIELLE

292, Rue Saint-Martin, 292. — PARIS (III°)

—

RECUEIL DE LÉGISLATION

CONCERNANT

La Propriété Industrielle et Commerciale

—

TOME II. — LÉGISLATION ÉTRANGÈRE

O S L R

PARIS

LIBRAIRIE DES SCIENCES ET DE L'INDUSTRIE

Louis GEISLER, Imprimeur-Éditeur

de Médicis, 1

1911

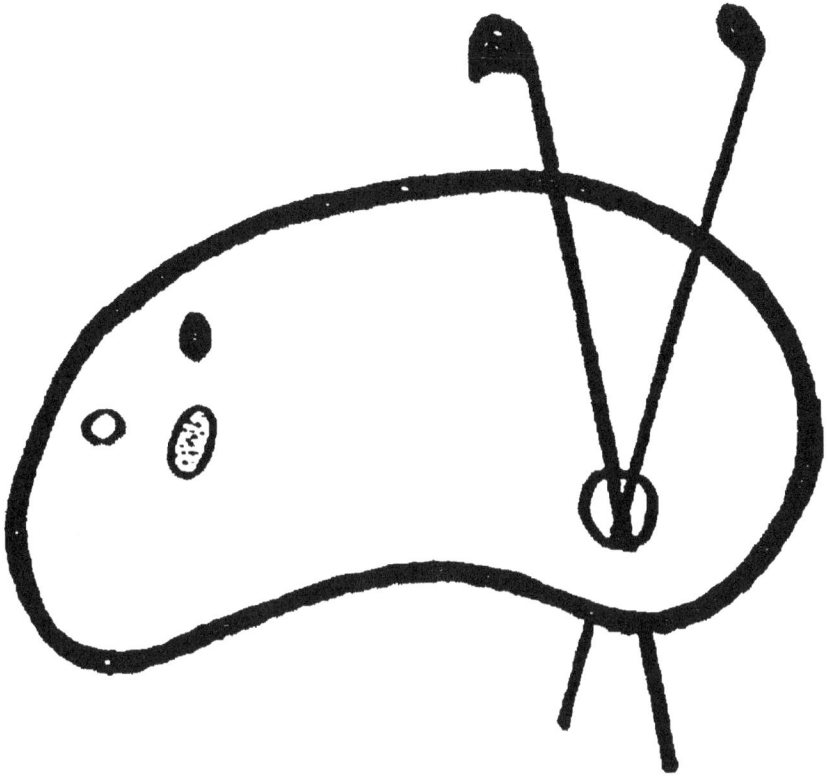

FIN D'UNE SERIE DE DOCUMENTS
EN COULEUR

RECUEIL DE LÉGISLATION

CONCERNANT

La Propriété Industrielle
et Commerciale

Tome II. — LÉGISLATION ÉTRANGÈRE

BREVETS

WEISMANN & MARX

Ingénieurs des Arts et Manufactures

Téléphone 111.10

90, Rue d'Amsterdam, PARIS

RÉPUBLIQUE FRANÇAISE

MINISTÈRE DU COMMERCE ET DE L'INDUSTRIE

CONSERVATOIRE NATIONAL DES ARTS ET MÉTIERS

OFFICE NATIONAL

DE

LA PROPRIÉTÉ INDUSTRIELLE

292, Rue Saint-Martin, 292. — PARIS (IIIe)

RECUEIL DE LÉGISLATION

CONCERNANT

La Propriété Industrielle et Commerciale

TOME II. — LÉGISLATION ÉTRANGÈRE

PARIS

LIBRAIRIE DES SCIENCES ET DE L'INDUSTRIE

Louis GEISLER, Imprimeur-Éditeur

1, Rue de Médicis, 1

1911

CONDITIONS ET FORMALITÉS

ALLEMAGNE (Pays Unioniste)

LOI du 7 avril 1891 sur les Brevets d'invention (¹). — **RÈGLEMENT du 11 juillet 1891 sur les brevets d'invention** (²). — **PRESCRIPTIONS du 22 novembre 1898** (³).

PERSONNES APTES A RECEVOIR LE BREVET. — La délivrance du brevet peut être revendiquée par celui qui, le premier, a fait la déclaration de l'invention au Patent-Amt.

Celui qui n'habite pas dans le pays, qu'il soit ou non de nationalité allemande, doit constituer un mandataire habitant dans le pays.

INVENTIONS BREVETABLES. — Les nouvelles inventions qui sont susceptibles d'une utilisation industrielle.

Une invention n'est pas réputée nouvelle si, au moment de la demande, elle a déjà été décrite dans des imprimés rendus publics dans les cent dernières années ou si elle a déjà été utilisée dans le pays d'une manière assez publique pour que l'usage en paraisse possible par des tiers experts.

INVENTIONS EXCLUES DE LA PROTECTION. — *a)* Les inventions dont l'utilisation serait contraire aux lois ou aux bonnes mœurs ;

b) Les inventions relatives aux aliments, aux objets de consommation et aux médicaments, ainsi qu'aux substances qui sont obtenues par des procédés chimiques, lorsque ces inventions ne concernent pas un procédé déterminé pour la fabrication de ces objets.

---

(1) Voir *Bull. officiel de la Propriété industrielle* (année 1891, n° 331).
(2) Voir *Bull. officiel de la Propriété industrielle* (année 1891, n° 399).
(3) Voir *Bull. officiel de la Propriété industrielle* (année 1899, n° 831).

FORMALITÉS DE LA DEMANDE. — Les étrangers n'ont pas d'autres formalités à remplir que les nationaux (voir ci-dessus 1, alinéa 2). La demande (comme les autres pièces), doit être rédigée en langue allemande.

ÉLÉMENTS DE LA DEMANDE. — A. — Une *requête* par écrit qui doit comprendre :

a) L'indication du nom et de la résidence ou du principal domicile du demandeur ;

b) Une courte désignation de l'invention ;

c) La déclaration qu'un brevet est demandé pour l'invention. Pour les demandes d'addition, on exige l'indication du brevet principal, d'après son objet et son numéro, ou l'indication de la demande principale, d'après son objet et le numéro du dossier ;

d) La déclaration que la taxe légale de 20 marks (¹) a été versée à la caisse du Patent-Amt impérial ou acquittée au moment du dépôt de la demande ;

e) Le tableau des annexes avec l'indication de leurs numéros et de leur contenu ;

f) L'indication du nom, de la profession et de la résidence du mandataire qui doit être une personne capable d'ester en justice et non une firme. Un pouvoir doit être ajouté comme annexe. La signature ne doit être légalisée que lorsque le Bureau des brevets l'exige expressément ;

g) La signature du demandeur ou de son mandataire.

B. — 'Jne *description* de l'invention en double exemplaire.

A la fin de la description, il faut indiquer les points qui doivent être protégés comme brevetables (revendications).

C. — Un *dessin* en double exemplaire :

a) Le dessin original établi en traits noirs sur papier fort ;

b) La copie sur toile à calquer.

---

(1) Le mark vaut environ 1 fr. 23.

D. — *Modèles et échantillons.* — Leur production est laissée, en règle générale, à l'appréciation du demandeur ; elle peut cependant être exigée par le Patent-Amt. Des échantillons doivent être joints aux demandes qui concernent la production de nouveaux produits chimiques ; pour les produits colorants, on doit joindre, en outre, en simple exemplaire, des échantillons teints sur laine, soie et coton.

NATURE ET DURÉE DES BREVETS. — Deux sortes de brevets :

a) Brevets indépendants : leur durée est de quinze ans, à compter du jour qui suit celui de la demande ;

b) Brevets additionnels (pour le perfectionnement ou le développement ultérieur d'une invention déjà protégée au profit du demandeur) ; ils prennent fin avec le brevet principal ; si, par la déclaration de la nullité du brevet principal, un brevet additionnel est transformé en brevet indépendant, la durée de celui-ci et la date de l'échéance des taxes sont déterminées par la date de l'entrée en vigueur du brevet principal. Pour fixer le montant de l'annuité, on prend comme point de départ la date de l'entrée en vigueur du brevet additionnel. Pour cela, on considère comme première année du brevet la période qui s'est écoulée entre le jour de la demande du brevet additionnel et l'anniversaire suivant de l'entrée en vigueur du brevet principal.

FRAIS ET DROITS A PAYER. — 1° Les frais, pour la demande, s'élèvent à 20 marks ;

2° Les annuités, et notamment la première qui doit être acquittée dans le délai de deux mois après la publication de la demande, sous peine de voir celle-ci considérée comme retirée, s'élèvent à 30 marks, la seconde à 50 marks, la troisième à 100 marks et ainsi de suite chaque année en augmentant de 50 marks. La seconde annuité est payable au commencement de la seconde année, chaque autre annuité au commencement de chacune des années suivantes. Le versement doit être effectué dans les six semaines qui suivent l'échéance. Il peut encore être fait dans les six semaines qui suivent, mais moyennant une surtaxe de 10 marks.

Pour les brevets additionnels, en dehors des frais de la demande et de la première annuité, on n'a plus aucuns droits à payer.

Les taxes doivent légalement être acquittées à la caisse du Patent-Amt ou adressées à celle-ci par un bureau de poste situé sur le territoire de l'Empire allemand.

EXTINCTION DU BREVET. — Le brevet s'éteint :

a) Par suite d'une renonciation ;

b) Par suite du non-paiement des taxes dans les délais légaux ;

c) Par suite d'une déclaration de révocation.

Le retrait d'un brevet n'entraîne pas l'extinction du droit au brevet au sens du § 9 de la loi allemande du 7 avril 1891.

DÉCLARATION DE NULLITÉ ET RÉVOCATION DU BREVET. — *a*) Un brevet est déclaré nul, sur réquisition, s'il est prouvé que l'invention n'était pas brevetable ou qu'elle a fait l'objet d'un brevet délivré à un demandeur antérieur ;

b) Le brevet peut être révoqué après un délai de trois années à partir du jour de la publication relative à la délivrance du brevet (§ 27, alinéa 1) :

1º Quand le titulaire du brevet néglige de mettre l'invention en exploitation dans le pays, dans une mesure convenable, ou du moins de faire ce qui est nécessaire pour assurer cette exploitation ;

2º Quand, dans un intérêt public, la délivrance d'une licence d'exploitation de l'invention paraît devoir être accordée à des tiers, et que le breveté se refuse cependant à accorder cette licence contre une rémunération convenable et une garantie suffisante.

PROCÉDURE. — *a*) Examen préalable par un membre de la section des demandes compétente, tant au point de vue des formalités de la demande que de la nouveauté et de la brevetabilité de l'invention ;

b) Ensuite : ou

A) Rejet de la demande par la section des demandes ou

B) Publication et exposition publique de la demande, lorsque la délivrance du brevet ne paraît pas devoir être refusée ;

c) Pendant les deux mois qui suivent la publication, des oppositions peuvent être formées ;

d) Ensuite, délibération de la section des demandes au sujet de la délivrance du brevet. Un titre est délivré au breveté ;

e) Pendant un délai d'un mois à partir de la signification, un recours est ouvert, au demandeur, contre le rejet de la demande et le refus de délivrance et à l'opposant, contre la délivrance du brevet. La section des recours du Patent-Amt statue sur les recours.

LOI du 1er juin 1891 (1) concernant la protection des modèles d'utilité. — PRESCRIPTIONS du 22 novembre 1898 (2).

PERSONNES APTES A EFFECTUER LE DÉPOT. — Le modèle d'utilité est accordé à celui qui le demande.

Celui qui n'a, dans le pays, aucun domicile ou établissement, qu'il soit ou non de nationalité allemande, ne peut, dans ce cas, revendiquer la protection de la loi sur les modèles d'utilité que si, d'après une publication parue dans le *Reichsgesetzblatt*, les modèles jouissent de la protection légale dans l'État où ladite personne a son domicile ou son établissement.

Quiconque, en vertu de cette disposition, dépose une demande, doit constituer un mandataire domicilié dans le pays.

OBJET DU MODÈLE D'UTILITÉ. — Les modèles d'instruments de travail ou d'objets destinés à un usage pratique, ou de leurs parties, s'ils doivent servir à un travail ou à un usage pratique par une nouvelle configuration, disposition ou un nouveau mécanisme.

Les modèles ne sont pas réputés nouveaux lorsque, au moment de la demande, ils ont déjà été décrits dans des imprimés rendus publics, ou lorsqu'ils ont déjà été utilisés publiquement dans le pays.

FORMALITÉS DE LA DEMANDE. — Les étrangers n'ont pas d'autres formalités à remplir que les nationaux (voir ci-dessus 1, alinéa 3). La demande, ainsi que les autres pièces, doivent être écrites en langue allemande.

ÉLÉMENTS DE LA DEMANDE. — A. — Une requête par écrit qui doit contenir :

a) L'indication du nom et du domicile ou du principal établissement du demandeur ;

b) Une désignation convenable pour l'enregistrement et la publication ;

c) L'indication de la nouvelle configuration, du nouveau mécanisme qui doit servir au travail ou à l'usage pratique ;

---

(1) Voir *Bull. Officiel de la Propriété Industrielle* (année 1891, n° 390).
(2) Voir *Bull. Officiel de la Propriété Industrielle* (année 1899, n° 835).

d) La réquisition tendant à ce que le modèle soit enregistré dans le rôle des modèles d'utilité ;

e) La déclaration que la taxe légale de 15 marks a été acquittée à la caisse du Patent-Amt impérial ou qu'elle sera versée au moment du dépôt de la demande ;

f) L'énumération des annexes, avec l'indication dè leurs numéros et de leur contenu ;

g) L'indication du nom, de la profession et du domicile du mandataire. Comme annexe, il faut joindre un pouvoir délivré à une personne capable d'ester en justice, et non à une firme, et dont la signature ne doit être légalisée que si le Bureau des brevets l'exige expressément ;

h) La signature du demandeur ou de son mandataire.

B. — Une description du modèle, si le demandeur le juge nécessaire. La description peut aussi être contenue dans la requête.

C. — Soit une image du modèle, en double exemplaire, sur papier carton ou sur toile à calquer, soit une reproduction du modèle en un seul exemplaire.

Toutes les pièces écrites concernant la demande doivent être fournies en double exemplaire.

DURÉE DE LA PROTECTION DU MODÈLE D'UTILITÉ. — La durée de la protection est de trois ans, à dater du jour qui suit celui de la demande. Elle peut être prolongée de trois années.

DROITS A PAYER. — Les droits à payer pour la demande s'élèvent à 15 marks; les droits pour la prolongation de la protection, à 60 marks; ces derniers doivent être acquittés avant l'expiration du délai de protection de trois ans.

PROCÉDURE. — Lorsqu'une demande remplit les formalités prescrites, l'enregistrement a lieu sans examen de la brevetabilité du modèle.

Le titulaire enregistré reçoit une expédition de l'inscription.

DEMANDE ÉVENTUELLE. — Lorsqu'une demande de modèle d'utilité est formée en même temps qu'une demande de brevet d'invention, l'intéressé peut demander qu'il ne soit donné suite à sa demande de modèle d'utilité que si la demande de brevet n'a pas abouti à la délivrance d'un brevet; dans ce cas, on peut n'acquitter la taxe qu'après la délivrance du brevet.

ARGENTINE (RÉPUBLIQUE)

LOI du 11 octobre 1864 (1). — **RÈGLEMENT du 9 novembre 1866** (2). — **DÉCRET du 6 mars 1906** (3).

PERSONNES APTES A RECEVOIR LE BREVET. — Les inventeurs ou les auteurs de perfectionnements à une invention déjà brevetée, lesquels peuvent se faire délivrer *un certificat d'addition* qui ne peut durer au delà du brevet primitif ou, en tout cas, ne peut dépasser dix années, à moins que la moitié de ce temps ne soit déjà écoulée ou que l'amélioration ait pour effet de diminuer de moitié au moins les dépenses de production, le temps, les risques sur les personnes et les choses, ou qu'elle produise d'autres résultats analogues ; dans ce cas, c'est au Commissaire qu'il appartient de déterminer le délai à accorder.

INVENTIONS BREVETABLES. — Les nouveaux produits industriels, les nouveaux moyens et les nouvelles applications de moyens connus pour l'obtention d'un résultat ou d'un produit industriel.

INVENTIONS NON BREVETABLES. — Les compositions pharmaceutiques, les plans financiers ou les inventions qui auraient été suffisamment publiées dans le pays ou à l'étranger, dans des brochures ou publications périodiques ou qui auraient été exécutées antérieurement à la demande de brevet ; celles qui seraient purement théoriques et dont l'application industrielle ne serait pas indiquée, ou celles qui seraient contraires aux bonnes mœurs ou aux lois de la République.

NATURE ET DURÉE DU BREVET. — TAXES. — Il est délivré des *brevets d'invention* et des *certificats d'addition* ou de *perfectionnement*. Les brevets sont concédés pour cinq, dix ou quinze ans ; la confirmation des brevets étrangers ne peut dépasser dix ans, mais en aucun cas elle ne peut excéder le terme du brevet primitif avec lequel elle prend fin. La taxe est de 80 pesos (413 fr. 30) pour cinq ans, 200 pesos (1.033 fr. 30) pour dix ans et 350 pesos (1.808 fr. 30) pour quinze ans ;

---

(1) Voir *Bull. Officiel de la Propriété Industrielle* (année 1900, n° 874).
(2) Voir *Bull. Officiel de la Propriété Industrielle* (année 1900, n° 876).
(3) Voir *Bull. Officiel de la Propriété Industrielle* (année 1905, n° 1166).

pour la confirmation d'un brevet étranger, il est payé une taxe proportionnelle à la durée calculée sur la même base. Le paiement de la taxe s'effectue de la manière suivante : la moitié en même temps que la demande, et l'autre moitié par annuités successives.

Pour les certificats d'addition, la taxe est du quart de la somme payée pour le brevet, si le pétitionnaire est le propriétaire du brevet et de la moitié si c'est une autre personne.

DEMANDE. — FORMALITÉS ET DOCUMENTS. — La demande doit être adressée au Commissaire. Elle doit être établie sur papier timbré de 25 centavos (1 fr. 28), être écrite en langue espagnole et être présentée, dans la capitale, au Bureau des brevets et, dans les provinces, dans les administrations principales des postes. Elle doit être accompagnée d'une description en double de l'invention, ainsi que des dessins et échantillons qui seraient nécessaires pour en faire comprendre le but, enfin d'un bordereau des pièces déposées.

Les dessins doivent être tracés à l'encre et réduits d'après une échelle métrique ; ils doivent être cotés par lettres ou chiffres, par rapport à la description et *vice versa* ; l'un des exemplaires doit être tracé sur papier à dessiner et autant que possible sur papier en toile ; l'autre exemplaire sur une matière solide permettant de le transporter.

Les attestations et pouvoirs doivent être établis sur papier timbré à 50 centavos (2 fr. 56).

Les demandeurs doivent déclarer si l'invention est, ou non, brevetée à l'étranger et indiquer, dans l'affirmative, le pays, le numéro d'ordre, la date et la durée du brevet obtenu ; la présentation de la traduction et la légalisation des documents relatifs au brevet qu'il s'agit de confirmer ne sont pas obligatoires.

AUSTRALIENNE (FÉDÉRATION)
(Pays Unioniste)

LOI du 23 octobre 1903 (1). — **RÈGLEMENT du 2 novembre 1904** (2). — **LOI du 12 octobre 1906** (3). — **LOI du 13 décembre 1909** (4).

PERSONNES APTES A RECEVOIR LE BREVET. — Toute personne, qu'elle soit ou non sujet britannique, peut déposer une demande de brevet. La demande de brevet peut être faite par l'inventeur réel, son cessionnaire, son agent, son mandataire, son *nominee*; par le représentant légal de l'inventeur réel, décédé ou de son cessionnaire, ou par toute personne à laquelle l'invention aura été communiquée par l'inventeur réel, son représentant légal ou son cessionnaire (si l'inventeur réel ou son cessionnaire ne réside pas sur le territoire de la Fédération).

NATURE ET DURÉE DU BREVET. — TAXES. — La durée des *brevets* est de quatorze ans.

Les taxes sont les suivantes :	£	s.	d.
Lors du dépôt de la demande	1	0	0
Lors de l'acceptation de la spécification complète.	2	0	0
Pour la préparation du brevet en vue du scellement à l'expiration de la 7e année du brevet	5	0	0

Le breveté peut également demander un *brevet additionnel* pour tout perfectionnement apporté à son invention, et ce pour le terme non encore écoulé du brevet original.

La taxe pour un brevet additionnel, s'élève à la moitié de la taxe due pour un brevet ordinaire.

---

(1) Voir *Bull. Officiel de la Propriété Industrielle* (année 1905, n°° 1030, 1031, 1032, 1033, 1034 et 1035).
(2) Voir *Bull. Officiel de la Propriété Industrielle* (année 1906, n°° 1163, 1164, 1165, 1166, 1167, 1168, 1171 et 1172).
(3) Voir *Bull. Officiel de la Propriété Industrielle* (année 1907, n° 1217).
(4) Voir *Bull. Officiel de la Propriété Industrielle* (année 1910, n° 1392).

FORMALITÉS DE LA DEMANDE. — Le dépôt de la demande doit être fait, par remise directe ou envoi par la poste, au Bureau des brevets. La demande doit être accompagnée, soit d'une spécification provisoire, soit d'une spécification complète, en double exemplaire, ainsi que du montant de la taxe prescrite. Le dépôt de la spécification complète doit être effectué, au moins dans les neuf mois à partir de la demande, ou dans tel délai ultérieur ne dépassant pas un mois que le Commissaire accorde par écrit, faute de quoi la demande demeure sans effet.

La demande doit contenir une déclaration exposant les faits sur lesquels elle s'appuie ; elle doit être signée par le demandeur et attestée par un témoin.

Toutes les spécifications doivent commencer par un titre indiquant, d'une manière suffisante, l'objet de l'invention.

La spécification provisoire doit décrire loyalement la nature de l'invention.

La spécification complète doit décrire et préciser, en détail, l'invention et la manière dont elle doit être exécutée et finir par l'indication précise de l'invention revendiquée.

Chaque spécification doit être accompagnée de dessins, si le Commissaire l'exige ; mais si les dessins joints à la spécification provisoire suffisent pour la spécification complète, celle-ci peut seulement s'y référer.

Tous documents envoyés au Bureau des brevets doivent être écrits ou imprimés en anglais sur du papier fort et blanc de bonne qualité, dont l'épaisseur représente, au maximum, 300 feuilles par pouce. Les feuilles doivent mesurer 13 pouces sur 8 pouces, avec une marge de 2 pouces, au moins, du côté gauche, et de un demi-pouce sur les autres côtés.

SPÉCIFICATIONS. — La moitié supérieure de la première feuille de la spécification doit être laissée en blanc, et on ne doit écrire ou imprimer que sur un côté de chaque feuille. Le texte doit être écrit ou imprimé avec une encre au charbon ou toute autre encre fixe, inattaquable par les décolorants. Si le texte est écrit, il doit l'être en caractères grands et lisibles, n'ayant pas plus de dix lettres par pouce ni plus de deux lignes par pouce. S'il est imprimé, il doit l'être en caractères ayant au moins les dimensions du *pica* (corps onze), et il ne doit pas y avoir plus de trois lignes par pouce. La date et la signature doivent figurer à la dernière page, laquelle doit contenir, en outre, s'il s'agit d'une spécification complète, l'exposé des revendications ; dans le cas d'une revendication provisoire, on doit insérer, à cette place, l'exposé descriptif de la nature de l'invention.

DESSINS. — Les dessins doivent indiquer tous les détails de l'invention couverte par la spécification.

Lorsque l'invention consiste en un perfectionnement à une machine connue, le dessin doit montrer l'invention séparée des parties connues, et, en outre, dans une autre figure, le perfectionnement réalisé ainsi que les parties déjà connues qui fonctionnent nécessairement en relation avec lui.

Les dessins doivent être déposés au Bureau des brevets à plat ou roulés, de façon à ne présenter ni froissements, ni plis, ni cassures.

Ils doivent être exécutés sur du papier à dessin fort et d'un blanc pur, dont l'épaisseur représente au maximum cent feuilles par pouce lisse et de bonne qualité, sans couleurs ni lavis à l'encre de chine.

Ils doivent être exécutés sur des feuilles de 13 pouces de haut sur 8 pouces de large. Les figures doivent être tracées dans un cadre rectangulaire de 12 pouces sur 7, laissant une marge d'un demi-pouce. Lorsqu'un dessin d'une grandeur exceptionnelle est nécessaire, il peut être tracé par sections sur plusieurs feuilles détachées. Le nombre des feuilles n'est pas limité. Les figures doivent être numérotées en série continue.

Afin d'assurer une bonne reproduction sur une échelle réduite, toutes les lignes doivent être tracées à l'encre de chine absolument noire et de la même épaisseur.

Les lignes indiquant les coupes et les ombres ne doivent pas être trop rapprochées (30 par pouce au plus) ; il est préférable d'éviter les lignes d'ombre.

Les coupes de plaques et de petites pièces peuvent être figurées par une surface d'un noir uni.

Les lettres et chiffres de référence doivent être nets, distincts, hauts d'un huitième de pouce au moins, et placés verticalement ; les mêmes lettres et chiffres doivent être employés pour les différentes vues des mêmes parties. Les lettres et chiffres de référence doivent être placés sur les parties elles-mêmes, quand la grandeur de celles-ci le permettra ; pour les petites parties on doit placer les lettres et chiffres sur le côté, en les joignant à la place correspondante par une ligne fine.

Si la disposition du dessin le permet, on peut ajouter certains mots, tels que : *plan*, *élévation*, et des mots indiquant brièvement les parties comme : *générateur, réservoir, cylindre d haute pression* ; mais aucune description ni phrase ne doit figurer sur le dessin.

L'échelle adoptée doit être assez grande pour qu'on distingue clairement en quoi consiste l'invention, et il n'est pas nécessaire de montrer une plus grande partie de l'appareil, de la machine, etc., que cela n'est utile pour atteindre ce but.

Quand l'échelle est indiquée sur le dessin, elle doit l'être non par une mention écrite, mais par une ligne divisée. Les dessins correspondants, tels que ceux en plan et en élévation, doivent être exécutés à la même échelle et disposés autant que possible d'après leurs positions relatives.

Chaque feuille de dessins doit être signée par le déposant ou son agent, dans l'angle inférieur de droite, à l'intérieur de l'encadrement, et aussi près que possible de l'angle.

Dans le cas où il s'agit de déposer des dessins avec une spécification complète venant après une spécification provisoire, le nombre et la date de la demande doivent être indiqués dans l'angle inférieur de gauche, en dehors de l'encadrement.

Un fac-similé des dessins originaux préparé strictement selon les règles prescrites pour l'exécution de ces derniers, doit être déposé en même temps qu'eux.

Un fac-similé exécuté sur toile à calquer doit être également déposé.

Les mots « original » ou « copie conforme », selon le cas, doivent être inscrits au milieu et en haut de chaque feuille, en dehors de l'encadrement.

Toute demande et toute spécification sont renvoyées à un examinateur qui vérifie si elles répondent aux prescriptions et notamment si le titre a été indiqué et si l'invention a été décrite de la manière exigée. S'il s'agit d'une spécification complète, l'examinateur vérifie si l'invention décrite en détail est, en substance, la même que celle décrite dans la spécification provisoire, et si l'invention est nouvelle ou non.

Si le résultat de l'examen est défavorable, le demandeur peut être invité à modifier sa demande ou sa spécification. Il peut également être ordonné que la demande, au lieu de porter la date du jour de son dépôt, porte celle d'une date postérieure déterminée, laquelle ne peut être plus tardive que celle à laquelle il a été satisfait aux prescriptions relatives à sa modification.

L'inventeur peut en appeler à l'Officier de la loi contre toute prescription qui lui est faite dans ce sens par le Commissaire des brevets.

Si, à la suite de l'examen, le Commissaire constate que l'invention est déjà brevetée dans la Fédération ou dans l'un des États, depuis moins de cinquante ans, ou y a fait l'objet d'une demande de brevet de date antérieure, il peut, ou refuser la demande et la spécification, ou les accepter, à la condition qu'il y soit fait mention de telles spécifications antérieures qu'il juge convenable en vue de renseigner le public.

Cette décision est susceptible d'un appel devant la Haute Cour ou la Cour Suprême.

Quand la spécification complète a été acceptée, le déposant est invité à verser la taxe d'acceptation et à fournir cinq nouveaux exemplaires de la spécification. La demande et la spécification sont communiquées au public et toute personne peut, dans les trois mois qui suivent cette publication, notifier au Bureau des brevets qu'elle fait opposition à la délivrance du brevet.

S'il n'y a pas d'opposition ou, en cas d'opposition, si la décision du Commissaire est favorable à la délivrance du brevet, le Commissaire fait munir le brevet du sceau du Bureau des brevets.

AUTRICHE (Pays Unioniste)

LOI du 11 janvier 1897 (¹) entrée en vigueur le 1er janvier 1899. — ORDONNANCE du 15 septembre 1898 (²).

PERSONNES APTES A RECEVOIR LE BREVET. — L'auteur de l'invention, ou son ayant cause, a seul droit au brevet. Le premier déposant est, jusqu'à preuve du contraire, considéré comme l'auteur de l'invention.

Les personnes n'habitant pas l'Autriche doivent constituer un mandataire domicilié dans le pays.

INVENTIONS BREVETABLES. — Les inventions nouvelles qui sont susceptibles d'une application industrielle.

---

(1) Voir *Bull. Officiel de la Propriété Industrielle* (année 1897, n° 710).
(2) Voir *Bull. Officiel de la Propriété Industrielle* (année 1898, n° 835).

Une invention n'est pas réputée nouvelle si, avant la date du dépôt de la demande de brevet, elle a déjà :

1º Été décrite dans des imprimés rendus publics, de telle manière que son utilisation par des personnes expertes en la matière paraisse par là rendue possible ;

2º Été utilisée, mise en vue ou présentée dans le pays d'une manière assez publique pour que son utilisation par des personnes expertes en la matière paraisse par là rendue possible ;

3º Fait l'objet, dans le pays, d'un privilège en vigueur, tombé ensuite dans le domaine public.

INVENTIONS EXCLUES DE LA PROTECTION :

1º Les inventions dont le but ou l'usage est contraire aux lois, immoral ou nuisible à la santé, ou qui visent évidemment à induire le public en erreur ;

2º Les théorèmes ou les principes scientifiques comme tels ;

3º Les inventions dont l'objet est réservé à un monopole de l'État ;

4º Les inventions portant sur :

a) Des aliments et des objets de consommation (*Genussmittel*) pour l'espèce humaine ;

b) Des médicaments et des désinfectants ;

c) Des matières obtenues par des moyens chimiques, en tant que les inventions mentionnées sous les numéros 4 (*a* à *c*) ne se rapportent pas à un procédé technique déterminé.

NATURE ET DURÉE DU BREVET. — TAXES. — Quatre espèces de brevets :

1º Brevets d'invention ; durée : quinze ans à partir de la date où la demande de brevet est publiée dans le *Journal des Brevets* ;

2º Brevets additionnels ; même durée que le brevet principal auquel ils se rapportent ;

3º Brevets de transformation délivrés aux titulaires d'anciens privilèges qui désirent transformer ceux-ci en brevets ; même durée que pour les brevets d'invention, sous déduction de celle déjà écoulée du privilège.

Les brevets d'invention qui ne peuvent être exploités sans l'utilisation totale ou partielle d'une autre invention déjà brevetée sont désignés sous le nom de *brevets dépendants*.

Taxe de dépôt 30 couronnes ([1]).

Brevets d'invention :

TAXES ANNUELLES :

1re année	40 couronnes	9e année	240	couronnes
2e —	50 —	10e —	280	—
3e —	60 —	11e —	360	—
4e —	80 —	12e —	440	—
5e —	100 —	13e —	520	—
6e —	120 —	14e —	600	—
7e —	160 —	15e —	680	—
8e —	200 —			

Brevets additionnels : une seule taxe de 50 couronnes, outre la taxe de dépôt.

Les taxes annuelles sont payables d'avance, d'année en année, à partir de la date de la publication de la demande dans le *Journal des Brevets*. La taxe annuelle, pour la première année, doit être acquittée, au plus tard, dans les trois mois qui suivent la publication de la demande dans le *Journal des Brevets*. Si le paiement n'est pas effectué dans ce délai, la demande est considérée comme abandonnée. Les taxes annuelles de la 2e à la 15e année doivent être acquittées, au plus tard, dans les trois mois qui suivent leur échéance. Chaque fois que la taxe annuelle est payée après la date de l'échéance, il y a lieu d'acquitter, en sus de la taxe annuelle, une taxe additionnelle de 10 couronnes.

DEMANDE. — FORMALITÉS ET DOCUMENTS. — La demande doit être adressée au Bureau des brevets et contenir : 1° les nom et prénoms du déposant et, le cas échéant, de son mandataire, ainsi que leur profession et leur domicile ; 2° une requête tendant à l'obtention d'un brevet ; 3° le titre de l'invention ; 4° l'indication du nombre d'années pour lesquelles on paiera la taxe avant la délivrance du brevet.

---

[1] La couronne vaut environ 1 fr. 05.

On doit y joindre : 1º la taxe du dépôt de 30 couronnes ou un certificat constatant que ce montant a été envoyé par la poste ; 2º le pouvoir délivré au mandataire, le cas échéant ; 3º la description de l'invention, en deux exemplaires munis de la signature du déposant ou de son mandataire ;

3º La description de l'invention doit : 1º décrire l'invention de manière à ce qu'elle puisse être exécutée ; 2º grouper les éléments caractéristiques de l'invention dans une ou plusieurs revendications ; 3º contenir les dessins nécessaires à l'intelligence de la description, et être accompagnée, au besoin, des modèles et échantillons nécessaires.

Causes de déchéance :

1º Au plus tard, à l'expiration de la quinzième année ;

2º Quand la taxe annuelle n'a pas été versée en temps utile à la caisse du Bureau ;

3º Quand le breveté renonce au brevet ;

4º Quand le breveté ou son ayant cause néglige d'exploiter l'invention dans le pays, dans une mesure convenable.

Dans ce cas, les brevets d'invention ne peuvent être révoqués que sur la demande d'une personne intéressée.

Système de délivrance :

1º Examen préalable portant sur la brevetabilité de l'invention ;

2º Publication de la demande avec appel aux oppositions. Délai d'opposition : deux mois.

En cas de refus de brevet, ou en cas d'acceptation d'un brevet contesté, l'intéressé peut en appeler, dans le délai d'un mois, au Bureau des brevets, section des recours.

BELGIQUE (Pays Unioniste).

LOI du 24 mai 1854 [1]. — ARRÊTÉS des 24 mai 1854 [2] et 28 juin 1877.

PERSONNES APTES A RECEVOIR LE BREVET. — Le brevet est accordé au premier déposant.

INVENTIONS BREVETABLES. — Toute découverte ou tout perfectionnement susceptible d'être exploité comme objet d'industrie ou de commerce.

NATURE ET DURÉE DU BREVET. — TAXES. — Trois espèces de brevets :

1º Brevets d'invention ; durée : vingt ans à partir de la date du dépôt ;

2º Brevets d'importation ; même durée, limitée toutefois par celle du brevet antérieurement concédé à l'étranger pour le terme le plus long ;

3º Brevets de perfectionnement ; ils prennent fin en même temps que le brevet primitif.

1re annuité, 10 francs ; 2º annuité, 20 francs ; et ainsi de suite, avec une augmentation de 10 francs pour chaque année.

Il n'est point exigé de taxe pour les brevets de perfectionnement lorsqu'ils sont délivrés au titulaire du brevet principal.

DEMANDE. — FORMALITÉS ET DOCUMENTS. — Le demandeur doit déposer, au greffe de l'un des gouvernements provinciaux ou au Bureau d'un commissariat d'arrondissement, une demande accompagnée des pièces suivantes, sous enveloppe cachetée :

1º La description de l'objet inventé ;

2º Les dessins, modèles ou échantillons nécessaires pour l'intelligence de la description ;

---

(1) Voir Bull. Officiel de la Propriété Industrielle (année 1897, nᵒˢ 704 et suiv.).
(2) Voir Bull. Officiel de la Propriété Industrielle (année 1897, nᵒ 729).

3º Un duplicata, certifié conforme, de la description et des dessins;

4º Un bordereau des pièces déposées.

Les pièces ci-dessus doivent toutes être datées et signées.

A ce dépôt doit être jointe la quittance de la première annuité de 10 francs.

La demande, rédigée sur papier timbré, doit indiquer les nom, prénoms, profession et domicile réel ou élu de l'inventeur en Belgique et énoncer un titre renfermant la désignation sommaire et précise de l'objet de l'invention. La description, qui doit être écrite sur papier *pro patria*, ayant 34 centimètres de haut sur 21 à 22 centimètres de large avec une marge en blanc de 4 à 5 centimètres, doit faire connaître complètement l'invention, et se terminer par un court résumé indiquant, sans le secours des dessins, en quoi consiste principalement l'invention. Les dessins doivent être tracés à l'encre sur toile à calquer ayant les mêmes dimensions que celles ci-dessus indiquées ; ils doivent être faits sur échelle métrique, et indiquer, par une teinte différente, les parties caractéristiques de l'invention. Toutes les pièces doivent être signées par le demandeur ou son mandataire, dont le pouvoir doit être légalisé.

Modèles. — Le demandeur ne doit déposer des échantillons que s'ils sont nécessaires pour l'intelligence de la description.

Système de délivrance. — Les brevets sont délivrés sans examen préalable.

BOLIVIE

DÉCRET du 8 mai 1858 [1]. — DÉCRET du 11 septembre 1877 [2]. — DÉCRET du 17 janvier 1902 [3].

Personnes aptes a recevoir le brevet. — L'auteur d'une invention ou d'un perfectionnement ou les importateurs de machines

---

(1) Voir *Bull. Officiel de la Propriété Industrielle* (année 1891, nºˢ 375 et 376).

(2) Voir *Bull. Officiel de la Propriété Industrielle* (année 1891, nº 375).

(3) Voir *Bull. Officiel de la Propriété Industrielle* (année 1903, nº 988).

ou de méthodes industrielles ou de fabrication qui n'ont pas encore été employées antérieurement ni dans l'intérieur de la République ni au dehors.

INVENTIONS BREVETABLES. — Les méthodes nouvelles ou les moyens nouveaux employés pour le perfectionnement de toute fabrication ou industrie.

INVENTIONS EXCLUES DE LA PROTECTION. — La modification apportée aux proportions ou à l'ornementation d'un objet n'est pas considérée comme une invention. Les inventions contraires aux lois ou aux bonnes mœurs, ainsi que les remèdes secrets ne sont également pas brevetables.

NATURE ET DURÉE DU BREVET. — TAXES. — L'auteur d'une invention ou d'un perfectionnement peut obtenir un *privilège* de dix ans au moins et de quinze ans au plus.

Les importateurs de machines ou de méthodes industrielles ont droit à un *privilège* de trois ans, si l'établissement de la machine ou de l'industrie importée exige la dépense ou l'avance de 25.000 piastres ; de six ans, s'il exige 50.000 piastres ; de dix ans, s'il exige 100.000 piastres et plus.

Celui qui a obtenu la délivrance d'un privilège doit payer 100 boli-viens (¹) pour droits de brevet et de plus, pour être mis en possession, présenter un certificat constatant le dépôt, dans la caisse de la Banque Nationale de 100, 200 ou 300 boliviens, suivant que la durée du privilège est de trois, six, dix années ou plus, comme garantie de l'exé-cution ou de la réalité de l'objet qui lui sert de base.

DEMANDE. — FORMALITÉS ET DOCUMENTS. — L'auteur d'une invention ou d'un perfectionnement doit expliquer en quoi ils con-sistent, tout en gardant pour lui le secret du procédé, des simples ou ingrédients qu'il emploie ou de l'instrument dont il se sert ; il doit joindre à sa demande un échantillon du produit obtenu, du métal élaboré ou du produit de l'invention amélioré ou perfectionné.

Celui qui sollicite un privilège d'importation doit joindre à sa demande les croquis ou modèles de la machine qu'il veut établir, ou

(1) Le bolivien vaut environ 5 francs.

bien une description détaillée des principes, méthodes ou procédés de l'industrie qu'il se propose d'introduire sur le territoire de la République, ainsi que du produit qu'il a l'intention d'élaborer.

SYSTÈME. DE DÉLIVRANCE. — Les demandes sont soumises à une Commission de trois personnes compétentes qui ont à apprécier en quoi consiste l'invention, le perfectionnement ou l'importation. Dans un délai maximum de trois mois, à partir du moment de la remise du rapport de cette Commission, le brevet est délivré ; le paquet clos renfermant le secret ou le mémoire produit par le demandeur est, dans ce cas, conservé sous clef à la Secrétairerie de *Fomento*.

BRÉSIL (Pays Unioniste)

LOI du 14 octobre 1882 (¹). — RÈGLEMENT du 30 décembre 1882 (²). — LOI du 5 novembre 1898 (³).

PERSONNES APTES A RECEVOIR LE BREVET. — Le brevet n'est valablement accordé qu'à l'inventeur.

INVENTIONS BREVETABLES. — Constituent des inventions brevetables : les inventions de nouveaux produits industriels ; celles de nouveaux moyens ou l'application nouvelle de moyens connus pour l'obtention d'un produit ou d'un résultat industriel ; le perfectionnement d'une invention déjà brevetée, s'il rend plus facile la fabrication du produit ou l'usage de l'invention brevetée, ou s'il augmente leur utilité.

Sont réputées nouvelles les inventions qui n'ont pas été employées ou pratiquées, au Brésil ou au dehors, antérieurement à la demande de brevet, ni décrites ou publiées de manière à pouvoir être pratiquées.

Le droit de l'inventeur breveté à l'étranger qui demande, dans le délai de sept mois, la confirmation de son brevet au Brésil, en satisfaisant aux conditions et formalités établies pour les demandes de

(1) Voir Bull. Officiel de la Propriété Industrielle (année 1900, n° 877).
(2) Voir Bull. Officiel de la Propriété Industrielle (année 1900, n° 878).
(3) Voir Bull. Officiel de la Propriété Industrielle (année 1902, n° 961).

brevet, ne sera pas invalidé par les faits qui pourraient survenir pendant cette période, tels qu'une autre demande, la publication de l'invention, son emploi ou sa mise en pratique.

INVENTIONS EXCLUES DE LA PROTECTION. — Les inventions :

1º Contraires à la loi ou à la morale ;

2º Dangereuses pour la sûreté publique ;

3º Nuisibles pour la santé publique ;

4º Qui ne produisent pas un résultat pratique.

NATURE ET DURÉE DES BREVETS. — Trois espèces de brevets :

1º Brevets d'invention ; durée quinze ans. S'il s'agit d'un brevet étranger confirmé au Brésil, le brevet brésilien aura la même durée que le brevet original, sans toutefois pouvoir dépasser quinze ans ;

2º Brevets de perfectionnement ; même durée que le brevet primitif auquel ils se rapportent ;

3º Brevets provisoires, pour les inventeurs qui, avant de demander un brevet définitif, veulent expérimenter leurs inventions en public ou les produire à une exposition officielle ou officiellement reconnue. Le terme de protection et les formalités pour l'obtention de ces brevets sont encore à déterminer.

TAXES. — Brevets d'invention :

Première année, 20.000 reis ([1]) ; 2e année, 30.000 reis, et ainsi de suite avec une augmentation annuelle de 10.000 reis.
Brevets de perfectionnement :

Taxe unique correspondant à l'annuité à échoir.

DEMANDE. — FORMALITÉS ET DOCUMENTS. — Pièces à déposer à la Section des Archives publiques :

1º Demande de brevet indiquant le nom, la nationalité, la profession, le domicile ou la résidence momentanée du requérant, la nature de l'invention et son but ou son application ;

2º En duplicata : exposé de l'invention, sous enveloppe datée et cachetée, décrivant l'invention, son but et son mode d'emploi, avec les plans, dessins, modèles et échantillons nécessaires pour l'intel-

_____

[1] Le milreis vaut environ 1 fr. 57.

ligence de l'invention et de l'exposé. L'exposé doit être assez clair pour qu'une personne compétente puisse exécuter l'invention. Il doit se terminer en spécifiant, avec clarté et précision, les éléments constitutifs de l'invention. Les indications de poids et mesures doivent être données d'après le système métrique ; celles relatives à la température, d'après le thermomètre centigrade ; celles relatives à la densité, d'après le poids spécifique.

Les plans et dessins doivent être exécutés sur papier blanc et fort au moyen d'encre noire et fixe. Les feuilles doivent avoir 33 centimètres de haut sur 21, 42 ou 63 centimètres de large avec un encadrement rectangulaire tracé en lignes doubles et laissant une marge de 2 centimètres à l'extérieur. Outre les dessins, les numéros d'ordre des feuilles et la signature de l'inventeur doivent se trouver en dedans du cadre.

Quand il s'agira d'un perfectionnement, les dessins indiqueront, au moyen d'une encre de même couleur, mais par des traits différents — lignes brisées ou pointillées — les modifications apportées à l'invention principale ;

3° Une procuration, si la demande n'est pas déposée par l'inventeur lui-même ;

4° Le brevet original, ou une pièce constatant son existence, s'il s'agit de la confirmation d'un brevet étranger ;

5° Le brevet original, s'il s'agit d'un perfectionnement apporté par le breveté à sa propre invention ;

6° Une attestation relative au brevet principal, s'il s'agit du perfectionnement de l'invention d'un tiers ;

7° Un bordereau des pièces déposées.

MODÈLES. — Les modèles et échantillons ne doivent être déposés que s'ils sont indispensables pour l'intelligence de l'invention.

SYSTÈME DE DÉLIVRANCE. — Le brevet est délivré sans examen préalable, sauf s'il se rapporte à des produits alimentaires, chimiques ou pharmaceutiques. En pareil cas, le gouvernement ordonne un examen préalable et secret.

En cas de refus, le requérant peut adresser un recours au Conseil d'État.

CANADA

LOI 35 V. C. de 1886. — LOI du 19 août 1903 (¹). — RÈGLE-MENT du 23 février 1904 (²).

INVENTIONS BREVETABLES. — Toute personne qui a inventé un procédé, une machine, une fabrication, une composition de matières, nouveaux et utiles, ou un perfectionnement nouveau et utile de l'une de ces choses, non connues ni employées auparavant par une autre personne et qui n'ont pas été mises en usage public ou en vente avec le consentement de l'inventeur plus d'une année avant le dépôt de la demande de brevet au Canada, peut obtenir un brevet qui lui attribue la propriété exclusive de l'invention.

INVENTIONS NON BREVETABLES. — Aucun brevet n'est délivré pour une invention dont le but est illicite ou qui porte sur un principe purement scientifique ou sur une proposition abstraite.

DURÉE DES BREVETS. — TAXES. — Le délai de durée de tout brevet délivré par le *Patent Office* est de dix-huit ans. Au moment de la demande, le déposant peut acquitter la taxe totale pour dix-huit ans ou la taxe partielle pour six ans ou pour douze ans.

En cas de paiement d'une taxe partielle, le brevet prend fin à l'expiration du délai pour lequel la taxe a été payée, à moins que, avant l'expiration de ce délai, le titulaire ne paie la taxe supplémentaire pour six ou douze ans.

Les taxes sont fixées ainsi qu'il suit :

Taxe entière pour dix-huit ans..............	60	dollars(³)
— partielle pour douze ans.............	40	—
— — six ans................	20	—
— — un prolong¹ de douze ans.	40	—
— — un prolong¹ de six ans ...	20	—

---

(1) Voir *Bull. Officiel de la Propriété Industrielle* (année 1904, nᵒˢ 1016 et 1017).
(2) Voir *Bull. Officiel de la Propriété Industrielle* (année 1904, nᵒˢ 1035, 1036 et 1037).
(3) Le dollar vaut environ 5 fr. 18.

FORMALITÉS DE LA DEMANDE. — Le demandeur doit affirmer, sous serment, la réalité de l'invention. A l'étranger, cette formalité peut être remplie devant les agents diplomatiques ou consulaires anglais, ou devant les officiers ou magistrats compétents du lieu.

Celui qui dépose une demande de brevet doit élire domicile au Canada, et indiquer son adresse dans sa demande.

La description doit décrire correctement la manière d'appliquer l'invention selon les vues de l'inventeur. Elle doit indiquer clairement et distinctement les combinaisons et les objets qu'il revendique comme nouveaux.

La description doit porter le nom du lieu où elle est faite, la date, la signature de l'inventeur et, en cas de décès de celui-ci, du déposant, et celle de deux témoins.

S'il s'agit d'une machine, la description doit indiquer complètement son principe et ses différents modes d'application et d'emploi.

DESSINS. — Dans tous les cas qui se prêtent à l'emploi des dessins, le déposant doit joindre à sa demande, en double exemplaire, des dessins montrant clairement toutes les parties de l'invention. Chaque dessin doit être signé par l'inventeur, s'il est vivant, sinon par le déposant, ou par leur agent, et porter des indications écrites correspondant à la description. Le commissaire peut requérir d'autres dessins ou en donner dispense.

Les dessins doivent être faits à l'encre de chine sur des feuilles de toile à calquer de 8 sur 13 pouces, proprement exécutés et non coloriés.

Chaque feuille doit contenir, au pied, 1º la mention ci-après, signée par l'inventeur ou son fondé de pouvoirs : « Certifiés être les dessins mentionnés dans la spécification ci-annexée » ; 2º le lieu, la date et la signature de deux témoins.

Toutes les lignes doivent être claires, nettes, bien accentuées, pas trop fines et *parfaitement noires*.

Les ombres au pinceau, les hachures et les imitations du bois doivent être évitées et les ombres finales au trait doivent être faites avec le moins de lignes possible.

Les lignes de section doivent être bien espacées et être effectuées, de même que les lignes droites, au moyen du tire-ligne. On peut, parfois, employer les lignes ombrées avec avantage, mais les fortes ombres doivent être évitées.

Avec chaque demande de brevet, il faut envoyer une série de dessins à part, sur du fort carton de bristol de 8 sur 13 pouces, sans aucune écriture sur sa face, sauf les lettres de renvoi. Il n'est pas nécessaire d'y mettre ni titre, ni certificat, ni signatures, etc. ; le nom de l'inventeur et celui de l'invention doivent être seuls inscrits au crayon sur le revers.

Le dessin sur carton doit être roulé et non plié.

Tous les documents doivent être lisiblement et proprement écrits ou imprimés sur papier tellière de 13 pouces de longueur sur 8 de largeur, en conservant une marge d'un pouce et demi.

Toutes communications doivent être adressées au *Commissaire des brevets, à Ottawa, Canada.*

On peut se procurer, à cette adresse, l'original anglais des diverses formules prévues par les règlements.

Modèles. — Il suffit de fournir des modèles, si le Commissaire l'exige, et ils doivent être bien faits et pouvoir fonctionner ; ils ne doivent pas avoir plus de 12 pouces dans leur plus grande longueur, à moins d'une autorisation spéciale et ils doivent être construits de manière à faire voir exactement chaque partie de l'invention et son fonctionnement. Lorsque la loi exige des échantillons d'ingrédients, ils doivent être contenus dans des fioles convenablement arrangées ; mais les substances dangereuses ou explosives ne doivent pas être transmises. Les modèles et les fioles doivent porter le nom de l'inventeur, celui de l'invention et la date de la requête ; ils doivent être envoyés au Bureau des brevets, en bon état, aux frais du pétitionnaire.

Caveat. — Celui qui a l'intention de demander un brevet, mais n'a pas encore perfectionné son invention, s'il craint d'être dépouillé de sa découverte, peut déposer au *Patent Office* une description de son invention, aussi étendue qu'il le veut, avec ou sans dessins. Le Commissaire, après paiement de la taxe prescrite, s'élevant à 5 dollars, fait garder secret ce document appelé *caveat* ; toutefois, il en est délivré des copies, sur réquisition du déposant ou d'un tribunal. Le secret est levé à partir de la délivrance du brevet.

Si une autre personne dépose une demande de brevet pour une invention qui peut entrer en collision, sur un point quelconque, avec un *caveat*, le Commissaire en donne avis, par la poste, au déposant dudit *caveat*. Celui-ci peut, dans les trois mois de la date de l'avis postal, s'il veut se prévaloir de son *caveat*, déposer une demande de brevet et en poursuivre l'application.

SYSTÈME DE DÉLIVRANCE. — Les brevets sont délivrés après un examen préalable. Le Commissaire peut s'opposer à la délivrance du brevet :

a) Quand il considère que l'invention prétendue n'est pas légalement brevetable ;

b) Quand il lui parait que l'invention est déjà dans l'usage public, avec le consentement de l'inventeur ;

c) Quand il lui parait que l'invention n'est point nouvelle ;

d) Quand il lui parait que l'invention a été décrite dans un livre ou dans une autre publication imprimée avant le dépôt de la demande de brevet ou qu'elle est autrement devenue publique ;

e) Quand il lui parait que l'invention a déjà été brevetée au Canada ou ailleurs, à moins que le Commissaire n'ait lieu de douter que le breveté ou le déposant est le premier inventeur. Lorsque le Commissaire s'oppose à la délivrance d'un brevet, il notifie sa décision au déposant, en indiquant ses motifs avec assez de détails pour mettre le déposant en état de répondre, s'il le peut, à l'opposition du Commissaire.

Le déposant peut interjeter appel, dans le délai d'un mois, auprès du Gouverneur.

INVENTIONS ÉTRANGÈRES. — Tout inventeur qui demande un brevet dans un pays étranger, avant de l'avoir obtenu au Canada pour la même invention, peut demander un brevet dans ce pays dans l'année qui suit la délivrance du brevet étranger. Si, dans les trois mois à partir de la date de la délivrance d'un brevet étranger, l'inventeur donne avis au Commissaire de son intention de demander un brevet au Canada, aucune personne, ayant commencé durant cette période d'une année à fabriquer dans ce pays, soit le même article, soit d'après le même procédé, n'est fondée à continuer, après que l'inventeur a obtenu un brevet canadien, sans l'autorisation ou la concession de l'inventeur.

CEYLAN (ILE DE)
(Pays Unioniste)

ORDONNANCE du 16 novembre 1892 [1]

PERSONNES APTES A RECEVOIR LE BREVET. — L'inventeur ou les inventeurs d'une nouvelle fabrication, ou l'un ou plusieurs d'entre eux, peuvent déposer auprès du Gouverneur une demande d'enregistrement de la description relative à leur invention. Toute personne, anglaise ou étrangère, peut demander cette autorisation. L'autorisation de faire enregistrer sa demande est accordée au premier déposant.

INVENTIONS BREVETABLES. — Toute invention est réputée nouvelle et, dès lors, brevetable, si, au moment du dépôt de la demande, elle n'a pas encore été employée publiquement dans un lieu quelconque de la Colonie ou du Royaume-Uni, ou si elle n'a pas été publiée par écrit.

INVENTIONS NON BREVETABLES. — Ne sont pas brevetables les inventions sans utilité, ou qui ne sont pas nouvelles, ou qui ont été l'objet d'un brevet depuis plus d'un an hors de la Colonie ou du Royaume-Uni.

NATURE ET DURÉE DU BREVET. — TAXES. — Les brevets sont délivrés pour une durée de quatorze ans à compter de la délivrance ou de la réception de la demande par le Secrétaire colonial. Les taxes dues sont les suivantes : au moment du dépôt de la demande, 10 roupies [2]; au moment du dépôt de la description, 30 roupies ; après le dépôt de la description et avant la fin de la quatrième année, 50 roupies ; pour les cinquième, sixième, septième, huitième années, par an, 50 roupies ; pour les neuvième, dixième, onzième, douzième, treizième années, par an, 100 roupies. L'inventeur peut payer ces taxes soit en totalité, soit par fractions, à toute époque avant l'échéance.

DEMANDE. — FORMALITÉS ET DOCUMENTS. — La demande doit être formulée par écrit et signée par le ou les déposants ou, dans le cas où ils n'habitent pas l'île de Ceylan, par un mandataire dûment autorisé.

---

(1) Voir *Bull. Officiel de la Propriété Industrielle* (année 1892, nᵒˢ 800, 801 et 802).
(2) La roupie vaut environ 2 fr. 37.

La demande doit contenir une déclaration de l'inventeur qu'il est en possession d'une invention dont il revendique la propriété et pour laquelle il demande l'autorisation de faire enregistrer une description. La demande doit, en outre, indiquer le nom, la profession et le domicile du déposant et la date du brevet obtenu dans le Royaume-Uni, le cas échéant ; elle doit décrire, avec une précision suffisante, la nature de l'invention et les caractères de nouveauté qu'elle comporte et indiquer toutes autres particularités relatives à l'invention et les préciser au moyen des dessins, des photographies ou des modèles que le Gouverneur peut juger utile de requérir du déposant.

La description doit être signée par le déposant, commencer par le titre et exposer avec précision l'invention. Si elle porte sur un simple perfectionnement, elle doit distinguer expressément ce qui est ancien de ce qui est revendiqué comme nouveau ; elle doit se terminer par un exposé précis des choses revendiquées.

Système de délivrance. — La demande est renvoyée à un examinateur qui est chargé de s'assurer que la nature de l'invention ou ses éléments nouveaux sont suffisamment décrits et que la demande est convenablement complétée par des détails, ou par des dessins ou photographies ; dans l'affirmative, le déposant est invité à faire enregistrer sa description, après versement de la taxe prescrite ; après quoi son brevet lui est délivré ; dans le cas contraire, le déposant peut être invité à modifier ou à compléter sa demande.

CHILI

LOI du 9 septembre 1840 (¹). — DÉCRET du 1ᵉʳ août 1851 (²) DÉCRET du 6 décembre 1905 (³).

Personnes aptes a recevoir le brevet. — L'auteur ou inventeur de tout art, manufacture, machine, instrument, préparation 'e matières ou de toute amélioration apportée à ces objets.

---

(1) Voir Bull. Officiel de la Propriété Industrielle (année 1889, n° 262).
(2) Voir Bull. Officiel de la Propriété Industrielle (année 1889, n° 263).
(3) Voir Bull. Officiel de la Propriété Industrielle (année 1906, n°° 1187 et 1188).

NATURE ET DURÉE DU BREVET. — TAXES. — Il est accordé des brevets généraux pour tout le territoire de la République, ou des brevets qui ne s'étendent qu'à un, deux ou plus, départements ou provinces. La durée des brevets est de dix ans.

Avant de recevoir le brevet, celui qui l'a sollicité doit justifier du versement, au Trésor, d'une taxe de 50 pesos (¹) destinée aux frais d'entretien de la salle spéciale du Musée national dans laquelle sont exposés les échantillons, dessins ou modèles concernant les objets brevetés.

DEMANDE. — FORMALITÉS ET DOCUMENTS. — La demande, faite en double exemplaire, doit être déposée au Ministère de l'Industrie et des Travaux Publics ; elle doit indiquer le domicile, à Santiago, de l'intéressé ou de son mandataire. Le demandeur doit fournir une description fidèle claire et succincte de son invention, ainsi que les échantillons, dessins ou modèles nécessaires, suivant les cas.

Les demandes concernant des inventions déjà brevetées à l'étranger doivent être accompagnées d'un certificat dûment légalisé, établissant que le déposant est effectivement l'auteur de l'invention faisant l'objet de la demande ou son cessionnaire légal, et que le terme que le Gouvernement étranger a accordé à l'inventeur pour jouir dudit brevet est encore en cours.

SYSTÈME DE DÉLIVRANCE. — Une Commission d'un ou de plusieurs experts est chargée d'examiner l'œuvre ou l'invention et de se prononcer sur son originalité, ainsi que sur les inconvénients qui pourraient résulter de la concession du brevet pour l'industrie ou le commerce du pays. En outre, un résumé de la demande est publié, pendant six jours, dans un des journaux de la capitale désigné par l'autorité administrative. Quiconque se considère lésé est autorisé à faire opposition, dans un délai d'un mois à dater de cette publication, à la concession du brevet demandé. Le brevet n'est délivré qu'après que le demandeur justifie qu'il a déposé au Musée national les échantillons, dessins ou modèles et un document rédigé d'accord avec la Commission d'examen et portant la signature entière de chacun de ses membres.

---

(1) Le peso vaut environ 1 fr. 89.

CHINE

La Chine ne délivre pas de brevets, mais elle n'en protège pas moins les inventeurs qui ont obtenu des brevets dans leur pays, et qui sont sujets ou citoyens de nations dont les relations avec l'Empire Chinois sont réglées par des traités, comme la France, la Grande-Bretagne, les États-Unis, l'Allemagne et la Russie.

La protection peut être demandée, soit par l'inventeur ou son ayant cause, soit par celui qui introduit l'invention en Chine. Pour être susceptible de protection, l'invention ne doit pas être dans le domaine public, en Chine, au moment du dépôt de la demande. Si celui qui demande la protection est domicilié à l'étranger, il doit donner pouvoir à son agent pour le représenter auprès du Tsong-li-Yamen (Ministère des Affaires Étrangères) et des autres autorités chinoises, ainsi qu'auprès du Consul de sa nation.

Il doit déposer, en double exemplaire, un mémoire descriptif et des dessins. S'il y a lieu, un des exemplaires est déposé au Tsung-li-Yamen, l'autre chez le Consul. Il est aussi d'usage d'insérer dans les journaux paraissant en Chine des annonces proclamant les droits du déposant.

COLOMBIE
LOI du 13 mai 1869 (1). — DÉCRET du 14 mars 1902 (2).

PERSONNES APTES A RECEVOIR LE BREVET. — Tout Colombien ou étranger, qui a inventé ou perfectionné quelque machine, appareil mécanique, combinaison de matières ou procédé d'une application utile à l'industrie, aux arts et aux sciences, à quelque manufacture ou produit industriel, peut obtenir un brevet en Colombie.

INVENTIONS NON BREVETABLES. — Il ne peut être accordé de brevets pour l'introduction de produits naturels ou fabriqués de provenance étrangère, non plus que pour des inventions contraires à la salubrité ou à la sécurité publiques, aux bonnes mœurs ou portant atteinte à des droits antérieurs.

---

(1) Voir Bull. Officiel de la Propriété Industrielle (année 1889, n° 261).
(2) Voir Bull. Officiel de la Propriété Industrielle (année 1903, n° 989).

NATURE ET DURÉE DU BREVET. — TAXES. — Il est délivré des *brevets d'invention* pour une durée de cinq à vingt ans. Les taxes varient entre 10 et 200 pesos (¹) par année de la durée du privilège, selon l'importance que le Ministre des Finances attribue à ce dernier.

FORMALITÉS DE LA DEMANDE. — L'intéressé doit s'adresser au Pouvoir Exécutif, personnellement ou par un mandataire, et déclarer l'invention ou le perfectionnement dont il est l'auteur, en l'expliquant avec clarté. Dans le cas où le brevet est accordé, il doit, avant de recevoir le titre, présenter dans le délai de quarante jours, un dessin ou modèle exact de sa machine ou de son appareil et une description détaillée et complète de la méthode et du procédé nouveau, ainsi qu'un échantillon de l'objet manufacturé ou du produit.

SYSTÈME DE DÉLIVRANCE. — Les brevets sont accordés sans examen préalable et sans aucune garantie de la part du Gouvernement Colombien concernant l'utilité de l'objet, ni même l'existence réelle de l'invention ou du perfectionnement.

CONGO (ÉTAT INDÉPENDANT DU)

DÉCRET du 29 octobre 1886 (²). — ARRÊTÉ du 30 octobre 1886 (³).

PERSONNES APTES A RECEVOIR LE BREVET. — Le brevet est accordé au premier déposant.

INVENTIONS BREVETABLES. — Est brevetable toute découverte, tout perfectionnement susceptible d'être exploité comme objet d'industrie ou de commerce.

NATURE ET DURÉE DU BREVET. — TAXE. — Trois espèces de brevets :
1° Brevets d'invention ; durée : vingt ans à partir du dépôt de la demande ;

---

(1) Le peso vaut environ 5 fr. 18.
(2) Voir *Bull. Officiel de la Propriété Industrielle* (année 1887, n° 188).
(3) Voir *Bull. Officiel de la Propriété Industrielle* (année 1887, n° 188).

2º Brevets d'importation ; même durée, limitée toutefois par celle du brevet antérieurement concédé à l'étranger ;

3º Brevets de perfectionnement ; ils prennent fin en même temps que le brevet primitif.

Chaque brevet donne lieu au paiement de la somme de cent francs. Les brevets de perfectionnement ne sont soumis à aucune taxe.

DEMANDE. — FORMALITÉS ET DOCUMENTS. — La demande, rédigée sur papier libre, doit être déposée au Département belge des Affaires Étrangères, soit directement, soit par l'entremise de l'Administrateur général au Congo.

A cette demande doivent être joints, en double expédition :

1º La description certifiée conforme de l'objet inventé ;

2º Les dessins, modèles ou échantillons qui seraient nécessaires pour l'intelligence de la description.

La demande doit indiquer les nom, prénoms, profession et domicile de l'inventeur.

Lorsqu'il s'agit d'un brevet d'importation, la requête doit faire connaître la date et la durée du brevet original et le pays où il a été concédé.

Toutes les pièces doivent être datées et signées par le demandeur ou par son mandataire, dont le pouvoir dûment légalisé, reste annexé à la demande.

SYSTÈME DE DÉLIVRANCE. — Les brevets sont délivrés sans examen préalable.

CUBA (Pays Unioniste)

DÉCRET du 30 juin 1833 (¹).

Pour effectuer le dépôt d'un brevet étranger, et en obtenir plus tard la protection dans cette République, l'intéressé doit, par lui-même ou par l'entremise d'un mandataire, déposer une demande à cet effet à la Secrétairerie de l'Agriculture, de l'Industrie ou du Commerce, en

---

(1) Voir Bull. Officiel de la Propriété Industrielle (année 1909, n° 1318).

lui remettant une copie certifiée de l'enregistrement effectué en sa
faveur dans le pays d'origine, avec le mémoire explicatif correspondant
et les dessins et modèles nécessaires, ces dernières pièces établies en
double exemplaire. La signature du Commissaire des brevets ou du
Chef du Bureau dudit pays d'origine certifiant la copie précitée doit,
pour produire ses effets légaux, être légalisée en la forme prescrite par
le décret de la Présidence de la République, n° 48, en date du 11 avril
1903. Ces documents doivent être accompagnés de leur traduction en
espagnol, traduction qui doit être faite ou signée par l'un quelconque
des notaires publics de la République autorisés à cet effet, ou par
l'Agent diplomatique ou consulaire de la République résidant dans le
lieu d'où proviennent lesdits documents. Si l'intéressé désire en
effectuer le dépôt dans cette République, par l'entremise d'un tiers,
il doit y joindre le pouvoir nécessaire en faveur de la personne chargée
de le représenter. Pour produire ses effets, ce pouvoir doit également
être légalisé de la manière indiquée plus haut. Le dépôt, une fois
accepté dans la République, s'il y a lieu, cette acceptation est communiquée au requérant (breveté ou mandataire), qui doit verser à l'Administration des recettes et impôts de l'arrondissement fiscal de la Havane
la taxe de 35 pesos, monnaie des États-Unis. Sur la présentation, à la
Secrétairerie de l'Agriculture, de l'Industrie et du Commerce, du reçu
de cette somme qui a été remis à l'intéressé par le Bureau des Finances
précité, on délivre immédiatement le *Certificat de dépôt* du brevet en
question au nom du breveté.

La durée de la protection est de dix-sept ans.

DANEMARK (Avec les Iles Féroë)
(Pays Unioniste)

LOI du 13 avril 1894 ( ). — RèGLEMENT du 25 mai 1899 (²).

PERSONNES APTES A RECEVOIR LE BREVET. — Le brevet ne peut
être obtenu que par l'inventeur ou son ayant cause. En cas de demandes
multiples, la préférence est accordée au premier demandeur.

---

(1) Voir *Bull. Officiel de la Propriété Industrielle* (année 1895, n° 515).
(2) Voir *Bull. Officiel de la Propriété Industrielle* (année 1900, n° 862 et suivants).

Tout demandeur de brevet n'habitant pas le Danemark doit constituer un mandataire domicilié dans le pays.

INVENTIONS BREVETABLES. — Les inventions utilisables dans l'industrie ou pouvant donner lieu à une exploitation industrielle.

INVENTIONS EXCLUES DE LA PROTECTION. — 1º Les inventions dépourvues, comme telles, de toute importance ;

2º Celles dont l'exploitation serait contraire aux lois, à la morale ou à l'ordre public ;

3º Les inventions qui, au moment de la demande, ont déjà été décrites dans un imprimé rendu public, ou ont déjà été utilisées assez publiquement en Danemark, pour pouvoir être exécutées par un homme du métier ;

4º Les inventions portant sur des médicaments, des aliments et des boissons, et celles portant sur des procédés pour la fabrication d'aliments.

NATURE ET DURÉE DU BREVET. — TAXES. — Trois espèces de brevets :

1º Brevets d'invention ; durée quinze ans à partir de la date de leur délivrance ;

2º Brevets dépendants, pour des modifications apportées à des inventions brevetées ; même durée ;

3º Brevets additionnels, prenant fin en même temps que le brevet principal.

Taxe d'enregistrement: 20 couronnes ([1]).

Frais d'expédition du brevet: 10 couronnes.

Montant des taxes annuelles :

Les 3 premières, chacune	25	couronnes.
— 3 suivantes, —	50	—
— 3 — —	100	—
— 3 — —	200	—
— 3 dernières, —	300	—

Les brevets additionnels ne paient que la taxe d'enregistrement.

---

(1) La couronne vaut environ 1 fr. 33.

DEMANDE. — FORMALITÉS ET DOCUMENTS. — Demande de brevet rédigée en langue danoise, adressée à la Commission des brevets à Copenhague.

Les pièces annexées, non rédigées en langue danoise, doivent, si la commission l'exige, être complétées par une traduction en danois, dont l'exactitude est attestée par un traducteur autorisé.

Les demandes, ainsi que les pièces annexées, doivent être établies en double sur du papier blanc, fort et non transparent, du format *pro patria* de 34 centimètres sur 21, soit de 13 pouces sur 8 par demi-feuille. Les documents accompagnés d'annexes doivent être rédigés sur des feuilles entières.

Tous les documents écrits doivent être très lisibles. Les caractères doivent être tracés en couleur foncée. S'ils sont exécutés à la machine, chaque lettre doit être nette et il doit y avoir, tant entre les diverses lettres qu'entre les mots et les lignes, un espace convenable.

Les demandes doivent contenir :

a) Le nom complet, la profession et le lieu de domicile du déposant. Pour les grandes localités, c'est-à-dire pour celles ayant plus de 15.000 habitants, l'indication du lieu de domicile comprendra le nom de la rue et le numéro de la maison ; pour les localités moins importantes et pour les endroits qui ont le même nom que d'autres, on fournira une indication précise de leur situation géographique. Pour les localités étrangères, on indiquera en outre le pays où elles se trouvent ;

b) Si le déposant est représenté par un mandataire : le nom complet, la profession et le lieu de domicile de ce dernier ;

c) Le nom, la profession et le lieu de domicile de l'inventeur ;

d) L'objet de l'invention, tel qu'il doit être nommé dans le brevet. Cette dénomination doit comprendre une courte désignation de la nature de l'invention. Les dénominations de fantaisie de l'invention ne peuvent être admises dans les demandes, de même que les explications détaillées concernant l'objet de l'invention, lesquelles doivent être fournies dans la description jointe à la demande ;

e) Si le déposant désire l'application des dispositions contenues dans l'article 2 de l'ordonnance n° 181, du 28 septembre 1894, concernant la protection des marques et brevets étrangers : la date de la présentation de l'invention à l'exposition, ou la date du dépôt de la demande de brevet dans l'État étranger ;

l) Si le déposant désire l'ajournement de la publication et de la communication au public de sa demande, conformément au § 16, alinéa 2 de la loi sur les brevets : la durée pour laquelle l'ajournement est désiré ;

g) Si la demande concerne un brevet additionnel : le numéro du brevet principal auquel il se rapporte, ou si ce numéro n'a pas encore été communiqué à l'intéressé, le numéro d'ordre de la demande et la date du dépôt ;

h) La liste des annexes, lesquelles doivent être munies de numéros d'ordre ;

i) L'indication que la taxe prescrite de 20 couronnes (26 fr. 60) est jointe à la demande, ou une requête tendant à la remise de cette taxe ;

j) La signature du déposant ou de son mandataire.

AUX DEMANDES DOIVENT ÊTRE JOINTS :

a) Une description de l'invention en double exemplaire ;

b) Si cela est nécessaire pour l'intelligence de la description : un dessin également en double exemplaire et, le cas échéant, des modèles, des échantillons, etc. ;

c) Si le déposant est représenté par un mandataire : le pouvoir nécessaire en faveur de ce dernier. Si le déposant n'est pas domicilié dans le pays, il doit se faire représenter par un mandataire qui y réside, lequel doit être autorisé à représenter l'intéressé, tant dans les affaires relatives au dépôt, que dans celles concernant le brevet une fois délivré, et, en particulier, à répondre en son nom aux actions qui pourraient être intentées contre lui en vertu de la loi sur les brevets. La déclaration y relative du déposant doit être suivie d'une mention signée par le mandataire et portant qu'il accepte le pouvoir ;

d) Si le déposant n'est pas lui-même l'inventeur : la preuve que le droit de l'inventeur lui a été transféré. Les documents dont il s'agit doivent, s'ils sont rédigés dans le pays, être signés par devant un notaire public, ou en présence de deux témoins, dont la profession et le domicile seront indiqués ; s'ils sont rédigés à l'étranger, ils doivent être signés en présence d'un consul danois ou d'une autorité publique compétente, dont l'attestation sera légalisée par un consul danois ;

e) Si le déposant désire l'application des dispositions contenues dans l'article 2 de l'ordonnance n° 181, du 28 septembre 1894 : la preuve documentaire dûment attestée, et au besoin légalisée, de l'exactitude des faits allégués par le déposant ;

f) La taxe prescrite de 20 couronnes (26 fr. 60), ou une attestation portant que le déposant ne peut l'acquitter sans se priver des moyens qui lui sont nécessaires pour son entretien ou celui de sa famille. Si cette attestation émane de personnes privées, une déclaration émanant d'une autorité doit certifier que celles-ci sont dignes de foi.

DESCRIPTIONS. — Les descriptions ne doivent pas contenir de figures.

Une marge de 5 centimètres (2 pouces) au moins, doit toujours être réservée sur le côté gauche de la description.

DESSINS. — Pour l'un des exemplaires des dessins, on doit employer du papier-carton blanc, fort et lisse de 33 centimètres (12 pouces 1/2) de haut sur 21 centimètres (8 pouces) de large. Si, à cause de leur nombre, les figures ne peuvent trouver place sur une seule feuille, on peut en déposer plusieurs ; mais, en pareil cas, il faut avoir soin qu'aucune des figures ne soit exécutée à une échelle plus grande que la clarté ne l'exige. Exceptionnellement, la largeur de la feuille peut être augmentée jusqu'à 42 centimètres (16 pouces), si c'est nécessaire pour la clarté du dessin. Les figures doivent, si possible, être tracées de telle manière que leur hauteur coïncide avec celle de la feuille. Les figures, aussi bien que toute écriture figurant sur les dessins, doivent être exécutées avec de l'encre de chine durable et très noire, en lignes fortes et nettes, sans lavis ni couleur et en dedans d'une simple ligne d'encadrement tracée à 2 centimètres (9 lignes) du bord du papier. Toutes les coupes doivent être indiquées par des hachures ou par une couche de couleur noire. Tous les caractères (chiffres et lettres) figurant sur les dessins doivent être lisibles et placés soit en dehors des figures, avec une indication précise de l'objet auquel ils se rapportent (à l'aide de lignes ne se confondant pas avec celles du dessin), soit dans l'intérieur des figures, si cela peut se faire sans couper aucune de ces lignes. Les figures aussi bien que les caractères qui les accompagnent doivent se prêter convenablement à la réduction par la voie photographique. Toutes les lignes doivent donc être tenues bien séparées l'une de l'autre, et les figures compliquées ne doivent pas être surchargées de détails. Tous les signes de renvoi doivent avoir au moins 4 millimètres (2 lignes) de haut. Les diverses figures ne doivent pas empiéter l'une sur l'autre, mais doivent être séparées par un intervalle convenable. Les figures doivent être numérotées d'une manière continue, sans tenir compte du nombre des feuilles. Les numéros des figures doivent avoir au moins le double de la hauteur des signes de renvoi, et être tracés d'une manière propre à frapper la vue, en dehors de la figure à laquelle ils se rapportent. Dans toutes les figures, les mêmes parties doivent toujours être désignées par les mêmes signes. Les dessins ne doivent pas contenir de mentions explicatives. La signature du déposant ou de son mandataire doit être apposée au bas du dessin, à droite, en dehors de la ligne d'encadrement.

Le dessin sur carton ne doit être ni plié ni roulé, mais doit être fourni à plat et en bon état.

Le second dessin doit être une copie du dessin sur papier-carton, exécutée sur toile à calquer. Cette copie peut être exécutée en couleurs.

MODÈLES. — Le dépôt de modèles, d'échantillons ou d'autres objets semblables, n'est obligatoire que si cela est nécessaire pour l'intelligence de la description. On doit cependant toujours joindre des échantillons aux demandes concernant la fabrication de nouvelles substances chimiques, sauf quand il s'agit de matières explosibles ou facilement inflammables. Dans ces derniers cas, les échantillons doivent être fournis si la Commission des brevets en fait la demande.

SYSTÈME DE DÉLIVRANCE. — Examen préalable portant sur l'accomplissement des formalités prescrites et sur la brevetabilité de l'invention.

Publication de la demande avec appel aux oppositions. Délai d'opposition : huit semaines.

En cas de refus, le demandeur peut en appeler à la Commission des brevets elle-même, puis à une Commission spéciale, à constituer par le Ministre de l'Intérieur.

ÉGYPTE

Les formalités à remplir pour l'enregistrement d'un brevet déjà délivré ailleurs sont analogues à celles des marques de fabrique. Aucune forme spéciale n'est prescrite pour le procès-verbal. C'est au déposant à voir que son invention soit décrite de manière à en expliquer clairement la nature et le but, et à lui en assurer la propriété d'une manière non équivoque. Certaines conditions doivent cependant être observées avec soin. La description doit être explicite et indiquer, d'une manière complète et loyale, l'essence réelle de l'invention et la manière dont elle peut être mise en pratique. On fera bien de se conformer au mode de procéder adopté en France. Le procès-verbal, qui, en fait, constitue le brevet, doit exposer clairement tous les détails de l'invention en se référant aux dessins. Le simple dépôt de la description et des dessins déposés à l'étranger ne suffit pas ; en fait, il faut déposer tous les renseignements, dessins, etc., qui seraient nécessaires pour déposer une demande de brevet dans un autre pays. Le déposant ne doit fournir aucune preuve : toutes les questions relatives à la nouveauté, à l'utilité de l'invention, etc., sont examinées plus tard par les Tribunaux, si la validité du brevet est contestée par une partie intéressée. Les fonctions du Greffier sont purement administratives et n'ont aucun caractère judiciaire. La protection des inventions n'est subordonnée, en Égypte, au paiement d'aucune taxe.

ÉQUATEUR

LOI du 3 novembre 1880 (¹).

INVENTIONS BREVETABLES. — Sont considérés comme inventions les moyens ou méthodes que l'on peut découvrir pour le perfectionnement de toute manufacture ou industrie.

INVENTIONS NON BREVETABLES. — Ne sont pas considérées comme inventions celles qui ne consistent qu'en modifications de théorie ou objets de pur ornement. Ne sont pas susceptibles de protection les inventions contraires aux lois ou aux bonnes mœurs, ni les remèdes.

NATURE ET DURÉE DES BREVETS. — La durée des brevets, qui commence à courir à dater de leur concession, ne peut être inférieure à dix ans, ni supérieure à quinze ans.

---

(1) Voir *Bull. Officiel de la Propriété Industrielle* (année 1883, n° 257).

Les introducteurs de machines ou de nouvelles méthodes de fabrication ou industrie inconnues auparavant dans la République peuvent obtenir des *brevets d'importation* dans les conditions ci-après :

Si l'établissement de la machine ou industrie importée exige un capital ou une avance de 25.000 pesos, le brevet est accordé pour une durée de trois ans ; pour une durée de six ans, si ce capital s'élève à 50.000 pesos et pour dix ans, si le même capital se monte à 100.000 pesos ou plus. Ces brevets n'ont d'effet que pour la localité où fonctionnera la machine ou pour le territoire nécessaire à son exploitation.

FORMALITÉS DE LA DEMANDE. — Quiconque sollicite un brevet doit présenter au Pouvoir Exécutif une requête dans laquelle il doit expliquer en quoi consiste l'invention ou le perfectionnement, se réservant le secret de la méthode, des substances ou des ingrédients dont il fait usage, ou de l'instrument qu'il emploie. Cette requête doit être accompagnée d'un échantillon de l'article, métal exploité ou produit de l'invention perfectionnée.

Quand il s'agit d'un brevet d'importation, l'intéressé doit joindre à sa requête des dessins ou modèles de la machine qu'il se propose d'établir, ou un mémoire détaillé décrivant les principes, méthodes et procédés de l'industrie qu'il désire établir dans le territoire de la République, ainsi que du produit qu'il se propose de fabriquer.

SYSTÈME DE DÉLIVRANCE. — Le Gouvernement nomme une Commission de trois personnes compétentes pour juger de la matière et examiner le procédé ou secret constituant l'invention ou le perfectionnement faisant l'objet d'une demande de brevet d'importation. L'avis de cette Commission est remis, sous pli cacheté, au Ministère de l'Intérieur. Dans un délai de trois mois, le Pouvoir Exécutif remet les pièces fournies par le requérant, ainsi que le rapport de la Commission, au Congrès chargé de concéder ou de refuser le brevet. La délivrance du brevet est faite sans garantie du Gouvernement.

ESPAGNE (Pays Unioniste)

LOI du 16 mai 1902 (¹). — DÉCRET du 12 juin 1903 (²) et ORDONNANCE du 29 octobre 1902 (³).

INVENTIONS BREVETABLES. — Peut faire l'objet d'un brevet toute invention nouvelle donnant naissance à un produit ou à un résultat industriel.

Sont compris dans la définition qui précède :

a) Les machines, appareils, instruments, procédés ou opérations mécaniques ou chimiques qui, en tout ou en partie, sont d'invention propre et nouveaux et peuvent faire l'objet d'un brevet d'invention ; et ceux qui, sans remplir ces conditions, ne sont pas établis ou exploités de la même manière sur le territoire espagnol, et peuvent faire l'objet d'un brevet d'importation (art. 12 de la loi du 16 mai 1902).

b) Les produits ou résultats industriels nouveaux, obtenus par des moyens nouveaux ou connus qui peuvent faire l'objet d'un brevet d'invention, si l'exploitation de ces moyens constitue l'établissement d'une branche d'industrie non encore pratiquée dans le pays (art. 12 de la loi du 16 mai 1902) ;

Le produit industriel, qui est toujours un objet matériel, est brevetable indépendamment des moyens servant à l'obtenir. Le résultat industriel qui consiste en qualités et en avantages réalisés dans la fabrication, ne peut être breveté qu'avec les moyens servant à l'obtenir.

Un brevet ne peut se rapporter qu'à un seul objet industriel.

INVENTIONS EXCLUES DE LA PROTECTION. — Ne peuvent faire l'objet d'un brevet :

a) Les résultats ou produits des machines, appareils, instruments, procédés ou opérations mentionnés sous la lettre *a* de l'article 12 de la loi du 16 mai 1902, à moins qu'ils ne soient compris sous la lettre *b* du même article ;

b) Les produits directs de la terre ou de l'élevage ;

c) Les principes ou découvertes scientifiques, aussi longtemps qu'ils demeurent dans le domaine spéculatif et qu'ils ne se traduisent

---

(1) Voir *Bull. Officiel de la Propriété Industrielle* (année 1903, nᵒˢ 969 et suivants).
(2) Voir *Bull. Officiel de la Propriété Industrielle* (année 1903, nᵒ 1033).
(3) Voir *Bull. Officiel de la Propriété Industrielle* (année 1904, nᵒ 1048).

pas en machines, appareils, instruments, procédés ou opérations mécaniques ou chimiques d'un caractère pratique et industriel ;

d) Les préparations pharmaceutiques et les médicaments de tout
genre ; les procédés et appareils servant à fabriquer lesdits médicaments et préparations sont toutefois brevetables ;

e) Les plans ou combinaisons de crédit ou de finance.

NATURE ET DURÉE DU BREVET. — TAXES. — Deux espèces de
brevets : brevets d'invention et brevets d'importation.

La durée des brevets d'invention est de vingt ans s'ils se rapportent à des objets d'invention propre et nouveaux.

La durée des brevets d'importation accordés, pour tout ce qui n'a
pas encore été exploité en Espagne, alors même qu'il s'agirait de
choses dénuées de nouveauté, est de cinq ans seulement, qu'il s'agisse
ou non d'objets d'invention propre.

Le montant des taxes dues pour un brevet suit la progression suivante :

    10 piécettes (¹) la première année;

    20   —   la seconde · —

    30   —   la troisième —

et ainsi de suite, jusqu'à la cinquième ou vingtième année, où la taxe
est respectivement de 50 et de 200 piécettes.

La première annuité doit être payée dans les quinze jours qui
suivent la publication relative à la concession du brevet et les suivantes, chaque année, avant la fin du mois dans lequel le brevet a été
délivré ou dans les trois mois suivants, moyennant une surtaxe de 10,
20 ou 30 piécettes respectivement pour un, deux ou trois mois de
retard.

L'intéressé peut, à toute époque, acquitter en une seule fois le
montant total des taxes annuelles non encore échues et a droit à une
déduction de 5 p. 100 pour les brevets de cinq ans, et de 20 p. 100
pour ceux de vingt ans.

DEMANDE. — FORMALITÉS ET DOCUMENTS. — Les documents à
produire sont les suivants :

1° Une demande au Ministre dans laquelle on doit toujours
indiquer les noms de baptême et de famille ou la dénomination sociale ;

---

(1) La piécette (peseta) vaut 1 franc.

la résidence et le domicile habituel de l'intéressé et de son mandataire, si le brevet est demandé par ce dernier ; l'objet industriel qui donne lieu à la demande de brevet, et dire si cet objet est, ou non, d'invention propre et nouveau. La demande ne doit contenir aucunes conditions, restrictions ni réserves ;

2° Une autorisation signée par l'intéressé, si la demande est déposée par un mandataire ;

3° Un mémoire en duplicata, où l'on doit décrire, avec la plus grande clarté possible, l'objet industriel en vue duquel on demande le brevet, afin qu'en aucun temps il ne puisse y avoir de doute quant à l'objet ou à la particularité que l'on présente comme nouveaux et d'invention propre, ou comme n'ayant pas encore été exploités et établis de la même manière et sous la même forme dans le pays.

Au bas du mémoire, on doit rédiger une note indiquant, d'une manière claire et distincte, quelles sont la ou les parties, la pièce, le mouvement, le mécanisme, l'opération, le procédé ou la matière que l'on revendique comme devant faire l'objet unique du brevet, lequel ne doit porter que sur les revendications contenues dans ladite note.

Le mémoire doit être écrit en espagnol, sans abréviations, corrections, ni ratures, et sans conditions, restrictions ni réserves d'aucune sorte. Les indications relatives aux poids et mesures doivent être données d'après le système métrique décimal. Les deux exemplaires du mémoire peuvent être manuscrits, écrits à la machine, autographiés ou imprimés sur des pages ou feuilles numérotées de 32 centimètres sur 22, ayant à gauche une marge de 5 centimètres, dans laquelle doit être apposé un timbre mobile de 5 centimes ;

4° Les dessins, échantillons ou modèles que l'intéressé jugerait nécessaires pour l'intelligence de l'invention, le tout en duplicata. Les dessins doivent être exécutés à l'encre et établis à l'échelle métrique décimale sur des feuilles de 32 centimètres sur 22, dont la largeur peut être double, triple ou quadruple, pour être pliées et cousues avec le texte du mémoire. On doit apposer sur chacune de ces feuilles un timbre mobile de 5 centimes ;

6° Une liste des documents et objets déposés, signée par l'intéressé ou son mandataire.

SYSTÈME DE DÉLIVRANCE. — Les brevets d'invention sont délivrés sans examen préalable quant à leur nouveauté et à leur utilité.

CERTIFICATS D'ADDITION. — Le possesseur d'un brevet ou son ayant cause a, pendant la durée de la concession, la faculté d'introduire dans l'objet du brevet, les changements, modifications ou additions qu'il juge convenables, et cela avec un droit de préférence vis-à-vis de tout autre qui, le même jour, aurait demandé un brevet pour l'objet sur lequel porte le changement, la modification ou l'addition en cause.

Ces changements, modifications ou additions sont constatés au moyen de certificats d'addition.

Celui qui demande un certificat d'addition doit acquitter une taxe de 25 piécettes une fois payée.

DÉCHÉANCES. — Les brevets d'invention et d'importation tombent en déchéance :

1º Quand le terme fixé pour la durée est écoulé ;

2º Quand le possesseur n'a pas acquitté l'annuité correspondante dans les délais fixés par la loi ;

3º Quand l'objet du brevet n'a pas été mis en exploitation dans le délai de trois ans ;

4º Quand le possesseur a cessé de l'exploiter pendant un an et un jour, à moins qu'il ne justifie d'un cas de force majeure.

ÉTATS-UNIS DE L'AMÉRIQUE DU NORD

(Pays Unioniste)

LOI du 8 mars 1897 (¹). — RÈGLEMENT du 1ᵉʳ janvier 1898 (²). — RÈGLEMENT de 1903 (³).

PERSONNES APTES A RECEVOIR LE BREVET. — Le brevet n'est accordé qu'à l'inventeur premier et original, ou à son ayant cause. Si l'inventeur n'est pas mort, c'est lui qui doit déposer la demande et prêter serment.

---

(1) Voir Bull. Officiel de la Propriété Industrielle (année 1897, n° 692).
(2) Voir Bull. Officiel de la Propriété Industrielle (année 1898, n° 751)
(3) Voir Bull. Officiel de la Propriété Industrielle (année 1903, n° 1104 et suivants).

Inventions brevetables :

1° Les arts ;

2° Les machines ;

3° Les produits industriels ;

4° Les combinaisons de matériaux ;

nouveaux et utiles.

5° Les perfectionnements nouveaux apportés et utiles aux objets ci-dessus.

Pour être brevetable, l'objet de l'invention ne doit pas avoir été connu ou employé par d'autres, aux États-Unis, avant la date où l'invention a été faite ; ni breveté ou décrit dans une publication imprimée, aux États-Unis ou à l'étranger, antérieurement à cette date ou plus de deux ans avant le dépôt de la demande de brevet ; ni avoir été mis en usage public et en vente, aux États-Unis, plus de deux ans avant la date de la demande. Le brevet est nul s'il est demandé, aux États-Unis, plus de douze mois après la première demande déposée à l'étranger.

Une machine, un procédé ou un produit constituent des inventions distinctes et indépendantes, et pour chacun de ces objets les revendications doivent être présentées en une demande séparée.

Inventions exclues de la protection. — Les inventions qui ne sont pas suffisamment utiles ou importantes.

Nature et durée du brevet. — Taxes. — Tout citoyen des États-Unis, et tout étranger y ayant résidé une année qui prête serment de son intention de se faire naturaliser, peut déposer un *caveat*. Le *caveat* contient la description d'une invention en germe, que son auteur désire encore mûrir. Il ne confère au déposant d'autre droit que celui d'être averti, pendant l'année qui suit le dépôt, au cas où un tiers déposerait une demande de brevet pour un objet analogue, après quoi il a un délai de trois mois pour déposer une demande de brevet régulière, qui est examinée concurremment avec l'autre demande.

Le brevet d'invention dure dix-sept ans à partir de la date de sa délivrance.

Taxe de dépôt :

Pour un *caveat*, 10 dollars.

Pour un brevet, 15 dollars.

Taxe à payer lors de la délivrance du brevet : 20 dollars.

Aucun autre versement n'est exigé pendant la durée du brevet.

DEMANDE. — FORMALITÉS ET DOCUMENTS. — Pièces à déposer au Bureau des brevets :

1° Requête tendant à la délivrance d'un brevet ;

2° Description de l'invention se terminant par une ou plusieurs revendications précises portant sur les points qui constituent l'invention ; la description doit être signée par l'inventeur, son exécuteur testamentaire ou son administrateur, et la signature doit être certifiée par deux témoins ;

3° Déclaration sous serment portant que le requérant croit être l'inventeur premier et original, indiquant si l'invention a été brevetée à l'étranger et mentionnant la nationalité de l'inventeur et le pays où il réside ;

4° Des dessins, modèles ou échantillons, si cela est nécessaire ;

5° Un pouvoir, si la demande de brevet est déposée par un mandataire.

Les documents indiqués sous les n°s 1 à 3 doivent être rédigés en anglais.

Le dessin peut être signé par l'inventeur, ou le nom de ce dernier peut y être apposé par son mandataire et certifié par deux témoins. Le dessin doit faire voir tous les éléments de l'invention faisant l'objet de revendications. Si l'invention consiste en un perfectionnement apporté à une machine connue, le dessin doit montrer l'invention elle-même, distincte des parties anciennes, et, dans une autre vue, une partie suffisante de ces dernières pour faire comprendre comment l'invention se combine avec elles. Les prescriptions de détail pour l'exécution des dessins, fort minutieuses, se trouvent à l'article 51 du règlement du Bureau des brevets du 18 juin 1897.

MODÈLES. — Un modèle ou un échantillon ne doit et ne peut être fourni que si la demande en est faite à l'inventeur.

Le modèle doit montrer clairement chaque partie de la machine qui fait l'objet d'une revendication. Il ne doit contenir autre chose que ce qui est compris dans l'invention, à moins qu'il ne s'agisse d'un modèle devant fonctionner effectivement.

Le modèle doit être proprement fait, en une matière durable ; mais quand la matière forme un élément essentiel de l'invention, il doit être construit en cette matière-là. Le modèle ne doit pas mesurer plus d'un pied dans chaque dimension, sauf quand le Commissaire admet des modèles susceptibles de fonctionner, pour des machines compliquées. Quand les modèles sont en bois, ils doivent être vernis.

Autant que possible, le modèle ou l'échantillon doivent porter le nom de l'inventeur.

SYSTÈME DE DÉLIVRANCE. — L'invention est soumise à un examen au Bureau des brevets. S'il y a des obstacles à la délivrance du brevet, le demandeur peut modifier la description ou les dessins, de manière à donner satisfaction à l'examinateur.

Quand la demande de brevet est en conflit avec un brevet délivré ou avec une demande de brevet en suspens, les parties sont mises en présence et ont à faire valoir leurs droits respectifs au brevet.

On peut appeler des décisions de l'examinateur au Conseil des examinateurs en chef et au Commissaire des brevets.

FINLANDE

DÉCRET du 21 janvier 1898 (1).

PERSONNES APTES A RECEVOIR LE BREVET. — Le droit d'obtenir un privilège appartient exclusivement à l'inventeur ou à ses ayants cause.

INVENTIONS BREVETABLES. — Il est accordé des *privilèges* pour les inventions nouvelles applicables à l'industrie.

INVENTIONS NON BREVETABLES. — Il n'est pas accordé de privilèges pour les inventions dont l'usage est contraire aux lois ou aux bonnes mœurs.

Si le privilège se rapporte à un comestible ou un remède, ou à une composition produite au moyen d'un procédé chimique, le privilège n'est pas accordé pour le produit lui-même, mais seulement pour un procédé spécial de fabrication.

L'invention n'est pas reconnue nouvelle si, avant le dépôt de la demande de privilège, elle a été publiquement décrite d'une manière

---

(1) Voir Bull. Officiel de la Propriété Industrielle (année 1903, n° 1279).

assez détaillée ou employée d'une manière assez publique, pour permettre, par cela même, aux personnes versées dans l'industrie en cause d'exécuter l'invention.

Une publication, faite en conséquence d'une demande de privilège déposée auprès d'un Gouvernement étranger, ne peut cependant faire obstacle, en Finlande, à la concession d'un privilège en faveur du même demandeur ou de ses ayants cause, si la nouvelle demande est déposée dans le délai de six mois à partir de la susdite publication.

DURÉE DU PRIVILÈGE. — TAXES. — Les privilèges sont délivrés pour une durée de *quinze ans*, à dater de leur concession.

Pour un perfectionnement apporté à une invention déjà privilégiée, le propriétaire du privilège peut demander un privilège *additionnel* qui expire en même temps que le brevet principal.

La taxe de dépôt est de 30 markkaas (1). En outre, pour chaque privilège d'invention, sauf les privilèges additionnels, le titulaire est tenu de verser annuellement, à partir de la deuxième année de la durée, une taxe de 20 markkaas pour la deuxième et la troisième années; pour les années de la quatrième à la sixième inclusivement, une taxe de 40 markkaas ; pour les années de la septième à la neuvième inclusivement, 50 markkaas ; pour les années de la dixième à la douzième inclusivement, 60 markkaas, et pour les années de la treizième à la quinzième inclusivement, 70 markkaas. La taxe doit être payée, à la Direction de l'Industrie, pour chaque année de la durée du privilège, avant le commencement de cette année, sauf à payer plus tard une taxe augmentée du cinquième. Si la taxe ainsi augmentée n'est pas payée dans les trois mois à partir du commencement de l'année correspondante du privilège, celui-ci tombe en déchéance.

FORMALITÉS DE LA DEMANDE. — Quiconque désire obtenir un privilège d'invention doit déposer une demande, par écrit, auprès de la Direction de l'Industrie. La demande doit contenir le titre de l'invention, les titres et l'adresse postale du déposant, et être accompagnée des pièces et objets suivants :

1º Une description de l'invention, en double exemplaire ;

2º Les dessins nécessaires pour l'intelligence de la description en deux exemplaires et, en cas de besoin, les modèles, échantillons, etc.;

---

(1) Le markkaas vaut 1 fr.

3° Si le déposant réside à l'étranger, un pouvoir délivré à un fondé de pouvoirs résidant dans le pays.

La description doit être rédigée d'une manière claire et détaillée, de façon à permettre aux personnes versées dans l'industrie d'exécuter l'invention d'après cette description. Elle doit, en outre, indiquer exactement et clairement ce qui, dans l'idée de l'inventeur, constitue la partie nouvelle de l'invention.

SYSTÈME DE DÉLIVRANCE. — Si la demande a été régulièrement formée, la Direction de l'Industrie, dans les deux mois à partir du dépôt, publie la demande dans le journal officiel du pays, en annonçant que l'invention est provisoirement protégée ; la demande et les documents y annexés doivent être mis à la disposition de quiconque veut prendre connaissance de leur contenu.

Pendant un délai de deux mois à dater de cette publication, les tiers peuvent faire opposition à la délivrance du privilège. S'il n'est formé aucune opposition, le brevet est délivré.

GRANDE-BRETAGNE
(Pays Unioniste)

LOI du 28 août 1907 [1] et RÈGLEMENT du 17 décembre 1907 [2].

PERSONNES APTES A RECEVOIR LE BREVET. — Une demande de brevet peut être formée par toute personne affirmant qu'elle est le véritable et premier auteur d'une invention, qu'elle soit ou non un sujet britannique, et qu'elle agisse en son propre nom ou conjointement avec une autre personne.

NATURE ET DURÉE DU BREVET. — TAXES. — Il est délivré des brevets d'invention dont la durée est de 14 ans ; mais le déposant ou le breveté peut demander, pour un perfectionnement ou une modification de son invention, un autre brevet dont la durée est limitée à la

------

[(1) Voir Bull. Officiel de la Propriété Industrielle (année 1908, n° 1253).
(2) Voir Bull. Officiel de la Propriété Industrielle (année 1908, n° 1287).

durée du brevet original ou à la partie de cette durée qui n'est pas encore écoulée.

Il n'est pas payé de taxes de renouvellement pour de tels brevets qui prennent le nom de *brevets d'addition*.

Les taxes à verser pour les brevets d'invention sont les suivantes :

Lors du dépôt de la demande de protection provisoire. 1 liv. st.([1])

Lors du dépôt de la demande de la description complète. 3   —

Lors du scellement du brevet...................... 1   —

    Ou bien :

Lors du dépôt de la description complète dès la première demande... 4   —

Lors du scellement du brevet..... 1   —

(Le paiement de ces taxes de dépôt assure la protection légale pendant les quatre premières années du brevet.)

    5e année .... 5 liv. st.

    6e — 6   —

et ainsi de suite, en augmentant de 1 liv. st. par année, jusqu'à la 14e année, terme de la durée du brevet.

DEMANDE. — FORMALITÉS ET DOCUMENTS. — La demande, adressée au Bureau des brevets, doit déclarer que le demandeur est en possession d'une invention dont il assure être le véritable et premier inventeur ; elle doit être accompagnée d'une description, soit provisoire, soit complète.

La description provisoire doit décrire la nature de l'invention, et être accompagnée de dessins, si cela est nécessaire.

La description complète doit décrire et préciser, en détail, la nature de l'invention et la manière dont elle doit être exécutée, et être accompagnée de dessins, si cela est nécessaire.

La description, provisoire ou complète, doit commencer par le titre ; la description complète doit finir par l'indication précise de l'invention revendiquée.

Si la demande est accompagnée d'une spécification provisoire, le déposant peut déposer la description complète dans les six mois qui suivent, ou solliciter du Contrôleur général un délai supplémentaire d'un mois qui doit lui être accordé après paiement de la taxe prescrite. Passé ce délai, la demande est considérée comme abandonnée.

---

(1) La livre sterling vaut vingt-cinq francs.

Une demande déposée par un mandataire de l'inventeur doit être accompagnée d'un pouvoir au nom de ce mandataire.

Toute demande de brevet devant jouir du délai de priorité établi à l'article 4 de la Convention internationale ou d'une disposition analogue d'une convention conclue entre la Grande-Bretagne et un État étranger, doit contenir une déclaration constatant le dépôt de la demande antérieure faite à l'étranger, et spécifier les États étrangers dans lesquels il a été déposé des demandes de brevet pour la même invention, ainsi que les dates officielles de ces demandes. La demande doit être faite dans les douze mois à partir de la première demande étrangère, et être signée par la personne qui a déposé cette demande. La demande formée dans le Royaume-Uni doit, au moment du dépôt, ou dans un délai ([1]) à fixer par le contrôleur, mais n'excédant pas trois mois, être accompagnée, en dehors de la description complète, des pièces suivantes :

1° Une copie de la description et des dessins ou documents correspondants, remis par le déposant au Bureau des brevets de l'État étranger en vue de la première demande, pièces qui doivent être certifiées par le préposé audit Bureau ou légalisées ;

2° Si la description ou le document correspondant est rédigé en une langue étrangère, une traduction certifiée conforme par une déclaration légale.

Les demandes et descriptions mentionnées plus haut doivent être rédigées sur des formulaires que l'on peut se procurer dans les principaux bureaux de poste du Royaume-Uni.

Toute demande de brevet doit être signée par le déposant : mais les autres communications pourront avoir lieu par l'entremise d'un agent admis par le contrôleur général et, si ce dernier l'exige, résidant dans le Royaume-Uni.

FORME DES DOCUMENTS. — Tous les documents ou copies de documents, à l'exception des dessins, envoyés ou déposés au Bureau ou remis au Contrôleur ou au *Board of Trade* doivent être écrits à la main ou à la machine, lithographiés ou imprimés en anglais, en caractères grands et lisibles, avec de l'encre noire et fixe, sur du fort papier blanc et sur un seul côté de la feuille, dont les dimensions doivent être d'environ 13 pouces sur 8 pouces, en laissant une marge de 1 pouce 1/2

---

(1) L'extension du délai ci-dessus est soumise au paiement d'une taxe qui est, pour un mois, de 2 livres sterling, pour deux mois, de 4 livres, et pour trois mois, de 6 livres.

au moins à gauche ; les signatures doivent être d'une écriture grande et lisible.

A la partie supérieure de la première page de la description, on doit laisser en blanc un espace d'environ 2 pouces.

DESSINS. — On ne doit introduire, dans la description, aucun dessin ou esquisse qui exigerait la confection d'une illustration spéciale dans le texte imprimé.

Les dessins peuvent être faits à la main, lithographiés, imprimés, etc.; ils doivent être exécutés sur un papier très blanc, pressé, cylindré ou calandré à chaud, de surface unie, de bonne qualité et d'épaisseur moyenne sans lavis ni couleurs, de façon qu'on puisse les reproduire nettement par la photographie sur une échelle réduite.

Les feuilles de dessin doivent mesurer 13 pouces de hauteur sur une largeur de 8 à 8 pouces 1/4 ou de 16 à 16 pouces 1/2, la dimension la plus étroite étant préférable.

Ils doivent être tracés à l'encre noire et être établis sur une échelle suffisamment grande pour montrer clairement l'invention. Si l'échelle est donnée, elle doit être dessinée et non indiquée par écrit. Les coupes et les ombres ne doivent pas être représentées par des surfaces noires ou des lavis.

Les lettres et chiffres de référence doivent être d'une hauteur d'un huitième de pouce au moins. On doit employer les mêmes lettres pour les diverses vues d'une même partie. Quand les lettres de référence sont placées en dehors des figures, elle doivent être jointes à la partie à laquelle elles se réfèrent par des lignes fines.

Les dessins doivent porter, à l'angle supérieur gauche, le nom du déposant et, s'il s'agit d'une description complète venant après une ou plusieurs descriptions provisoires, le numéro et les années des demandes ; le nombre de feuilles déposées et le numéro de chaque feuille doivent être inscrits dans le coin supérieur droit ; la signature du déposant ou de son agent, dans l'angle inférieur droit.

Un fac-similé ou une copie conforme des dessins est déposé avec l'original.

Les mots « original » ou « copie conforme », suivant les cas, doivent être inscrits dans l'angle supérieur droit, sous le numéro des feuilles.

Les dessins doivent être déposés exempts de plis, de cassures ou de froissements.

Quand l'invention faisant l'objet de la demande est une invention chimique, les échantillons et spécimens typiques que le Contrôleur peut juger utile d'exiger doivent être fournis, en double exemplaire, avant l'acceptation de la description complète.

MODÈLES. — Le *Board of Education* peut, en tout temps, demander au breveté de lui fournir un modèle de son invention, moyennant le paiement des frais de fabrication du modèle.

SYSTÈME DE DÉLIVRANCE. — 1º Examen de la description complète tendant à constater : *a)* si elle a été préparée de la manière prescrite et si, le cas échéant, l'invention qui y est décrite en détail est essentiellement la même que celle décrite dans la description provisoire ; *b)* si l'invention revendiquée a déjà été, en totalité ou en partie, revendiquée ou décrite dans une description (autre qu'une description provisoire non suivie d'une description complète), publiée antérieurement, à la date de la demande dont il s'agit et déposée à l'occasion d'une demande de brevet effectuée dans le Royaume-Uni, pendant le cours des cinquante années qui ont précédé la date de ladite demande ;

2º Publication de l'acceptation de la description complète, avec appel aux oppositions. Délai d'opposition : 2 mois.

Le demandeur peut recourir au *Law Officer* en cas de refus de la description complète, ou en cas de refus du brevet en suite d'opposition.

GUATEMALA

DÉCRET du 17 décembre 1897 [1].

PERSONNES APTES A RECEVOIR LE BREVET. — Tout Guatémaltèque ou étranger domicilié dans la République depuis un an, qui invente une machine, un instrument ou appareil mécanique, un objet manufacturé de n'importe quelle espèce, ou une méthode de procéder, d'application utile aux sciences ou aux arts, peut obtenir du Gouvernement un brevet d'invention. Les inventions faites à l'étranger peuvent être brevetées, en toute circonstance, quand il existe des traités internationaux ou des conventions contenant des dispositions à cet effet.

---

(1) Voir *Bull. Officiel de la Propriété Industrielle* (année 1898, n°° 761 et 766).

INVENTIONS BREVETABLES. — Sont considérées comme inventions nouvelles : les nouveaux produits industriels, les nouveaux moyens ou la nouvelle application de moyens connus pour l'obtention d'un résultat ou d'un produit industriel, que ce soit pour un procédé complètement nouveau ou pour un perfectionnement de procédés déjà connus.

INVENTIONS NON BREVETABLES. — Il n'est pas concédé de brevets pour les découvertes ou inventions qui sont déjà connues dans le pays ou à l'étranger, comme tout ou partie d'un procédé déjà employé.

NATURE ET DURÉE DU BREVET. — TAXES. — Des *brevets d'invention* sont délivrés pour une durée de cinq à quinze ans, ainsi que des *brevets additionnels*, qui ne sont jamais concédés pour un terme plus long que la durée restant à courir pour le brevet principal. La concession d'un brevet entraîne le versement d'une taxe annuelle de 30 piastres (150 fr.) pendant toute la durée du brevet. La première annuité doit être acquittée à la *Trésorerie Nationale*, au moment de la concession du brevet ; les annuités ultérieures, dans les dix premiers jours de janvier, sous peine de retrait du brevet par l'administration qui l'a accordé.

DEMANDE. — FORMALITÉS ET DOCUMENTS. — La demande doit être présentée au *Ministère des Travaux publics*, sur papier de 25 centavos (0 fr. 25) chaque feuille ; elle doit être accompagnée d'échantillons, dessins ou modèles, suivant les cas, et d'une déclaration jurée, avec légalisation de la signature par notaire, contenant la description claire de l'invention et un ensemble de preuves démontrant que cette invention était inconnue auparavant ; elle doit être accompagnée de la pièce justifiant le versement de la première annuité.

SYSTÈME DE DÉLIVRANCE. — Une fois la demande présentée, elle est publiée dans le *Journal Officiel* pendant un mois ; elle est ensuite soumise à un examen concernant la véracité du contenu de la déclaration jurée. S'il n'y a pas d'opposition de la part des tiers, et si le résultat de l'examen est favorable, le brevet est délivré au demandeur.

HONDURAS

LOI du 14 mars 1898 (').

Les inventeurs étrangers qui ont obtenu des brevets dans d'autres pays peuvent les faire enregistrer dans le Honduras, dans les mêmes conditions que les nationaux, en payant, à titre de droit d'inscription, une taxe annuelle de 10 à 50 pesos (²), selon le cas.

Le Bureau des brevets relève du Ministère de *Fomento*.

HONGRIE

(Pays Unioniste)

LOI du 14 juillet 1895 (³). — ORDONNANCE du 28 janvier 1896 (⁴).

Personnes aptes a recevoir le brevet. — Le brevet appartient à l'inventeur ou à son ayant cause.

Les personnes n'habitant pas la Hongrie doivent constituer un mandataire dans le pays.

Inventions brevetables. — Toute invention nouvelle et susceptible d'être exploitée industriellement.

Une invention n'est pas considérée comme nouvelle si, lors de la demande de brevet :

1º Elle a déjà été suffisamment divulguée, par suite de la publication d'imprimés ou d'autres genres de reproductions, pour pouvoir être utilisée par des hommes du métier ;

---

(1) Voir Bull. *Officiel de la Propriété Industrielle* (année 1903, n° 1261). Le règlement visé par la loi du 14 mars 1898 ne paraît pas avoir été rendu.

(2) Le peso vaut environ 5 francs.

(3) Voir Bull. *Officiel de la Propriété Industrielle* (année 1896, n°° 652 et suivants).

(4) Voir Bull. *Officiel de la Propriété Industrielle* (année 1896, n°° 648 et suivants).

2º Elle a déjà été suffisamment divulguée, par suite de l'exploitation ou de l'exposition publiques, pour que son utilisation par des hommes du métier ait, par là, été rendue possible ;

3º Elle a fait déjà l'objet d'un brevet.

L'invention est considérée comme nouvelle, alors même qu'elle aurait été publiée ou exploitée, s'il s'est écoulé cent ans depuis le dernier fait d'exploitation ou de publication.

INVENTIONS EXCLUES DE LA PROTECTION. — Les inventions :

1º Dont l'application est contraire aux lois et aux bonnes mœurs ;

2º Se rapportant à des objets nécessaires pour le développement de la puissance de l'armée ou de la marine, si le Ministre du Commerce fait opposition à la délivrance du brevet ;

3º Portant sur des théorèmes et principes scientifiques comme tels ;

4º Pour des produits alimentaires et médicaments et pour des produits obtenus par la chimie ; le procédé servant à la fabrication de ces produits est toutefois brevetable.

NATURE ET DURÉE DU BREVET. — TAXES :

1º Brevets d'invention ; durée : quinze ans à partir de la date de la demande ;

2º Brevets additionnels ; même durée que le brevet principal auquel ils se rapportent.

Taxe de dépôt pour les deux espèces de brevets : 20 couronnes (¹).

Taxes annuelles pour les brevets d'invention :

	Couronnes			Couronnes
1re année . . .	40	9e année . . .	160
2e — . . .	50	10e — . . .	200
3e — . . .	60	11e — . . .	250
4e — . . .	70	12e — . . .	300
5e — . . .	80	13e — . . .	350
6e — . . .	100	14e — . . .	400
7e — . . .	120	15e — . . .	500
8e — . . .	140		

(1) La couronne vaut environ 1 fr. 05.

Taxe unique pour les brevets additionnels : 40 couronnes, en sus
de la taxe de dépôt.

DEMANDE. — FORMALITÉS ET DOCUMENTS. — La demande de
brevet doit être déposée, par écrit, au Bureau des brevets et contenir :

1° Le nom, la profession et le domicile du demandeur et, le cas
échéant, de son mandataire ;

2° Le titre de l'invention ;

3° L'énonciation que le requérant est l'auteur de l'invention, ou
son ayant cause ; et dans ce dernier cas :

4° Le nom, la profession ou le domicile de l'inventeur, ainsi que
l'indication du document sur lequel le demandeur fonde son droit.

A la demande doivent être joints :

1° Le reçu de la caisse d'État constatant le paiement de la taxe
de dépôt ;

2° Un pouvoir légalisé, si le dépôt est effectué par un mandataire ;

3° La description de l'invention, en duplicata, dans une enveloppe
fermée, sur laquelle devront être inscrits le titre de l'invention ainsi
que le nom et le domicile du demandeur ;

4° Quand le demandeur est l'ayant cause de l'inventeur, le document constatant la transmission de l'invention.

La description doit être loyale et suffisante pour permettre aux
hommes du métier de réaliser, sans autre secours, l'objet de l'invention.
Elle doit se terminer par une ou plusieurs revendications indiquant
ce qui est nouveau et doit jouir de la protection. S'il y a plusieurs
revendications et que l'essence de l'invention consiste dans l'ensemble
de ces dernières ou dans leur groupement, cette circonstance doit
être mentionnée. La description doit contenir les dessins nécessaires
pour la rendre intelligible, et être accompagnée, si cela est nécessaire,
d'échantillons ou de modèles. Elle doit être signée par le demandeur
ou son mandataire.

La demande de brevet doit être écrite ou imprimée nettement
et lisiblement, à l'encre noire, sur des feuilles entières, et doit être
signée par un mandataire, légitimé comme tel.

Le titre à donner à l'invention est proposé par le requérant, mais
le Bureau des brevets n'est pas tenu de l'accepter.

Lors du dépôt des demandes de brevets additionnels ou des demandes de brevets se rapportant à l'amélioration ou au perfectionnement

d'une invention déjà brevetée en faveur d'un tiers, il y a lieu d'indiquer le numéro d'ordre du brevet original, ou de celui auquel il s'agit d'apporter des perfectionnements.

Dans les descriptions, toute indication de longueur, de capacité ou de poids doit être donnée d'après le système métrique, et au moyen des signes indiqués dans l'ordonnance publiée le 1er août 1883, sous le n° 33881, par le ci-devant Ministère royal hongrois de l'Agriculture, de l'Industrie et du Commerce.

La Commission internationale des poids et mesures ayant déterminé les signes abrégés à employer pour indiquer les mesures métriques, les mesures employées dans la pratique doivent, en cas d'abréviation, être écrites comme suit :

1° Mesures de longueur.

Au lieu de kilomètre	*km*		Au lieu de centimètre	*cm*
— mètre. .	*m*		— millimètre	*mm*
— décimètre	*dm*			

2° Mesures de superficie.

Kilomètre carré . .	*km²*		Centimètre carré . . .	*cm²*
Mètre carré . . .	*m²*		Millimètre carré . . .	*mm²*
Décimètre carré . .	*dm²*			

3° Mesures de capacité.

Kilomètre cube. .	*km³*		Hectolitre	*hl*
Mètre cube	*m³*		Litre.	*l*
Décimètre cube . .	*dm³*		Décilitre	*dl*
Centimètre cube. .	*cm³*		Centilitre	*cl*
Millimètre cube . .	*mm³*			

4° Mesures de poids.

Tonne	*t*		Gramme	*g*
Quintal métrique.	*q*		Décigramme	*dg*
Kilogramme . . .	*kg*		Centigramme . . .	*cg*
Décagramme. . .	*dkg*		Milligramme	*mg*

Ces signes doivent, aussi bien dans le texte écrit que dans l'impression, être écrits ou imprimés immédiatement après le nombre exprimant la mesure, ou, si ce nombre contient une fraction décimale, après le dernier chiffre de la fraction, dans le même ordre, sans discontinuité ou intercalation de points, et en lettres minuscules romaines.

Quand il est fait mention de degrés de température, ils doivent toujours être indiqués d'après le thermomètre centigrade.

Quand il s'agit de déterminer la densité d'une substance, on le fait en indiquant le poids spécifique de cette dernière.

Les dessins doivent être établis conformément aux prescriptions suivantes :

a) Les dessins sont déposés en deux exemplaires : un exemplaire principal et un exemplaire secondaire ;

b) L'exemplaire principal est exécuté, sur du papier à dessiner blanc, fort et lisse, dans l'un des trois formats suivants, savoir :

> 33 centimètres de haut sur 21 centimètres de large,
> ou 33 — — 42 — —
> — 33 — — 63 — —

Ces dessins, ainsi que le texte et les lettres de renvoi, doivent être tracés à l'encre de chine noire.

Le dessin doit être encadré d'une simple ligne marginale tracée à une distance de 2 centimètres du bord du papier, sauf du côté haut, où on doit laisser, pour le titre, un espace de 3 centimètres.

Modèles. — Le dépôt d'échantillons ou de modèles est obligatoire, si cela est nécessaire pour l'intelligence de l'invention.

Quand l'objet inventé doit être produit par la voie chimique, les échantillons destinés à faire comprendre le procédé de fabrication doivent être présentés dans des bouteilles d'un diamètre de 30 millimètres et d'une hauteur de 80 millimètres au maximum ; toutefois, quand il s'agit d'inventions destinées à la teinture de matières fibreuses, de tissus, de cuirs ou de papiers, il faut présenter, en double exemplaire, des échantillons du produit teint, collés sur du papier-carton de 33 centimètres de haut sur 21 centimètres de large et représentant les différentes phases de la teinture.

Système de délivrance. — 1° Examen de la demande de brevet, au point de vue de sa régularité et de la brevetabilité de l'invention, sauf en ce qui concerne la nouveauté de cette dernière ;

2° Publication de l'invention, avec appel aux oppositions. Délai d'opposition : deux mois.

En cas de refus de brevet, ou en cas d'acceptation d'une demande de brevet contestée, la partie lésée peut en appeler, dans les trente jours, à la section judiciaire du Bureau des brevets.

INDES BRITANNIQUES

LOI du 16 mars 1888 (¹)

PERSONNES APTES A RECEVOIR LE BREVET. — Tout inventeur d'une nouvelle fabrication, qu'il soit ou non sujet britannique, peut demander au Gouverneur général, en Conseil, l'autorisation d'en déposer la description.

INVENTIONS BREVETABLES. — Comme à Ceylan (Voir page 29).

INVENTIONS NON BREVETABLES. — Comme à Ceylan.

NATURE ET DURÉE DU BREVET. — TAXES. — Les brevets sont délivrés pour une durée de quatorze ans à compter de la date du dépôt de la description. Les taxes des brevets sont les suivantes : au moment du dépôt de la demande, 10 roupies (²) ; au moment du dépôt de la description, 30 roupies ; avant la fin de chacune des quatrième, cinquième, sixième et septième années, 50 roupies ; pour chacune des huitième, neuvième, dixième, onzième et douzième années, 100 roupies. L'inventeur peut payer la somme totale des taxes ci-dessus, ou une portion de cette somme totale, avant l'échéance.

DEMANDE. — FORMALITÉS ET DOCUMENTS. — La demande doit être faite, par écrit, et signée ; elle doit indiquer le nom, la profession et le domicile du déposant ; quand un brevet a été obtenu en Angleterre, la demande doit indiquer sa date et celle du scellement ; la demande doit indiquer, avec une précision suffisante, la nature de l'invention, en quoi elle est nouvelle et tous autres détails utiles ; on doit y ajouter les dessins ou photographies explicatifs que le Gouverneur général, en Conseil, jugera utile de réclamer.

SYSTÈME DE DÉLIVRANCE. — Comme à Ceylan.

---

(1) Voir *Bull. Officiel de la Propriété Industrielle* (année 1899, n° 821).
(2) La roupie vaut environ 2 fr. 37.

ITALIE

(Pays Unioniste)

LOI du 30 octobre 1859 (¹). — **RÈGLEMENT du 31 janvier 1864** (²). — **LOI du 4 août 1894** (³).

PERSONNES APTES A RECEVOIR LE BREVET. — Le droit au brevet est reconnu à l'auteur d'une nouvelle invention industrielle.

INVENTIONS BREVETABLES. — Une invention est dite industrielle quand elle a directement pour objet :

1º Un produit ou un résultat industriel ;

2º Un instrument, une machine, un engin, un mécanisme ou une disposition mécanique quelconque ;

3º Un procédé ou une méthode de production industrielle ;

4º Un moteur ou l'application industrielle d'une force déjà connue ;

5º L'application technique d'un principe scientifique, pourvu qu'elle donne des résultats industriels immédiats.

Une invention est considérée comme nouvelle quand elle n'a jamais été connue auparavant ou encore quand, tout en ayant quelque connaissance, on ignorait les détails nécessaires pour son exécution.

INVENTIONS EXCLUES DE LA PROTECTION. — 1º Les inventions concernant les industries contraires aux lois, à la morale et à la sécurité publique ;

2º Les inventions qui n'ont pas pour but la production d'objets matériels ;

3º Les inventions ou découvertes purement théoriques ;

4º Les médicaments.

---

(1) Voir Bull. Officiel de la Propriété Industrielle (année 1898, n° 767).

(2) Voir Bull. Officiel de la Propriété Industrielle (année 1899, n° 794).

(3) Voir Bull. Officiel de la Propriété Industrielle (année 1894, n° 562).

NATURE ET DURÉE DU BREVET. — TAXES. — Trois espèces de brevets :

1º Brevets d'invention; durée : quinze ans, à compter du dernier jour de l'un des mois de mars, juin, septembre ou décembre suivant, et le plus rapproché du jour où le certificat a été demandé ;

2º Brevets d'importation, pour les inventions nouvelles déjà brevetées à l'étranger et divulguées par l'effet du brevet étranger ; ils doivent être demandés avant l'expiration du brevet étranger et avant que des tiers n'aient librement importé et exploité, en Italie, l'invention à laquelle ils se rapportent. Même durée que le brevet étranger concédé pour le terme le plus long, sans toutefois dépasser le terme de quinze ans ;

3º Brevets additionnels ; même durée que le brevet principal auquel ils se rapportent.

Taxes ·

1º Brevets d'invention et d'importation : 40 lires (¹) pour les trois premières années, plus 10 lires par année indiquée dans la demande de brevet ; 65 lires pour chacune des années quatre à six ; 90 lires pour chacune des années sept à neuf ; 115 lires pour chacune des années dix à douze; 140 lires pour chacune des trois dernières années;

2º Brevets additionnels : taxe unique de 20 lires.

DEMANDE. — FORMALITÉS ET DOCUMENTS. — La demande de brevet doit être adressée au Ministère de l'Agriculture, de l'Industrie et du Commerce, par l'entremise de la préfecture ou de la sous-préfecture locale. Elle doit contenir :

1º Le nom, les prénoms, la nationalité et le domicile du demandeur et de son mandataire, le cas échéant ;

2º Le titre de l'invention ;

3º L'indication de la durée que l'on désire donner au brevet.

A la demande doivent être joints :

1º La description de l'invention ;

2º Les dessins, là où ils sont possibles, et les modèles que l'inventeur juge utiles pour l'intelligence de l'invention ;

_____

(1) La lire vaut 1 franc.

3º Le reçu mentionnant le versement des taxes prescrites et des droits de timbre ;

4º Le titre original, ou en copie légale, constatant le brevet accordé à l'étranger, quand il s'agit d'un brevet d'importation ;

5º Si la demande est déposée par un mandataire, l'acte de procuration en forme authentique, ou en forme privée avec la légalisation de la signature du mandant par un notaire ou par le syndic de la commune où réside ledit mandant ;

6º Une liste des pièces et objets déposés.

La description doit être rédigée en italien ou en français et contenir une énumération complète et détaillée de tous les détails qu'une personne du métier a besoin de connaître pour mettre en pratique l'invention.

La description et les dessins doivent être déposés en trois exemplaires signés par le demandeur.

S'il est déposé un modèle, il suffit de fournir deux exemplaires des dessins.

La demande et les trois exemplaires de la description doivent être rédigés sur du papier timbré à 50 centimes. La description sera intitulée : *Description de l'invention ayant pour titre, etc.*

Les dessins doivent être tracés à simple contour, à l'encre de chine ou à l'aquarelle, et à l'échelle métrique. Dans la règle, ils doivent être tracés sur des demi-feuilles de 33 centimètres de hauteur sur 23 de largeur, avec une marge de 1 cent. 1/2 tout autour. Si cela est nécessaire, on pourra prendre la feuille entière de 33 sur 46 centimètres, avec la même marge. Les dessins doivent être timbrés conformément aux dispositions en vigueur en matière de timbre.

Modèles. — Il ne doit être déposé de modèle que quand l'inventeur le juge utile pour l'intelligence de l'invention. Dans ce cas, chaque modèle doit être muni d'une contremarque de carton ou de bois, sur laquelle seront apposées les signatures du fonctionnaire qui reçoit le dépôt et du déposant.

Système de délivrance. — Le brevet est délivré sans examen préalable quant à la nouveauté de l'invention.

L'administration ne refuse le brevet que si la demande porte sur une invention rentrant dans une catégorie déclarée non brevetable par la loi, ou si le dépôt n'a pas été régulièrement effectué. En cas de refus, le demandeur peut, dans les quinze jours, adresser une réclamation à une Commission spéciale nommée chaque année par le Ministre.

Les brevets concernant des boissons ou des aliments, ne sont délivrés que sur e p avis favora e 'e '.

JAPON (Pays Unioniste)

LOI du 2 avril 1909 (¹). — RÈGLEMENT du 20 juin 1899(²). — ORDONNANCES des 23 et 26 octobre 1909 (³).

PERSONNES APTES A RECEVOIR LE BREVET. —. Toute personne ayant fait une nouvelle invention industrielle peut obtenir un *brevet d'invention.*

Toute personne ayant apporté un perfectionnement ou un développement à une invention déjà brevetée en sa faveur, ou pour laquelle elle a déposé une demande de brevet, peut obtenir un *brevet additionnel* pour ledit perfectionnement, s'il constitue une invention.

Il en est de même pour toute personne, auteur d'une invention déjà brevetée, ou ayant déposé une demande de brevet, qui aura obtenu le droit de prendre un brevet pour un perfectionnement ou un développement apporté par un tiers à son invention, si celle-ci constitue elle-même une invention nouvelle.

INVENTIONS BREVETABLES. — Sont considérées comme nouvelles les inventions qui ne sont pas connues publiquement, ou qui n'ont pas été employées publiquement dans l'Empire, avant le dépôt de la demande de brevet, ou qui n'ont pas été décrites dans des imprimés rendus publics dans l'Empire, avant le dépôt de la demande de brevet, de telle manière que leur utilisation paraisse, par là, rendue facile.

---

(1) Voir *Bull. Officiel de la Propriété Industrielle* (année 1909, n° 1340).
(2) Voir *Bull. Officiel de la Propriété Industrielle* (année 1901, n°° 925, 926 et 927).
(3) Voir *Bull. Officiel de la Propriété Industrielle* (année 1910, n°° 1396 et 1400).

Il est fait exception, toutefois, à l'une des règles qui précèdent. dans le cas de mise en essai de l'invention, si la demande de brevet a été déposée dans les deux ans.

INVENTIONS NON BREVETABLES. — Ne sont pas susceptibles d'être brevetées les inventions concernant :

1º Les aliments, les boissons et les articles de consommation :

2º Les médicaments ou leurs préparations ;

3º Tout ce qui peut porter atteinte aux bonnes mœurs ou à la santé publique.

DURÉE DES BREVETS. — TAXES. — La durée des brevets est de quinze ans. Le brevet additionnel prend fin en même temps que le brevet principal.

Toute personne ayant obtenu l'enregistrement d'un brevet doit payer, à titre de taxes, les sommes ci-après :

1re à 3e année 20 yens (¹) payables, en une seule fois, au moment où l'enregistrement est obtenu ;

4e à 6e année 10 yens par an ;

7e à 9e   —   15   —

10e à 12e   —   20   —

13e à 15e   —   25   —

Les brevets additionnels donnent lieu au paiement d'une taxe de 15 yens payables en une seule fois.

FORMALITÉS DE LA DEMANDE. — Une personne ne résidant pas dans l'Empire ne peut accomplir aucune formalité, ni faire valoir son droit au brevet, sans l'intermédiaire d'un mandataire ayant son domicile dans l'Empire. et auquel elle doit donner un pouvoir en vue de la représenter.

Quand un étranger forme une demande de brevet, cette demande doit être accompagnée d'un certificat constatant sa nationalité, ou d'une pièce attestant sa résidence, ou le lieu où il exerce sa profession commerciale ou industrielle.

La demande, la description détaillée, la déclaration et tous autres documents déposés doivent être rédigés en langue japonaise.

---

1) Le yen d'or vaut environ 2 fr. 75.

Le pouvoir, le certificat de nationalité et tous autres documents rédigés en langue étrangère doivent être accompagnés d'une traduction en langue japonaise.

En cas de décès d'une personne ayant déposé une demande ou une réclamation, ou ayant rempli toute autre formalité, concernant un brevet, ou un titulaire de brevet, ce fait doit être déclaré, sans retard, à l'Office des brevets par l'ayant cause du défunt ou par un membre de sa famille. La procédure est interrompue jusqu'à ce que l'Office ait reçu avis que l'ayant cause du décédé reprend la suite de l'affaire auprès de l'administration des brevets; cette interruption a pour effet d'empêcher les délais de courir et de les faire courir à nouveau, en entier, depuis le moment où aura pris fin ladite interruption ou suspension.

DESCRIPTION. — La description doit être écrite en style *caï* ou *gio*, à raison de 13 lignes de 25 caractères par page, sur du papier *mino* plié en deux, avec une marge d'un pouce japonais en haut, de 8/10 de pouce en bas, de 2/10 de pouce pour la marge extérieure et d'un pouce pour la marge inférieure.

Elle doit renfermer les indications suivantes :

a) Le titre de l'invention ;

b) Un résumé de la nature et du but de l'invention ;

c) Une courte explication des dessins, s'il y en a;

d) Une explication détaillée de l'invention ;

e) Une ou plusieurs revendications.

En cas de perfectionnement, on doit se référer à l'invention originale et indiquer la différence entre celle-ci et le perfectionnement, les détails essentiels de la combinaison et les résultats qu'elle réalise.

DESSINS. — Les dessins doivent être tracés sur du papier *mino* blanc, du format de 7,2 pouces sur 4,6, avec une marge de 1 pouce en haut, 8/10 de pouce en bas, 3 pouces à gauche et 1,5 pouce, à droite. Ils doivent être tracés distinctement, à l'encre de chine noire, de manière à se prêter à la reproduction lithographique.

Le titre de l'invention ou du dessin doit être inscrit sur le dessin déposé.

Les figures séparées doivent être numérotées ; mais toutes les figures applicables aux mêmes portions d'un dessin doivent porter un même signe.

Quand les signes ne peuvent pas être placés près de la figure correspondante, on peut les placer sur le côté, en les reliant à la figure par une ligne aussi fine que possible ; on ne doit pas mettre de signes dans les parties ombrées, sauf nécessité absolue et, dans ce cas, on doit laisser dans l'ombre un espace blanc pour y placer le signe.

Les sections doivent être indiquées par des hachures parallèles espacées de 3/10 de pouce et tracées en diagonale ; pour indiquer des parties différentes, on doit changer le sens des diagonales.

Les dessins doivent être combinés de façon à faire ressortir l'invention. En cas de perfectionnement, la relation entre les parties anciennes et nouvelles doit être indiquée.

MODÈLES. – – Si cela est nécessaire pour un examen, une révision, un jugement ou un recours, le Directeur ou le Juge-Président peut ordonner à l'une des parties, ou à un intéressé, de déposer un modèle ou échantillon, ou de faire des essais à ses propres frais.

Si la matière constitue, en elle-même, la partie essentielle de l'invention, les modèles ou échantillons doivent être faits en cette matière.

Si l'on dépose un échantillon destiné à représenter une invention consistant en une matière, on doit en déposer une quantité suffisante pour l'examen de l'invention.

Si les modèles ou échantillons sont fragiles, facilement altérables ou périssables, ou s'ils sont dangereux, le déposant doit prendre les mesures nécessaires pour en assurer la conservation.

Si les modèles ou échantillons sont vénéneux, explosifs ou facilement inflammables, une mention les désignant comme tels doit être jointe à l'objet lui-même, ou à son récipient ou à son emballage.

Toute personne qui voudra rentrer en possession des modèles ou échantillons devra en faire mention, au moment du dépôt, et les retirer dans les 60 jours à partir de celui où la décision aura été rendue.

Les seules parties essentielles pour représenter l'invention doivent être solidement construites en métal ou en bois. Leurs dimensions ne doivent pas dépasser un pied japonais (0m32).

DISPOSITIONS COMMUNES AUX PIÈCES PRODUITES. — Tous les documents déposés doivent être établis séparément pour chaque objet ; ils doivent porter la date du dépôt, le nom, la profession et le domicile du déposant, ainsi que son cachet. Ils doivent être écrits lisiblement, sans ratures ni grattages et, en cas d'additions ou de modifications, celles-ci doivent être indiquées en marge, sous le cachet du déposant. Les mots supprimés doivent être non pas rayés, mais indiqués en marge.

DEMANDES DE RECTIFICATIONS. — Quand un déposant constate l'existence d'une imperfection ou d'une obscurité dans les documents, dessins ou modèles, il peut demander l'autorisation de les modifier ou de les compléter. Si cette demande tend à modifier une partie essentielle, ou si l'utilité n'en est pas reconnue, elle est rejetée.

SYSTÈME DE DÉLIVRANCE. — Toute demande de brevet est renvoyée à un examinateur de l'Office des brevets qui est chargé de rechercher si l'invention est en collision avec une autre demande déposée par un tiers ou avec un brevet déjà délivré au profit d'un tiers.

LOI du 2 avril 1909 [1], concernant la protection des modèles d'utilité.

PERSONNES APTES A OBTENIR LE BREVET. — Tout auteur d'un nouveau dessin industriel utile se rapportant à une configuration, à un mécanisme ou à une combinaison d'objets peut obtenir l'enregistrement d'un modèle d'utilité.

INVENTIONS BREVETABLES. — Sont considérés comme nouveaux les modèles d'utilité qui ne se trouvent pas dans l'un des cas suivants :

1º Ceux concernant des objets identiques ou analogues à d'autres, déjà publiquement connus ou employés dans l'Empire avant le dépôt de la demande d'enregistrement, ou qui leur ressemblent ;

2º Ceux concernant des objets identiques ou analogues à d'autres, déjà décrits dans les imprimés rendus publics dans l'Empire, avant le dépôt de la demande d'enregistrement, d'une manière suffisante pour pouvoir être facilement exécutés, ou qui leur ressemblent.

INVENTIONS NON BREVETABLES. — Ne sont pas admis à l'enregistrement :

1º Les modèles ayant une forme identique ou analogue à celle du chrysanthème des armes impériales ;

---

(1) Voir Bull. Officiel de la Propriété Industrielle (année 1909, n° 1318).

2º Ceux qui sont de nature à porter atteinte à l'ordre public, à la santé publique ou aux bonnes mœurs.

EFFET DU DÉPOT. — Quand plus de deux personnes ont chacune le droit à l'enregistrement de modèles d'utilité identiques ou analogues, l'enregistrement n'est accordé qu'au premier déposant. Si les demandes sont déposées le même jour, les déposants doivent s'entendre pour savoir lequel d'entre eux obtiendra l'enregistrement ; si l'entente ne se fait pas, aucun d'eux n'obtient l'enregistrement.

DURÉE DE LA PROTECTION. — **TAXES.** — La durée de la protection est de trois ans ; elle peut être prolongée pour trois autres années. La taxe est de 15 yens, par modèle et enregistrement, et de 30 yens, dans le cas de prolongation du terme de protection.

FORMALITÉS DE LA DEMANDE. — Les formalités à accomplir pour l'enregistrement des modèles d'utilité sont les mêmes que pour le dépôt des demandes de brevets d'invention (voir page 67).

SYSTÈME DE DÉLIVRANCE. — Toute demande d'enregistrement de modèle d'utilité est soumise à un examinateur de l'Office des brevets, lequel doit rechercher si le modèle déposé est susceptible d'obtenir la protection prévue par la loi, s'il rentre dans la catégorie des inventions brevetables, au sens de cette loi, ou exclues par elle de la protection ou si, enfin, elle n'entre pas en collision avec une demande déjà déposée.

En cas de refus d'enregistrement, l'inventeur peut se pourvoir, dans un délai de trente jours, contre cette décision.

LUXEMBOURG

LOI du 30 juin 1880 [1].

PERSONNES APTES A RECEVOIR LE BREVET. — Le droit à l'obtention du brevet appartient au premier déposant.

---

(1) Voir *Bull. Officiel de la Propriété Industrielle* (année 1893, nº 743).

INVENTIONS BREVETABLES. — Les inventions nouvelles susceptibles d'une exploitation industrielle. Ne sont pas réputées nouvelles les inventions qui ont été décrites assez nettement dans des imprimés rendus publics, ou qui ont été assez notoirement exploitées, soit dans le Grand-Duché, soit dans un des États de l'Union douanière allemande, pour que l'exécution, par d'autres personnes expertes, paraisse possible.

INVENTIONS NON BREVETABLES. — Les inventions dont l'exploitation est contraire aux lois ou aux bonnes mœurs, et celles qui ont pour objet des aliments ou autres objets de consommation, des produits pharmaceutiques, ou des substances obtenues par un moyen chimique, à moins qu'il ne s'agisse d'un procédé déterminé pour la fabrication de ces objets.

NATURE ET DURÉE DU BREVET. — TAXES. — Il est délivré des brevets d'invention et des certificats d'addition. La durée des brevets est de quinze ans. Il est payé, pour chaque brevet, une taxe annuelle et progressive qui est la suivante :

1re annuité 10 francs;
2e — 20 —
3e — 30 —

et ainsi de suite jusqu'à la quinzième année, pour laquelle la taxe est de 150 francs. La taxe unique due pour un certificat d'addition est de 10 francs.

DEMANDE. — FORMALITÉS ET DOCUMENTS. — Nul ne peut obtenir un brevet s'il n'a élu domicile dans le Grand-Duché. Si le demandeur est étranger, il doit élire domicile chez un fondé de pouvoirs qui le représente.

La demande de brevet doit mentionner les nom, prénoms, qualités et domicile réel du déclarant et, le cas échéant, de son représentant; elle doit énoncer un titre renfermant la désignation sommaire et précise de l'invention.

Elle doit être accompagnée :

1° D'une description, en double exemplaire, en langue française ou allemande, de l'objet inventé ;

2° Des dessins, modèles ou échantillons qui seraient nécessaires pour l'intelligence de l'invention. Les dessins doivent être tracés à l'encre sur une échelle métrique.

Système de délivrance. — Les brevets sont délivrés, sans examen préalable et sans garantie, soit de la réalité, de la nouveauté ou du mérite de l'invention, soit de la fidélité et de l'exactitude de la description.

MEXIQUE (Pays Unioniste)

LOI du 25 août 1903 ('). — Règlement de 1903 (').

Personnes aptes a recevoir le brevet. — Tout auteur d'une invention de nature industrielle.

Inventions brevetables :

1º Un nouveau produit industriel ;

2º L'application de moyens nouveaux pour l'obtention d'un produit ou d'un résultat industriel ;

3º L'application nouvelle de moyens connus pour l'obtention d'un produit ou d'un résultat industriel.

Inventions exclues de la protection :

1º Les découvertes ou inventions consistant simplemént à faire connaître ou à rendre patente une chose qui existait déjà dans la nature, encore qu'elle ait été inconnue à l'homme antérieurement à ·l'invention ;

2º Les principes ou découvertes scientifiques d'une nature purement spéculative ;

3º Les inventions ou découvertes dont l'exploitation serait contraire aux lois prohibitives, à la sûreté ou à la salubrité publiques, aux bonnes mœurs ou à la morale ;

4º Les produits chimiques ; mais les nouveaux procédés pour la fabrication de ces produits ou les nouvelles applications de ces derniers peuvent être brevetés.

---

(1) Voir Bull. Officiel de la Propriété Industrielle (année 1905, n° 1060 et suivants).
(2) Voir Bull. Officiel de la Propriété Industrielle (année 1905, n°° 1047 et suivants).

NATURE ET DURÉE DU BREVET. — TAXES. — Les brevets d'invention sont accordés pour une durée de vingt ans, comptée à partir de leur date légale qui est celle du dépôt de la demande au Bureau des brevets.

Cette durée se divise en deux termes : le premier d'un an, le second de dix-neuf ans.

La taxe pour le premier terme d'une année est de 5 pesos [1].

La taxe pour le second terme, soit pour les dix-neuf années restantes, est de 35 pesos.

DEMANDE, FORMALITÉS ET DOCUMENTS. — Quiconque désire obtenir un brevet doit déposer au Bureau des brevets une requête accompagnée des documents suivants :

1° Une description
2° Une revendication } en double exemplaire ;

3° Un ou plusieurs dessins, si le cas l'exige, au jugement de l'inventeur.

Les dessins doivent être exécutés sur papier blanc mesurant approximativement 380 millimètres de haut sur 254 millimètres de large et être entourés d'un cadre ; les duplicata doivent être établis sur de la toile à calquer.

SYSTÈME DE DÉLIVRANCE. — Le Bureau des brevets procède à un examen purement administratif des documents déposés, afin de s'assurer s'ils sont complets et s'ils satisfont, quant à leur forme, aux prescriptions du règlement sur la matière.

NICARAGUA

DÉCRET du 14 octobre 1899 [2].

PERSONNES APTES A RECEVOIR LE BREVET. — Tout inventeur d'une machine, d'un instrument, d'un appareil, d'un produit, d'une

---

[1] Le peso vaut 2 fr. 57.
[2] Voir Bull. Officiel de la Propriété Industrielle (année 1902, n° 935).

méthode ou d'un procédé d'application, utiles à la science et aux arts, peut sur sa demande, obtenir du Gouvernement un brevet d'invention.

Tout inventeur d'un perfectionnement à un objet breveté a le droit d'obtenir du Gouvernement un certificat d'addition dont la durée expire avec le brevet.

INVENTIONS BREVETABLES. — Sont considérés comme invention nouvelle pouvant faire l'objet d'un brevet, tous moyens nouveaux et toute application nouvelle de moyens connus tendant à obtenir un résultat donné ou un produit industriel, soit par un procédé original, soit par un perfectionnement de procédés déjà connus.

INVENTIONS NON BREVETABLES. — Aucun brevet n'est accordé pour des inventions constituant des produits ou procédés en usage dans le pays, ainsi que pour des inventions contraires aux droits acquis d'un tiers, à l'hygiène, à la morale ou à la sécurité des personnes et de l'État.

DROITS DES ÉTRANGERS. — Les inventions faites en pays étranger peuvent faire l'objet d'un brevet au Nicaragua, lorsqu'il n'y a que ce seul moyen d'établir une industrie nouvelle, que le procédé employé est secret, et que cette stipulation est insérée expressément dans les traités internationaux.

DURÉE DU BREVET. — TAXES. — Les brevets sont délivrés pour une durée de cinq à dix ans, moyennant le versement de 20 à 100 piastres ([1]) par an à la Caisse du Trésor, pendant le temps pour lequel il a été accordé, et selon l'importance de l'entreprise.

Le paiement des annuités a lieu, à la Trésorerie générale, la première année, au moment de la délivrance du brevet, et pour les années suivantes, le 1er janvier.

DEMANDE. — FORMALITÉS ET DOCUMENTS. — La demande doit être adressée au Ministère du Commerce, accompagnée des échantillons, dessins ou modèles faisant l'objet de la demande, d'une déclaration sous serment légalisée par un notaire et contenant : la description de l'invention faite par l'auteur, l'affirmation de celui-ci que le public n'en a aucune connaissance.

---

[1] La piastre vaut 5 francs.

SYSTÈME DE DÉLIVRANCE. — Publication est faite de la demande, au *Journal Officiel*, dans le délai d'un mois. Puis la demande est envoyée au Directeur des Travaux publics, qui fait vérifier par des experts, aux frais de l'intéressé, l'exactitude des faits allégués dans la déclaration, l'utilité du procédé, objet du brevet, et enfin recherche si la demande ne rentre pas dans des cas d'exclusion.

S'il n'y a pas d'opposition, et si l'enquête est favorable, le brevet est délivré.

La délivrance du brevet ne préjuge, en rien, des droits des tiers qui peuvent être soumis à l'appréciation du Tribunal.

NORVÈGE (Pays Unioniste)

LOI du 16 juin 1885(¹). – RÈGLEMENT du 15 décembre 1885(²).

PERSONNES APTES A RECEVOIR LE BREVET. — Le brevet ne peut être valablement délivré qu'au premier inventeur ou à son ayant cause.

Les personnes n'habitant pas la Norvège doivent constituer un mandataire dans le pays.

INVENTIONS BREVETABLES. — Les inventions nouvelles pouvant être utilisées dans l'industrie.

Une invention n'est pas réputée nouvelle quand, avant le dépôt de la demande de brevet, elle est déjà suffisamment connue pour pouvoir être exploitée par des personnes du métier. La publication dans un mémoire imprimé, ou l'exhibition à une exposition internationale, ne constituent cependant un obstacle à la délivrance du brevet qu'après un terme de six mois.

INVENTIONS EXCLUES DE LA PROTECTION. — 1° Les inventions dont l'exploitation serait contraire aux lois, aux bonnes mœurs, ou à l'ordre public ;

---

(1) Voir *Bull. Officiel de la Propriété Industrielle* (année 1901, n° 890).
(2) Voir *Bull. Officiel de la Propriété Industrielle* (année 1886, n° 131).

2º Celles dont l'objet est un aliment, un article de consommation ou un médicament ; il peut, cependant, être délivré des brevets pour les procédés ou les appareils spécialement destinés à la fabrication de tels produits.

NATURE ET DURÉE DU BREVET. — TAXES. — Deux espèces de brevets :

1º Brevets d'invention ; durée : quinze ans à partir du dépôt de la demande ;

2º Brevets additionnels ; même durée que le brevet principal auquel ils se rapportent.

Taxe de dépôt : 30 couronnes (¹) (elle constitue en même temps la première annuité pour les brevets d'invention).

Deuxième annuité : 10 couronnes ; troisième annuité : 15 couronnes, et ainsi de suite, avec augmentation annuelle de 5 couronnes.

Les brevets additionnels ne sont soumis qu'au paiement de la taxe de dépôt.

DEMANDE. — FORMALITÉS ET DOCUMENTS. — Le demandeur doit déposer auprès de la Commission des brevets :

1º Une demande de brevet adressée à la Commission ;

2º La description de l'invention en duplicata ;

3º Les dessins nécessaires pour l'intelligence de l'invention, également en deux exemplaires ; s'il y a lieu, des échantillons, des modèles, etc. ;

4º Une copie, certifiée conforme, des pouvoirs donnés au mandataire, si la demande n'est pas déposée par l'inventeur lui-même :

5º Le bordereau des pièces déposées.

La demande doit contenir le nom du demandeur, avec mention de sa profession et de sa résidence, ainsi que le titre de l'invention. Si l'invention n'a pas été faite par le demandeur, celui-ci doit fournir les documents établissant la cession de l'invention.

La description doit être suffisamment claire et complète pour mettre un homme du métier à même d'exécuter l'invention. Elle doit se terminer par l'indication précise de ce que le demandeur considère comme son invention.

---

1) La couronne vaut environ 1 fr. 39.

La demande et la description doivent être rédigées en norvégien.

Les dessins doivent être exécutés d'une manière suffisamment claire et durable ; ils doivent reproduire tous les détails mentionnés dans la description, lesquels doivent être désignés par des lettres ou des chiffres correspondants dans le texte et les dessins.

Modèles. — Le dépôt de modèles ne doit se faire que s'il est nécessaire pour l'intelligence de l'invention.

Système de délivrance. — 1° Examen préalable portant sur la brevetabilité de l'invention ;

2° Publication de la demande, avec appel aux oppositions. Délai d'opposition : huit semaines.

En cas de refus de brevet, le demandeur peut, dans le délai de six semaines, demander à la Commission de soumettre l'affaire à un nouvel examen, en lui fournissant des explications de nature à amener un autre résultat.

Si la décision ne donne pas satisfaction au demandeur, celui-ci peut, dans le délai de quatre semaines, demander que l'affaire soit soumise à l'examen d'une Commission supérieure, composée de sept membres désignés par le roi pour chaque cas spécial.

PANAMA (République de)

LOI du 9 novembre 1908 ([1]).

Personnes aptes a recevoir le brevet. — Tout Panaméen ou étranger, ayant inventé ou perfectionné une machine, un appareil mécanique, une combinaison de matières, un procédé d'une application utile à l'industrie, aux arts ou aux sciences, ou un produit manufacturé ou industriel, peut obtenir du Pouvoir Exécutif un brevet de privilège assurant, à lui ou à son représentant légal, le droit exclusif de fabriquer, de vendre, d'exercer ou d'exploiter son invention ou son perfectionnement dans le pays.

---

(1) Voir *Bull. Officiel de la Propriété Industrielle* (année 1910, n° 1357).

Les inventeurs, qui ont obtenu, dans d'autres pays, des brevets pour leurs découvertes, et qui désirent en obtenir également au Panama, peuvent demander, dans ce pays, des brevets analogues, à condition que lesdites découvertes ne soient pas encore connues.

INVENTIONS EXCLUES DE LA PROTECTION. — Aucun brevet ne doit être délivré pour une invention ou un perfectionnement contraire à l'hygiène, au bien public, aux bonnes mœurs ou à des droits antérieurs.

DURÉE. — TAXES. — Les brevets sont délivrés pour une période de cinq à vingt ans. La délivrance d'un brevet donne lieu au paiement d'une taxe au profit du Trésor national, payable par la partie intéressée, à raison de 5 *balboas* (¹) pour chaque année de la durée du privilège.

FORMALITÉS DE LA DEMANDE. — L'intéressé qui désire obtenir un brevet d'invention ou de perfectionnement doit, personnellement ou par son représentant, en faire la demande au Département compétent, en lui exposant l'invention ou le perfectionnement dont il est l'auteur et en en donnant une description. A cette demande, qui doit être rédigée sur papier timbré de première classe, doivent être joints :

1° Une description détaillée de l'invention ;

2° Des dessins expliquant l'invention ;

3° Un récépissé du Trésorier national constatant que le déposant a payé la taxe requise pour le nombre d'années pendant lesquelles il demande à être protégé ;

4° Un pouvoir, quand la demande est déposée par un tiers ;

5° Si cela est possible ou désirable, un modèle de l'invention ou du perfectionnement, pour servir en cas de litige.

SYSTÈME DE DÉLIVRANCE. — La demande est soumise à un examen portant sur le point de savoir si les exigences de la loi ont été remplies ; si elle est reconnue correcte, elle est publiée deux fois dans la *Gazette Officielle* et si, dans les quatre-vingt dix jours qui suivent la première

---

(1) Un *balboa* équivaut à un dollar américain.

publication, aucune réclamation n'est formulée, le brevet est délivré au demandeur.

Les brevets d'invention sont délivrés sans examen préalable de leur utilité et sans rechercher s'il y a réellement invention ou perfectionnement.

PÉROU

LOI du 28 janvier 1869 ([1]). — LOI du 3 janvier 1896 ([1]).

INVENTIONS BREVETABLES. — Les nouveaux produits industriels, les procédés nouveaux ou la nouvelle application des procédés déjà connus pour obtenir un produit industriel. N'est pas considérée comme nouvelle l'invention qui, antérieurement à la date de la requête, a reçu, soit au Pérou, soit à l'extérieur, assez de publicité pour pouvoir être mise en pratique.

INVENTIONS EXCLUES DE LA PROTECTION. — Les compositions pharmaceutiques ou remèdes de quelque espèce que ce soit ; les plans ou combinaisons de crédit ou de finances ; les procédés ayant pour objet d'employer des moyens connus pour perfectionner une industrie dont l'exercice est libre dans et hors le territoire de la République.

NATURE ET DURÉE DU BREVET. — TAXES. — Il est délivré des *brevets d'invention* ou d'*importation* qui ne peuvent excéder la durée de dix ans. Le déposant est tenu de payer, au Trésor, la somme de 50 soles ([3]), faute de quoi le brevet n'est pas délivré. Les titulaires de brevets paient, en outre, chaque année un droit de 100 soles.

FORMALITÉS DE LA DEMANDE. — Les intéressés doivent adresser leur requête au Ministère de l'Intérieur et du Commerce.
La demande doit contenir :
1º En double exemplaire, la description et les plans, dessins ou

---

(1) Voir *Bull. Officiel de la Propriété Industrielle* (année 1903, nº 1261).
(2) Voir *Bull. Officiel de la Propriété Industrielle* (année 1896, nº 661.)
(3) La Sole vaut environ 2 fr. 52.

modèles qui seraient nécessaires; 2° un bordereau des pièces déposées; 3° l'indication claire et précise de l'objet principal de l'invention, avec ses détails constitutifs et l'indication de ses applications; 4° l'indication de la durée que l'on désire, dans la limite légale de dix ans au plus.

Système de délivrance. — La demande est transmise à la Direction de l'Industrie, laquelle délivre immédiatement au déposant, si celui-ci le désire, un certificat indiquant la date du dépôt; elle fait publier, dans les trente jours, aux frais du déposant, un avis indiquant l'objet de la demande et le nom du déposant et prend ensuite l'avis de deux experts désignés dans ce but. Si cet avis est contraire à la délivrance du brevet, le déposant en est informé et, s'il le désire, l'affaire est renvoyée devant les experts, auxquels se joint un tiers expert. Leur avis est communiqué à la Section de l'Industrie et le Ministre de l'Intérieur décide, le Procureur fiscal entendu.

Le Gouvernement ne garantit ni la nouveauté, ni la priorité, ni l'utilité de l'invention.

PORTUGAL. (Pays Unioniste)

LOI du 21 mai 1896 (¹). — DECRET du 16 mars 1905 (²).

Personnes aptes a recevoir le brevet. — Un brevet d'invention peut être accordé à toute personne ayant inventé un objet industriel ou un produit matériel commerçable. Le droit à la concession du brevet appartient à celui qui, le premier, en aura fait la demande.

Inventions brevetables. — Peuvent être brevetés les objets suivants :

1° Un produit ou résultat industriel nouveau ;

2° Une combinaison ou disposition nouvelle de parties ou d'organes nouveaux ou déjà connus ;

---

(1) Voir Bull. Officiel de la Propriété Industrielle (année 1895, n°° 599, 600 et 601).
(2) Voir Bull. Officiel de la Propriété Industrielle (année 1905, n° 1129 et suivants).

Législation étrangère. — Brevets d'invention.   6

3º Un principe ou moyen nouveau d'une application industrielle ou professionnelle ;

4º Une application nouvelle de moyens connus ;

5º Une application nouvelle de produits connus ;

6º Une application technique de principes scientifiques connus ;

7º Un perfectionnement applicable à un produit ou à un objet industriel quelconque ;

8º Une méthode ou un procédé nouveau de production industrielle ;

9º Un moyen de rendre la production plus économique, de la régulariser ou de la faciliter.

Dans les industries chimiques et dans la pharmacie, il n'est accordé de brevets que pour les procédés et non pour les produits eux-mêmes.

N'est pas considérée comme nouvelle une invention qui a été décrite dans une publication quelconque depuis moins de cent ans, ou qui a été utilisée, d'une manière notoire, en Portugal ou dans les possessions portugaises.

INVENTIONS EXCLUES DE LA PROTECTION. — Les produits chimiques et pharmaceutiques. Les procédés pour la fabrication de ces produits sont brevetables.

NATURE ET DURÉE DU BREVET. — TAXES. — 1º Brevets d'invention ; durée : quinze ans, à partir de la date du brevet;

2º Certificats d'addition ; même durée que le brevet principal auquel ils se rapportent.

Taxes :

1º Brevets d'invention : 3.000 reis par an (16 fr. 80) ;
2º Certificats d'addition : taxe unique de 3.000 reis.

Les taxes doivent être versées au Bureau des recettes diverses, à Lisbonne, au moyen de bordereaux signés par l'intéressé et fournis par le Bureau de la Propriété industrielle.

DEMANDE. — FORMALITÉS ET DOCUMENTS. — Le demandeur de brevet doit adresser à la division de l'industrie, au Ministère des Travaux publics, du Commerce et de l'Industrie :

1º Une requête rédigée sur une feuille de papier de 100 reis (0 fr. 50), en langue portugaise, contenant le nom et le domicile du requérant, sa nationalité, le titre résumant l'objet du brevet, les revendications indiquant ce qu'il contient de nouveau, et le terme pour lequel le brevet est demandé ; le pays où a été déposée la première demande de brevet et la date à laquelle ce dépôt a été effectué, si le déposant entend revendiquer le droit de priorité ;

2° Le pouvoir, dûment certifié ou légalisé, au nom de celui qui demande le brevet, lorsqu'il ne l'est pas par l'inventeur lui-même, ou par un agent de marques et de brevets ;

3° La liste, en duplicata, des documents déposés ;

4° Une description de l'invention, accompagnée des dessins néces-saires pour l'intelligence de cette description ; ces pièces doivent être déposées en duplicata, sous pli cacheté ;

5° Le récépissé justificatif du versement de la taxe.

Toutes les pièces écrites ou dessinées doivent être datées et signées ; la description et le dessin doivent, en outre, être revêtus du cachet particulier du déposant et doivent mentionner, sur la partie extérieure, le nom de l'inventeur et l'inscription ou le titre qui résume l'objet de l'invention.

On peut aussi déposer des modèles ou échantillons des objets inventés ; ceux de ces objets qui ne seront pas susceptibles d'être signés doivent porter le cachet particulier du requérant.

DESCRIPTION. — La description écrite en portugais et rédigée correctement doit indiquer, aussi brièvement que possible, l'objet de l'invention. Elle doit se terminer par les revendications de ce qui est considéré comme nouveau par l'inventeur, lesquelles doivent être textuellement identiques à celles qui figurent dans la demande. Elle ne doit pas contenir d'indications de poids et de mesures autres que celles du système légal, ni comporter de figures explicatives.

Elle doit être écrite lisiblement, avec de l'encre noire inaltérable, sur du papier fort et blanc du format de 33 centimètres de haut sur 22 centimètres de large, avec une marge de 4 centimètres du côté gauche et un espace blanc de 4 centimètres en haut de chaque feuille. Au bas de la marge de la première page, on doit inscrire le nom de l'inventeur et le titre qui résume l'objet de l'invention.

Toutes les feuilles de la description doivent être munies d'un timbre fiscal de 100 reis collé en haut et à droite de chaque feuille et oblitéré au moyen de la signature du déposant et de la date.

La dernière feuille de la description doit être datée et signée par le déposant.

DESSINS. — Les dessins doivent être exécutés sur des feuilles de papier de 33 centimètres de hauteur sur 21 ou 42 centimètres de largeur.

L'un des exemplaires doit être tracé sur papier fort, blanc et lisse, en traits parfaitement noirs, sans couleurs ni lavis. Il doit être déposé sans plis ni cassures.

Le second exemplaire peut être tracé sur papier à calquer et être plié.

Chaque dessin doit être entouré d'un cadre tracé à 2 centimètres du papier.

La grandeur des figures doit être suffisante pour qu'une reproduction photographique aux deux tiers permette de prendre facilement connaissance de tous les détails. Les diverses figures doivent être séparées par un espace suffisant pour qu'elles se détachent l'une de l'autre et numérotées d'après leur position, d'une manière continue. Les figures, lettres ou chiffres doivent être disposées de façon qu'on puisse toujours les lire dans le sens de la hauteur du papier.

Les feuilles de dessin ne doivent contenir ni légendes, ni mentions explicatives.

Quand une échelle est donnée, elle doit être dessinée et non indiquée par une mention écrite.

Chaque feuille de dessins doit porter le nom de l'inventeur, le nombre total des feuilles, le numéro d'ordre de chaque feuille et la signature de l'inventeur ou de son mandataire. Elle doit porter, en haut et à droite, un timbre fiscal de la valeur de 100 reis oblitéré au moyen de la signature du déposant et de la date ; toutes ces indications doivent figurer en dehors des figures, dans les marges supérieure et inférieure de chaque feuille ;

En même temps que la demande de brevet, on doit déposer, à la division de l'industrie, la somme de 500 reis par page de 25 lignes écrite en langue française, et celle de 200 reis pour frais de correspondance. Pour les frais de traduction, on compte les fractions de pages comme pages entières ; il n'est pas nécessaire de traduire les titres des dessins.

L'inventeur, qui désire jouir du délai de priorité établi par la Convention internationale du 20 mars 1883, doit au moment du dépôt de la demande, déclarer quel est le premier pays de l'Union dans lequel il s'est fait breveter, et à quelle date sa première demande a été déposée.

Modèles. — Le dépôt de modèles ou d'échantillons est facultatif.

Système de délivrance. — 1º Examen de la demande de brevet, au point de vue de l'accomplissement des formalités prescrites ;

2º Publication de la demande, avec appel aux oppositions. Délai d'opposition : trois mois.

En cas de refus de brevet, l'intéressé peut en appeler au Tribunal de Commerce dans un délai de trois mois.

ROUMANIE

LOIS des 17 et 30 janvier 1906(¹). — RÈGLEMENT du 12 avril 1906 (²).

Personnes aptes a obtenir le brevet. — Toute personne ayant fait une invention ou apporté un perfectionnement à une invention déjà existante, susceptible d'être exploitée comme objet d'industrie ou de commerce, peut obtenir des droits exclusifs et temporaires d'exploitation en Roumanie, par la délivrance d'un *brevet d'invention* ou de *perfectionnement.*

Toute invention ou tout perfectionnement breveté dans d'autres pays peut être l'objet, en Roumanie, d'un *brevet d'importation* assurant à son titulaire des droits exclusifs et temporaires d'exploitation.

Inventions exclues de la protection. — Ne peuvent être brevetés :

1º Les inventions dont le but ou l'emploi est illégal, immoral ou préjudiciable à la santé ou qui tendent évidemment à tromper le public ;

2º Les maximes et les axiomes scientifiques ;

---

(1) Voir *Bull. Officiel de la Propriété Industrielle* (année 1906, nᵒˢ 1157 et 1158).
(2) Voir *Bull. Officiel de la Propriété Industrielle* (année 1907, nᵒˢ 1212 à 1214).

3° Les inventions de nouveaux moyens et produits alimentaires pour les hommes et de fourrage pour les bestiaux ;

4° L'invention de compositions pharmaceutiques ou tout autre moyen de guérison ou de désinfection ;

5° Les plans ou combinaisons de crédit ou de finances ;

6° Les méthodes d'enseignement, de contrôle ou tenue de comptabilité.

D'autre part, l'invention n'est pas considérée comme brevetable, et, par suite, le brevet peut être déclaré nul après sa délivrance, quand il est prouvé que la spécification complète et les dessins exacts de l'objet breveté ont été produits antérieurement à la date du dépôt, dans un travail ou une collection imprimée ou publiée, ou quand l'objet pour lequel a été délivré le brevet a été breveté auparavant en Roumanie ou à l'étranger.

Durée du brevet. — Taxes. — La durée d'un brevet d'invention est de quinze ans, à dater du jour de la demande d'enregistrement. La durée d'un brevet de perfectionnement obtenu à la suite d'une modification apportée à l'objet de l'invention est égale à celle dont doit encore bénéficier le brevet primitif, sans toutefois que cette durée soit inférieure à dix ans. La durée du brevet d'importation ne peut dépasser celle du brevet concédé auparavant à l'étranger, et en tout cas celle de quinze ans.

Les brevets d'invention donnent lieu au paiement des taxes suivantes :

Taxe de dépôt	25 lei([1]).
Taxes annuelles. { pour les trois premières années .	30 —
pour les quatrième et cinquième années	60 —
de la sixième à la dixième année .	100 —
de la onzième à la quinzième année	200 —

Formalités de la demande. — Toute personne qui désire obtenir un brevet doit adresser une demande au *Ministère de l'Agriculture, de l'Industrie, du Commerce et des Domaines.*

[1] Le lei vaut 1 fr.

A cette demande doivent être annexés :

1º La description, le dessin ou le modèle, s'il est nécessaire ; le tout en double exemplaire, ainsi que le récépissé constatant le versement de la taxe de dépôt ;

2º Le titre original ou la copie légalisée constatant le brevet déjà obtenu à l'étranger, lorsqu'on demande un brevet d'importation ;

3º Une procuration authentique (¹) lorsque la demande est faite par un mandataire.

La description doit être signée par le demandeur ou son mandataire. Elle doit être sans altération ni surcharges ; les mots rayés comme nuls doivent être comptés, constatés et paraphés; elle doit être rédigée de telle sorte que tout homme du métier se servant des moyens jusqu'alors connus soit en état de mettre en œuvre l'objet de l'invention. A la fin de la description, le demandeur doit faire des revendications claires, c'est-à-dire indiquer ce qu'il considère comme nouveau dans l'objet décrit et sur quoi il fonde son droit de propriété.

La description doit être écrite sur papier blanc ayant au plus la dimension de 27 centimètres de longueur sur 21 centimètres de largeur.

DESSINS. — L'un des exemplaires des dessins doit être fait sur papier à dessin; l'autre sur papier à calquer. Ils doivent, l'un et l'autre, être exécutés à l'encre de chine, avec précision et suivant l'échelle métrique de :

1/1 ou 1/2 (1.00 ou 0.50 par mètre) pour les objets dont la grandeur naturelle ne dépasse pas 1 mètre.

1/2, 1/5 ou 1/10 (0.50, 0.20 et 0.10 par mètre) pour les objets de grandeur naturelle supérieure à 1 mètre.

Autant que possible, on doit conserver pour une des dimensions du dessin déposé, la grandeur de 27 centimètres; dans les cas exceptionnels, on tolère jusqu'à 54 centimètres.

Les parties du dessin qui font spécialement l'objet de l'invention doivent être tracées en une couleur, de préférence en violet.

Les lettres de référence doivent être bien dessinées, de dimension convenable et en caractères d'imprimerie.

---

(1) A la suite d'une entente avec le Gouvernement Roumain, le Gouvernement Français a obtenu une dérogation, en ce sens que les mandataires des inventeurs français peuvent produire une procuration simplement légalisée par les autorités compétentes françaises.

Les mêmes lettres ou signes doivent indiquer les mêmes parties dans toutes les figures du dessin.

Les dessins doivent porter, à la partie supérieure de gauche, le nom du demandeur ; à la partie supérieure de droite, le numéro d'ordre du dessin ; à droite en bas, la signature du demandeur, inventeur ou mandataire. '

Les dessins doivent porter une marge de 2 centimètres.

SYSTÈME DE DÉLIVRANCE. — Les brevets sont délivrés sans aucun examen préalable, sans aucune garantie de quelque nature que ce soit de la part de l'État, au point de vue de l'originalité, de la valeur ou de la réalité de l'invention ou du perfectionnement ou de l'exactitude des descriptions.

RUSSIE

LOI du 20 mai-1er juin 1896 (¹). — INSTRUCTIONS des 25 juin-7 juillet 1896 (²).

PERSONNES APTES A RECEVOIR LE BREVET. — Le droit au brevet appartient à l'inventeur ou à son ayant cause. Le brevet est délivré à la personne qui, la première, en a fait la demande.

Si le requérant est domicilié à l'étranger, il doit constituer un mandataire domicilié en Russie.

INVENTIONS BREVETABLES. — Les inventions qui présentent un élément essentiellement nouveau, soit dans leur ensemble, soit dans une ou plusieurs de leurs parties, soit encore dans la combinaison originale dans leurs parties, quand celles-ci sont déjà connues séparément.

INVENTIONS EXCLUES DE LA PROTECTION. — Les inventions :

1° Qui représentent des découvertes scientifiques et des théories abstraites ;

----

(1) Voir Bull. Officiel de la Propriété Industrielle (année 1896, n° 656).
(2) Voir Bull. Officiel de la Propriété Industrielle (année 1896, n° 678).

2º Qui sont contraires à l'ordre public, à la morale et aux bonnes mœurs ;

3º Qui, antérieurement à la demande de brevet, ont été brevetées en Russie ou y ont été appliquées sans brevet, ou qui ont été décrites, d'une manière assez complète, pour pouvoir être reproduites ;

4º Qui sont connues à l'étranger sans brevet, ou qui y sont brevetées au nom d'une personne autre que le requérant, sauf le cas où l'invention aurait été cédée à ce dernier ;

5º Qui ne représentent pas une nouveauté suffisante, mais constituent des modifications peu importantes d'inventions déjà connues.

En outre, il n'est pas délivré de brevets pour des produits chimiques, alimentaires et analogues, pour les médicaments composés, ni pour les procédés et appareils destinés à la fabrication de ces derniers.

NATURE ET DURÉE DU BREVET. --- TAXES. — Deux espèces de brevets :

1º Brevets d'invention ; durée : quinze ans à partir de la date où le brevet a été signé ;

2º Brevets additionnels ; même durée que le brevet principal auquel ils se rapportent.

Taxes :

1º Brevets d'invention. Taxe de dépôt : 30 roubles (¹).

1re année	15 roubles	9e année	125 roubles
2º —	20 —	10º —	150 —
3º —	25 —	11e —	200 —
4º —	30 —	12º —	250 —
5e —	40 —	13e —	300 —
6e —	50 —	14e —	350 —
7e —	75 —	15e —	400 —
8e —	100 —		

2º Brevets additionnels. Taxe unique : 20 roubles.

Un brevet délivré, pour une invention déjà brevetée à l'étranger, antérieurement à la date du dépôt de la demande, prend fin à l'expiration du terme le plus court pour lequel un brevet étranger aura été délivré.

---

(1) Le rouble vaut 2 fr. 65.

Demande. — Formalités et documents. — 1° Demande de brevet adressée au Département du Commerce et des Manufactures, avec l'en-tête : « Au Comité des Affaires techniques. » Elle doit être rédigée sur une feuille de papier de format ordinaire munie de deux timbres de 80 copeks[1], et contenir une requête tendant à la délivrance du brevet pour l'invention indiquée dans la description, et le titre de l'invention, correspondant à la nature de cette dernière ;

2° Un bordereau des pièces annexées, dont les principales sont : la description, le dessin explicatif, la quittance de la taxe de dépôt de 30 roubles et, le cas échéant, la procuration en faveur du mandataire.

La demande doit être signée par le requérant ou par son mandataire signant par procuration.

La description doit être rédigée en langue russe et être claire et nette. Elle doit être accompagnée, au besoin, de dessins et de modèles, en sorte qu'on puisse aisément reproduire l'invention. Dans sa partie finale, elle doit contenir l'énumération des particularités distinctives de l'invention. La description doit être rédigée sur du papier de format ordinaire, en deux exemplaires, et être signée par le requérant ou son mandataire ; un timbre de 80 copeks doit être apposé sur chaque feuille de l'un des exemplaires.

Les dessins doivent être tracés en ligne noire, sur du papier à dessiner blanc et épais. Leur format doit être de 13 pouces de hauteur sur 8 pouces de longueur ; ou de 13 pouces sur 16 ; ou de 13 pouces sur 24. Chaque dessin doit être entouré d'une marge d'environ 1 pouce. Sur la marge supérieure doit être indiquée la demande à laquelle se rapporte le dessin. L'adjonction de mentions explicatives et l'emploi de couleurs sont interdits.

Les dessins doivent être déposés en deux exemplaires, dont l'un peut être tracé sur de la toile à calquer ; ils doivent être signés par le requérant ou son mandataire.

Les demandes présentées par le mandataire doivent être accompagnées d'une procuration notariée. Si le requérant est domicilié à l'étranger, et si la procuration est rédigée en une langue étrangère, la procuration doit porter un visa du Consulat russe local, certifiant qu'elle est établie conformément aux lois du pays, et être accompagnée d'une traduction légalisée en langue russe.

---

(1) Le copek vaut 0 fr. 026.

Si l'invention est déjà brevetée à l'étranger, la demande doit être accompagnée d'une copie de celui des brevets étrangers qui arrivera le premier à son terme.

Si le brevet est demandé pour une invention brevetée à l'étranger au nom d'une autre personne, le requérant doit déposer un acte de cession légalisé constatant qu'il a reçu le droit exclusif d'exploiter . vention en Russie.

MODÈLES. — Le dépôt de modèles est exigé s'il est nécessaire pour que l'on puisse reproduire aisément l'invention.

SYSTÈME DE DÉLIVRANCE.— Le demandeur de brevet, qui a accompli les formalités prescrites, reçoit un certificat de protection qui lui permet d'exploiter son invention, de la divulguer et de menacer de poursuites les contrefacteurs. Ce certificat cesse d'être en vigueur si les démarches de l'inventeur n'aboutissent pas à la délivrance d'un brevet.

La demande est soumise au Comité des Affaires techniques du Département du Commerce et des Manufactures, lequel prononce sur la question de savoir si la demande et la description de l'invention répondent aux conditions établies par la Loi. Ces recherches ne portent ni sur l'utilité de l'invention, ni sur l'existence du droit du requérant.

En cas de refus, l'intéressé peut en appeler, dans les trois mois, au Département du Commerce et des Manufactures.

SALVADOR

LOI du 6 mai 1901 (¹), modifiée par la loi du 13 mai 1910 (²).

INVENTIONS BREVETABLES. — Toute découverte, invention ou perfectionnement ayant pour objet un nouveau produit industriel, un nouveau moyen de production, ou l'application nouvelle de moyens connus pour obtenir un résultat ou un produit industriel. Sont également susceptibles de privilège les produits chimiques ou pharmaceutiques.

---

(1) Voir Bull. Officiel de la Propriété Industrielle (année 1901, n°° 933, 934 et 935).
(2) Voir Bull. Oficiel de la Propriété Industrielle (année 1910, n° 1396.)

INVENTIONS NON BREVETABLES. — Une invention ou un perfectionnement ne sont pas considérés comme nouveaux quand, dans l'Amérique centrale ou à l'étranger, et à une date antérieure à celle où le privilège a été demandé, ils ont reçu une publicité suffisante pour pouvoir être exécutés. Demeurent exceptés le cas où la publicité provient d'une autorité étrangère chargée de la délivrance des brevets, et celui où l'invention ou le perfectionnement ont été présentés dans des expositions organisées sur le territoire de la République ou à l'étranger.

Ne peuvent faire l'objet d'un brevet :

1º Les inventions ou perfectionnements, dont l'exploitation serait contraire aux lois prohibitives ou à la sûreté publique ;

2º Les principes ou découvertes scientifiques, aussi longtemps qu'ils seront purement théoriques, et qu'ils ne se traduiront pas en machines, appareils, procédés ou opérations mécaniques ou chimiques d'un caractère pratique et industriel.

DURÉE. — TAXES. — Les brevets sont délivrés pour une durée de vingt ans, à compter de la date de leur délivrance ; ils sont soumis à une taxe de délivrance de 50 pesos (¹) et à une taxe annuelle de 10 pesos pour tout le temps de leur durée. A la fin de chacune des périodes de cinq ans de la durée du brevet, le titulaire d'un brevet d'invention ou de perfectionnement, qui veut conserver le brevet pendant une nouvelle période de cinq ans, doit justifier, auprès du Bureau des brevets, qu'il a effectué à la Trésorerie générale : au bout des premiers cinq ans, le paiement de la taxe additionnelle de 50 pesos ; au bout de dix ans, le paiement de 100 pesos, et au bout de quinze ans, le paiement de 150 pesos.

FORMALITÉS DE LA DEMANDE. — La demande doit être adressée au Bureau des brevets annexé au Ministère de *Fomento*. Les inventeurs qui ne peuvent se présenter en personne ont le droit de constituer des mandataires chargés de les représenter. Les étrangers doivent, à cet effet, envoyer un pouvoir juridique en forme, dûment enregistré.

SYSTÈME DE DÉLIVRANCE. — Avant de délivrer un brevet, le Bureau des brevets procède préalablement à des recherches tendant

---

(1) Le peso vaut environ 5 fr.

à constater s'il y a réellement une invention ou un perfectionnement industriel devant faire l'objet dudit brevet et, dans ce but, procède à l'audition de témoins et entend l'avis d'experts. La demande de brevet est, en outre, publiée dans le *Journal Officiel* pendant deux mois, de dix jours en dix jours et, pendant ce laps de temps, toute personne a le droit de faire opposition à la délivrance du brevet.

SUÈDE (Pays Unioniste)

LOIS des 16 mai 1884 (¹) et 26 mars 1897 (²). — LOI du 9 mai 1902 (³).

PERSONNES APTES A RECEVOIR LE BREVET. — Le brevet ne peut être valablement délivré qu'à l'inventeur ou à son ayant cause.

Les personnes n'habitant pas la Suède doivent constituer un mandataire dans le pays.

INVENTIONS BREVETABLES. — Les inventions nouvelles concernant des produits industriels ou des produits spéciaux de fabrication.

Une invention n'est pas réputée nouvelle si, avant le dépôt de la demande de brevet, l'invention a été décrite d'une manière suffisamment détaillée dans un imprimé rendu public, ou si elle a été exploitée d'une manière assez patente pour permettre à un homme du métier d'exécuter l'invention.

Quand l'invention a figuré dans une exposition internationale, la circonstance qu'elle a été connue à cette époque, ou postérieurement, ne mettra pas obstacle à l'obtention d'un brevet, si la demande en est faite dans le délai de six mois après l'exposition de l'invention.

INVENTIONS EXCLUES DE LA PROTECTION. — Les inventions dont l'exploitation serait contraire aux lois ou aux bonnes mœurs.

---

(1) Voir *Bull. Officiel de la Propriété Industrielle* (année 1900, n° 848).
(2) Voir *Bull. Officiel de la Propriété Industrielle* (année 1900, n° 850).
(3) Voir *Bull. Officiel de la Propriété Industrielle* (année 1905, n° 1102).

Si une invention se rapporte à des denrées alimentaires ou à des médicaments, le brevet ne peut être délivré pour le produit, mais seulement pour les procédés de fabrication.

NATURE ÉT DURÉE DU BREVET. — TAXES. — Deux espèces de brevets :

1º Brevets d'invention; durée: quinze ans à partir du dépôt de la demande ;

2º Brevets additionnels : même durée que le brevet principal auquel ils se rapportent.

Taxe de dépôt : 20 couronnes (¹) (elle constitue en même temps la première annuité pour les brevets d'invention).

Taxe annuelle pour chacune des années: 2 à 5, 25 couronnes; pour les années 6 à 10, 50 couronnes ; pour les années 11 à 15, 75 couronnes.

Les brevets additionnels ne sont soumis qu'au paiement de la taxe de dépôt.

DEMANDE. — FORMALITÉS ET DOCUMENTS. — 1º Demande de brevet adressée au Bureau des brevets et de l'enregistrement ;

2º Description de l'invention, en double exemplaire ;

3º Les dessins nécessaires à l'intelligence de la description, en double exemplaire ;

4º Des modèles ou échantillons, s'il y a lieu ;

5º Un pouvoir en faveur du mandataire, si le demandeur réside hors du pays.

La demande doit contenir le nom, la profession et l'adresse du demandeur, ainsi que la dénomination de l'invention.

La description doit être assez claire pour permettre à un homme du métier d'exploiter l'invention ; elle doit énoncer, en termes précis, ce que le demandeur considère comme nouveau dans l'invention.

Si le brevet est demandé par un autre que l'inventeur, le demandeur doit produire un acte établissant qu'il est l'ayant cause de celui-ci.

MODÈLES. — Le dépôt de modèles ne doit se faire que s'ils sont nécessaires pour l'intelligence de l'invention.

---

(1) La couronne vaut 1 fr. 38.

SYSTÈME DE DÉLIVRANCE. — 1º Exameu préalable portant sur la brevetabilité de l'invention ;

2º Publication de la demande avec appel aux oppositions. Délai d'opposition : deux mois.

En cas de refus de brevet, le demandeur peut interjeter appel auprès du roi, dans le délai de soixante jours.

SUISSE (Pays Unioniste)

LOI du 21 juin 1907 ([1]). — RÈGLEMENT du 15 novembre 1907 ([2]).

INVENTIONS BREVETABLES. — Sont brevetables les inventions nouvelles susceptibles d'exploitation industrielle. N'est pas réputée nouvelle l'invention qui, avant le dépôt de la demande, a été divulguée en Suisse ou exposée, par des écrits ou des dessins, dans des publications se trouvant en Suisse, de manière à pouvoir être exécutée par des hommes du métier.

INVENTIONS EXCLUES DE LA PROTECTION. — Ne sont pas susceptibles d'être brevetées :

1º Les inventions dont l'exploitation serait contraire aux lois ou aux bonnes mœurs ;

2º Les inventions de substances chimiques et les inventions de procédés chimiques servant à la fabrication de substances chimiques destinées principalement à l'alimentation de l'homme ou des animaux ;

3º Les inventions de remèdes, d'aliments ou de boissons à l'usage de l'homme ou des animaux, obtenus autrement que par des procédés chimiques ; les procédés de fabrication de ces produits sont également exclus du brevet ;

---

(1) Voir Bull. Officiel de la Propriété Industrielle (année 1907, n°° 1229 et 1230).
(2) Voir Bull. Officiel de la Propriété Industrielle (année 1908, n° 1270).

4º Les inventions ayant pour objet des produits obtenus, avec application de procédés non purement mécaniques, pour le perfectionnement de fibres textiles de tout genre, brutes ou déjà travaillées, ainsi que de tels procédés, en tant que ces inventions se rapportent à l'industrie textile.

NATURE ET DURÉE DU BREVET. — TAXES. — Les brevets sont principaux ou additionnels. Le propriétaire d'un brevet principal peut obtenir un brevet additionnel pour l'invention d'un perfectionnement ou d'un développement de l'invention brevetée.

La durée du brevet principal est de quinze ans, au plus, à partir du dépôt de la demande ; celle des brevets ayant pour objet des procédés chimiques pour la fabrication de remèdes est limitée à dix ans.

Il est payé, pour chaque brevet principal, une taxe de dépôt de 20 francs, lors de la présentation de la demande, puis chaque année à l'avance, une taxe de :

20 francs pour la 1re année ;
30 — — 2e —
40 — — 3e. —

et, ainsi de suite, jusqu'à la quinzième année pour laquelle la taxe est de 160 francs.

La taxe est échue, chaque année, à la date du dépôt de la demande et doit être payée dans les trois mois qui suivent l'échéance.

Pour un brevet additionnel, il n'est dû qu'une taxe unique de 20 francs.

PIÈCES A FOURNIR. — Les pièces à fournir, à l'appui de la demande, sont les suivantes :

1º Une description, en double exemplaire ;

2º Un dessin également en double exemplaire, s'il est nécessaire pour l'intelligence de la description ;

3º Si l'objet de l'invention est un procédé pour la préparation d'une nouvelle substance chimique, un échantillon de celle-ci ;

4º Un pouvoir revêtu de la signature du demandeur, lorsqu'il est représenté par un mandataire domicilié en Suisse ;

5º Un document établissant les droits du demandeur, si celui-ci n'est pas l'inventeur ;

6º Des preuves écrites pour faire constater le droit de priorité, lorsque celui-ci est réclamé par le déposant, soit en vertu d'une convention, soit parce que l'invention a figuré dans une exposition nationale ou internationale en Suisse;

7º Le montant de la taxe de dépôt.

Les délais pour la présentation de ces diverses pièces varient et sont indiqués dans l'article 6 du règlement d'exécution du 15 novembre 1907.

DESCRIPTION. — La description qui peut être rédigée en français, en allemand ou en italien, doit être faite sur du papier fort et blanc, du format de 30 à 33 centimètres de hauteur sur 20 à 22 centimètres de largeur. S'il y a plusieurs feuilles, celles-ci doivent former un cahier, sans qu'il résulte de leur mode de réunion aucune difficulté pour la lecture. Chaque page écrite doit avoir une marge d'au moins 4 centimètres du côté gauche et un espace libre d'au moins 4 centimètres au haut de la première page. Dans la règle, il ne doit être écrit que sur le recto de la feuille ; la description peut être écrite à la main ou à la machine, ou lithographiée ou imprimée, l'encre employée doit être foncée et inaltérable. Il est exigé, en outre, que l'écriture soit bien lisible et n'embarrasse en aucune façon le typographe, notamment pour les formules scientifiques, chimiques ou autres.

La description doit présenter, en tête, d'abord le nom et le lieu de domicile du demandeur, puis le titre de l'invention qui doit être exact et ne contenir aucune désignation de fantaisie.

La description doit être correcte au point de vue du style et au point de vue technique, développée dans un ordre logique et rédigée aussi clairement que possible. Elle ne doit renfermer ni longueurs ni répétitions superflues. Elle doit sauvegarder l'unité de l'invention et déterminer, sans équivoque, la portée juridique du brevet.

Le demandeur doit formuler une revendication définissant l'invention par les propriétés qu'il juge nécessaires et suffisantes pour la déterminer.

La revendication est concluante, quant à la nouveauté de l'invention et à l'étendue de la protection accordée au breveté, la description jointe à la demande pouvant servir pour interpréter la revendication. On peut formuler des sous-revendications pour compléter la définition donnée par la revendication.

Les sous-revendications doivent se référer à la revendication dont elles dépendent. Une seule et même revendication ne peut se référer

à plusieurs revendications. Une seule et même sous-revendication ne peut se référer à plusieurs revendications. Les différentes sous-revendications dépendant d'une même revendication doivent former une série ininterrompue. Les revendications peuvent précéder l'ensemble des sous-revendications, ou bien la série des sous-revendications dépendant d'une même revendication peut être intercalée entre cette revendication et la revendication suivante. Les revendications doivent être numérotées en chiffres romains, et les sous-revendications en chiffres arabes. Les revendications ne peuvent contenir une formule telle que celles-ci : «comme décrit» ou «en substance comme décrit». Une telle formule n'est admissible dans une sous-revendication que si elle ne prête à aucun malentendu.

Une revendication se rapportant à la préparation d'une substance chimique nouvelle doit caractériser cette substance par toutes les propriétés qui ont été mentionnées dans la description ; elle doit contenir des données sur l'application de la substance.

DESSINS. — Le dessin doit être fait sur une ou plusieurs feuilles de 33 centimètres de hauteur sur 21 ou 42 de largeur. Si la nature de l'objet l'exige, on peut employer un format de 33 centimètres sur 63.

On doit éviter les figures superflues, et, autant que possible, toute perte de place. L'échelle est déterminée d'après le degré de complication des figures ; elle est suffisante si une reproduction photographique, effectuée avec une réduction linéaire aux deux tiers, permet de distinguer sans peine tous les détails.

Chaque feuille du dessin doit porter au bord les indications suivantes : le nom du demandeur, le nombre total des feuilles avec le numéro de la feuille même et la signature du demandeur ou du mandataire. Dans la règle, la première de ces indications doit être placée en haut à gauche, la seconde en haut à droite et la troisième en bas à droite. Les figures doivent être numérotées d'une manière continue et sans tenir compte du nombre des feuilles.

Le dessin peut être tracé à la main, lithographié ou imprimé. En toutes parties, il doit être exécuté en traits parfaitement noirs, sans couleurs ni lavis, de manière à éviter tout obstacle à une reproduction photographique nette pour la confection du cliché d'imprimerie.

Le dessin ne doit pas contenir de mentions explicatives. Quand l'échelle est donnée, elle doit être dessinée et non indiquée par une mention écrite. Les diverses parties des figures ne doivent être munies de signes de référence à la description que dans la mesure où l'exige l'intelligence de l'invention.

Toutes les figures d'une feuille de dessin doivent être placées à l'intérieur d'un cadre formé de lignes simples tracées à 2 centimètres du bord de la feuille ; les diverses figures doivent être séparées par un espace suffisant pour qu'elles se détachent les unes des autres.

Il faut disposer les figures de façon que le dessin, les signes de référence et les numéros des figures puissent être lus dans une même position de la feuille, dans la règle dans le sens de la hauteur de la feuille.

L'un des exemplaires du dessin doit être exécuté sur papier fort, blanc et lisse, l'autre exemplaire sur toile à calquer. L'exemplaire sur papier fort ne doit être ni plié, ni roulé, c'est-à-dire qu'il doit rester plat et ne présenter ni plis, ni cassures défavorables pour la reproduction photographique ; l'exemplaire sur toile à calquer peut être plié.

SYSTÈME DE DÉLIVRANCE. — Les brevets sont délivrés sans garantie de la réalité, de la valeur ou de la nouveauté de l'invention.

TUNISIE (Pays Unioniste)

LOI du 26 décembre 1888 (¹). — RÈGLEMENT du 26 septembre 1892 (²).

PERSONNES APTES A RECEVOIR LE BREVET. — Toute nouvelle découverte ou invention dans tous les genres d'industrie confère à son auteur un droit exclusif d'exploitation.

INVENTIONS BREVETABLES. — L'invention de nouveaux produits industriels, l'invention de nouveaux moyens, ou l'application de moyens connus, pour l'obtention d'un résultat ou d'un produit industriel.

---

(1) Voir *Bull. Officiel de la Propriété Industrielle* (année 1889, n° 267 ; année 1890, n° 321 et 347).

(2) Voir *Bull. Officiel de la Propriété Industrielle* (année 1897, n° 679).

N'est pas réputée nouvelle toute invention qui, dans la Régence ou à l'étranger, et antérieurement à la date du dépôt de la demande, a reçu une publicité suffisante pour pouvoir être exécutée.

INVENTIONS EXCLUES DE LA PROTECTION. — Les plans et combinaisons de crédit ou de finance, ainsi que les inventions dont la vulgarisation serait contraire aux lois ou aux bonnes mœurs. Si l'invention se rapporte à des médicaments, le brevet ne peut être délivré pour le produit même, mais exclusivement pour les procédés spéciaux relatifs à sa fabrication.

NATURE ET DURÉE DU BREVET. — TAXES. — 1º Brevets d'invention ; durée : quinze ans à partir du dépôt de la demande ;

2º Certificats d'addition ; même durée que le brevet principal auquel ils se rapportent.

La durée des brevets accordés pour des inventions déjà brevetées au dehors ne peut excéder celle des brevets antérieurement pris à l'étranger.

Taxes :

1º Brevets d'invention : 100 piastres par an ;

2º Certificats d'addition : taxe unique de 20 piastres.

DEMANDE. — FORMALITÉS ET DOCUMENTS. — Le demandeur de brevet doit produire, au Bureau de la Propriété industrielle, à Tunis, un récépissé constatant le versement, à la caisse du Receveur général du Gouvernement tunisien, de la première annuité de 100 piastres, et remettre audit Bureau un paquet cacheté contenant :

1º Une demande ; 2º une description en double exemplaire ; 3º un ou plusieurs dessins, si le demandeur les juge nécessaires pour l'intelligence de la description ; 4º un bordereau des pièces déposées.

La demande doit mentionner la durée du brevet, indiquer sommairement l'objet de l'invention et être signée par le demandeur ou son mandataire.

L'original de la description doit porter en tête le mot *Original* ; la copie, le mot *Duplicata* ; l'un et l'autre doivent être signés par le demandeur ou son mandataire. La description doit être écrite en langue française et ne contenir aucune dénomination de poids et mesures autre que celle du système métrique.

Les deux exemplaires de chaque dessin doivent être exactement conformes, tracé à l'encre et signés par le demandeur ou son mandataire.

MODÈLES. — Le demandeur peut déposer un modèle, s'il le juge nécessaire pour l'intelligence de la description.

SYSTÈME DE DÉLIVRANCE. — Si la demande est considérée comme régulière, elle est publiée avec appel aux oppositions. Délai d'opposition : deux mois.

En cas d'opposition, le brevet n'est délivré qu'après que le demandeur en a obtenu mainlevée de la part des tribunaux compétents.

TURQUIE

Loi du 18 février 1879 (¹)

INVENTIONS BREVETABLES. — L'invention de nouveaux produits ou œuvres industrielles ; celle de nouveaux moyens pour leur production ou l'application sur un nouveau système de moyens déjà connus.

INVENTIONS NON BREVETABLES. — Les compositions pharmaceutiques ou remèdes de toute espèce.

Les projets et combinaisons financières et de vente.

NATURE DU BREVET. — DURÉE ET TAXE. — Il est délivré des *brevets d'invention*, de *perfectionnement* et des *certificats d'addition*.

Les brevets sont délivrés pour une durée de cinq, dix ou quinze ans. Chaque brevet donne lieu au paiement d'une taxe qui est fixée ainsi qu'il suit, savoir : 10 livres turques (environ 227 francs), pour le brevet de cinq ans ; 20 livres turques pour celui de quinze ans. Cette taxe est payée par annuités de 2 livres turques (45 fr. 40) environ, au commencement de chaque année, à compter de la date du premier versement qui doit avoir lieu au moment de la remise du brevet.

---

(1) Voir *Bull. Officiel de la Propriété Industrielle* (année 1898, n° 774).

Chaque demande de certificat d'addition donne lieu au paiement d'une taxe de 1 livre turque (22 fr. 70 environ).

FORMALITÉS DE LA DEMANDE. — On doit déposer, sous enveloppe cachetée, au Ministère du Commerce et de l'Agriculture, à Constantinople, et âu siège du Gouvernement général, dans les provinces ou, si l'on veut, directement au Ministère :

Une demande ;

Une description en double exemplaire ;

Les dessins et échantillons de la description ;

Un bordereau des pièces déposées ;

La demande doit donner un titre renfermant la désignation sommaire et précise de l'objet de l'invention et indiquer la durée que le demandeur entend assigner au brevet.

Elle ne doit, pas plus que la description, porter de grattages, d'altérations, de surcharges.

Les dessins doivent être tracés à l'encre d'après une échelle métrique.

SYSTÈME DE DÉLIVRANCE. — Les brevets sont délivrés sans examen préalable, aux risques et périls du demandeur et sans garantie ni responsabilité du Gouvernement, en ce qui concerne la réalité de la nouveauté, l'utilité ou le mérite de l'invention ou, enfin, la conformité de la description.

URUGUAY

LOI du 13 novembre 1885 (¹). — DÉCRET du 16 novembre 1885 (²).

INVENTIONS BREVETABLES. — Les nouveaux produits industriels, les nouveaux procédés et les nouvelles applications de procédés connus pour obtenir un résultat ou un produit industriel.

---

(1) Voir Bull. Officiel de la Propriété Industrielle (année 1887, n° 185).
(2) Voir Bull. Officiel de la Propriété Industrielle (année 1887, n° 186).

INVENTIONS NON BREVETABLES. — Les plans financiers, les découvertes ou inventions qui sont suffisamment connues dans ou hors du pays par des ouvrages, brochures ou journaux imprimés, ou celles qui sont purement théoriques et dont la bonne application n'a pas été démontrée pratiquement ; les compositions pharmaceutiques et les inventions contraires aux bonnes mœurs et aux lois de la République.

NATURE ET DURÉE DU BREVET. — TAXES. — La durée des brevets est de trois, six ou neuf ans au choix de l'impétrant.

La taxe annuelle est de 25 piastres (130 francs environ). Il est délivré des *certificats d'addition* pour les perfectionnements apportés aux inventions brevetées. La durée de ces certificats est la même que celle du brevet original auquel ils se rapportent et leur coût varie suivant qu'ils sont demandés par le propriétaire du brevet primitif ou par une autre personne. Dans le premier cas, ils payent un tiers, dans le second, deux tiers de la taxe fixée pour un brevet ordinaire.

PIÈCES A FOURNIR. — Toute personne qui désire obtenir un brevet d'invention doit présenter une requête sur papier timbré d'un peso par feuille, adressée au Ministère de l'Intérieur, et qui doit être remise au Chef du Bureau des brevets et Marques de fabrique et de Commerce.

La requête doit être accompagnée d'une description claire et succincte de l'invention, en double exemplaire, ainsi que des échantillons, dessins et modèles, suivant la nature du cas, avec affirmation sous serment que la propriété en appartient à l'impétrant et qu'il sollicite un brevet qui lui servira de titre.

Les documents annexés à la requête doivent être de matière durable et préparés avec soin.

La requête, qui doit être écrite en espagnol, doit se limiter à la demande du privilège et indiquer le temps pour lequel il est requis. Elle ne doit contenir ni restrictions, ni conditions, ni réserves ; elle doit indiquer la dénomination sous laquelle l'inventeur désigne sommairement et avec précision son invention ; les ratures et additions de texte doivent être approuvées.

Les pièces jointes à la requête doivent être établies à l'encre et conformément, lorsque cela est possible, au système métrique établi dans la République.

DROITS DES ÉTRANGERS. — Des brevets peuvent être accordés aux étrangers qui sollicitent un privilège pour établir leur industrie dans le pays, pourvu que cela ait lieu dans la première année de la délivrance du brevet original et que la demande en soit faite par l'inventeur ou un de ses ayants droit.

SYSTÈME DE DÉLIVRANCE. — La nation ne garantit ni le mérite, ni la priorité des découvertes ou inventions.

Le Pouvoir Exécutif fixe, pour chaque cas spécial, un délai dans lequel l'industrie faisant l'objet du brevet doit entrer en activité, et cela après rapport du Conseil d'Hygiène, s'il s'agit d'industries insalubres ou incommodes.

VENEZUELA

LOI du 25 mai 1882 (¹).

INVENTIONS BREVETABLES. — Toute personne qui a inventé ou découvert quelque industrie nouvelle et utile, machine, procédé ou composition de matière, ou bien quelque perfectionnement nouveau et utile de ces objets, peut obtenir un brevet, à la condition que l'invention, la découverte ou le perfectionnement ne soient pas déjà connus ou employés par d'autres dans le pays, n'aient pas été brevetés ou décrits dans une publication imprimée dans la République ou à l'étranger, ou n'aient pas été en usage public ou en vente pendant plus de deux ans antérieurement à la pétition, à moins de preuve d'abandon.

INVENTIONS NON BREVETABLES. — Les inventions, améliorations ou nouvelles industries nuisibles à la santé ou à la sécurité publiques, aux bonnes mœurs ou à des droits antérieurs ne peuvent être brevetées. Il en est de même des compositions pharmaceutiques ou remèdes de toute espèce.

DURÉE. — TAXE. — Les brevets sont concédés pour cinq, dix ou quinze ans. Ils sont soumis au paiement d'une taxe de 80 bolivars

---

(1) Voir *Bull. Officiel de la Propriété Industrielle* (année 1885, n° 61).

(80 francs) par an s'il s'agit d'une invention ou d'une découverte et de 60 bolivars (60 francs) s'il s'agit de procédés perfectionnés.

La taxe doit être versée au Trésor national du service public.

FORMALITÉS DE LA DEMANDE. — Toute personne qui désire obtenir un brevet doit joindre à sa demande une description de l'invention, en indiquant avec clarté la nature et l'objet. Elle doit présenter également les dessins ou échantillons nécessaires.

La demande de brevet doit déclarer sous serment que le pétitionnaire est effectivement celui qui a inventé ou découvert l'industrie, la machine, la manufacture, le procédé ou le perfectionnement pour lequel il sollicite le brevet.

Les demandes de brevet doivent être adressées au Pouvoir Exécutif fédéral, par l'intermédiaire du Ministère du *Fomento* et doivent être accompagnées de la justification du versement de la taxe correspondant à la moitié du nombre d'années pour lesquelles le brevet est demandé.

SYSTÈME DE DÉLIVRANCE. — Le Gouvernement ne garantit ni l'exactitude, ni l'utilité, ni la priorité de l'invention ou de la découverte brevetée. Le brevet n'est délivré que trente jours après la publication de la demande dans la *Gaceta Oficial*.

CONDITIONS ET FORMALITÉS

AFRIQUE CENTRALE (Protectorat britannique)

ORDONNANCE du 4 décembre 1903.

Les dispositions des lois métropolitaines de 1883 à 1901 sur les brevets, dessins et marques de fabrique sont applicables au protectorat, avec les modifications qui pourront y être apportées ultérieurement.

Le *Registrar of Patents, Designs and Trade Marks*, à Zombo, exerce sur le territoire du protectorat, les fonctions que les lois mentionnées plus haut attribuent au Contrôleur général des brevets, à Londres.

ALLEMAGNE (Pays Unioniste)

LOI du 12 mai 1894 (¹). — RÈGLEMENT du 30 juin 1894 (²). PRESCRIPTIONS et AVIS du 22 novembre 1898 (³). — PRESCRIPTIONS du 22 décembre 1905 (⁴).

SIGNES ADMIS OU EXCLUS COMME MARQUES. — L'enregistrement est refusé pour les marques *libres*. Est considérée comme telle toute marque qui, au moment où elle a été déclarée, était déjà en usage, soit d'une manière générale, soit dans certains cercles commerciaux, pour

---

(1) Voir *Bull. Officiel de la Propriété Industrielle* (année 1894, n° 553).
(2) Voir *Bull. Officiel de la Propriété Industrielle* (année 1894, n° 564).
(3) Voir *Bull. Officiel de la Propriété Industrielle* (année 1900, n° 836).
(4) Voir *Bull. Officiel de la Propriété Industrielle* (année 1906, n° 1156).

désigner la catégorie des marchandises à laquelle la marque est destinée,
ou les catégories analogues.

Sont, en outre, exclues de l'enregistrement les marques :

1º Qui consistent exclusivement en chiffres ou en lettres ; ou encore
en mots contenant des indications concernant le mode, l'époque ou le
lieu de la fabrication ; ou la nature, la destination, le prix, la quantité
ou le poids de la marchandise ;

2³ Qui contiennent les armoiries d'États allemands ou étrangers,
ou celles d'une localité, d'une commune ou d'une union communale
plus étendue, situées en Allemagne ;

3º Qui contiennent des représentations scandaleuses ou des indications ne correspondant évidemment pas aux circonstances réelles, et
risquant d'induire en erreur.

L'emploi de marques qui comportent l'emblème de la Croix-Rouge
est, en outre, subordonné à une autorisation spéciale accordée par les
autorités centrales des divers pays de l'Empire (Loi du 22 mars 1902).

DROIT A LA MARQUE. — EFFET DU DÉPOT OU DE L'ENREGISTRE-
MENT. — DURÉE. — TAXES. — La marque appartient au premier
déposant ; elle ne produit ses effets à l'égard des tiers qu'à partir de
l'enregistrement.

Durée de la protection :

Dix ans, à partir du dépôt, avec faculté de renouvellement indéfini.

Taxes :

30 marks (¹) lors du premier dépôt ;
20.marks à chaque renouvellement.

EXAMEN. — OPPOSITIONS. — La marque est soumise à un examen.
Si elle est envisagée comme concordant avec une autre marque déposée
à une date antérieure, il en est donné avis au titulaire de cette dernière,
qui a un mois pour faire opposition à l'enregistrement. A défaut
d'opposition, le Bureau des brevets procède à l'enregistrement. S'il y a
opposition, il prononce sur la concordance entre les deux marques, et
si l'enregistrement est refusé, le déposant peut revendiquer le droit
qu'il prétend avoir à l'enregistrement par une action judiciaire intentée
à l'opposant.

_____

(1) Le mark vaut 1 fr. 23.

Pièces et objets a déposer. — La requête demandant l'enregistrement doit être adressée au Bureau des brevets (*Kaiserliches Patentamt*, Luisenstrasse 32/34, Berlin NW, 6), et être accompagnée des pièces et objets suivants :

1º Douze exemplaires d'une représentation de la marque, exécutés proprement et de manière à durer, sur du papier dont la face postérieure ne doit pas être imprimée. Les éléments de la marque doivent y être nettement reconnaissables.

Les dimensions de la représentation ne doivent pas dépasser 33 centimètres de haut sur 25 centimètres de large. Si elle est plus grande, le déposant devra fournir ultérieurement des représentations à une plus petite échelle, ou déclarer que l'empreinte du cliché doit être envisagée comme constituant la représentation de la marque.

Pour les marques consistant uniquement en mots, la représentation de la marque pourra être remplacée par l'indication, dans la requête, que l'empreinte du cliché doit être considérée comme constituant la représentation de la marque ;

2º Une liste des marchandises auxquelles la marque est destinée ;

3º Si le déposant le désire, ou si le Bureau des brevets l'exige : une description de la marque, en duplicata, ou des échantillons de la marchandise munie de la marque, en un seul exemplaire ;

4º Un cliché de la marque ayant au maximum 6,5 centimètres en hauteur et en largeur sur 2,4 centimètres d'épaisseur, et reproduisant nettement et proprement tous les éléments essentiels de la marque, y compris les inscriptions. Exceptionnellement, et si le Bureau des brevets estime que cela est nécessaire pour la netteté de la reproduction, des clichés de plus grande dimension pourront être admis, mais ils devront, en tout cas, être en une seule pièce ;

5º Un pouvoir, si la marque est déposée par un mandataire du déposant ;

6º S'il s'agit d'une marque étrangère : une pièce établissant qu'elle est protégée dans son pays d'origine.

Si le dépôt est fait par un mandataire, le pouvoir doit être délivré à une personne capable d'ester en justice, et non à une firme. La signature n'aura à être légalisée que lorsque le Bureau des brevets l'exigera expressément.

Dispositions relatives aux marques étrangères. — L'étranger ne possédant pas d'établissement en Allemagne n'est admis à déposer sa marque dans ce pays que si, par une publication officielle insérée dans le Bulletin des lois de l'Empire, il est constaté que l'État où est situé l'établissement accorde aux marques allemandes la même protection qu'aux marques indigènes. Il est tenu, en outre, de justifier que sa marque est protégée dans ledit État.

Le dépôt d'une marque étrangère ne peut être effectué que par l'entremise d'un mandataire établi dans le pays. Le déposant doit déclarer expressément, dans la requête accompagnant le dépôt, les droits découlant d'un dépôt à l'étranger dont il entend se prévaloir.

L'avis mentionné plus haut du chancelier de l'Empire, constatant la réciprocité de protection en matière de marques, a été publié en ce qui concerne les Etats ci-après désignés : Autriche-Hongrie, Belgique, Brésil, Bulgarie, Danemark, États-Unis d'Amérique, France, Grèce, Grande-Bretagne, Italie, Luxembourg, Pays-Bas, Roumanie, Russie, Serbie, Suède et Norvège, Suisse, Venezuela.

Les traités conclus avec l'Autriche-Hongrie, l'Italie et la Suisse dérogent aux dispositions contenues dans la loi nationale, spécialement par l'établissement d'un délai de priorité pour le dépôt des marques.

L'Allemagne a, de plus, adhéré à la convention internationale du 20 mars 1883.

ARGENTINE (RÉPUBLIQUE)

LOI du 23 novembre 1900 (¹). — DÉCRET du 5 décembre 1900 (²).

SIGNES ADMIS OU EXCLUS COMME MARQUES. — Sont considérés comme marques : les dénominations des objets ou les noms des personnes, reproduits sous une forme particulière ; les emblèmes, les monogrammes, les gravures ou estampes, les cachets, vignettes et reliefs, les lettres et chiffres avec dessin spécial, les récipients ou enveloppes des objets, et tout autre signe employé pour distinguer les produits d'une fabrique ou les articles d'un commerce ou d'une industrie extractive.

Ne sont pas considérés comme marques :

1° Les lettres, mots, noms ou signes distinctifs employés dans le service de l'État ;

---

(1) Voir Bull. Officiel de la Propriété Industrielle (années 1900 et 1901, n°° 886 à 888).
(2) Voir Bull. Officiel de la Propriété Industrielle (année 1901, n° 889).

2° La forme donnée aux produits par le fabricant ;

3° La couleur des produits ;

4° Les termes ou locutions passés dans l'usage général ;

5° Les désignations habituellement employées pour indiquer la nature des produits ou la classe à laquelle ils appartiennent ;

6° Les dessins ou expressions contraires à la morale ;

7° Les noms et portraits des personnes ne peuvent être employés comme marques sans le consentement de celles-ci ou de leurs héritiers jusqu'au 4° degré inclusivement.

DROIT A LA MARQUE. — EFFET DU DÉPOT OU DE L'ENREGISTRE-MENT. — DURÉE. — TAXES. — La marque appartient au premier déposant.

La protection légale ne produit ses effets qu'à partir de la délivrance du certificat d'enregistrement.

Durée de la protection :

Dix ans, avec faculté de renouvellement.

Taxes :

50 piastres fortes (environ 250 fr.) par dépôt ou renouvellement.

EXAMEN. — OPPOSITIONS. — L'administration examine si la demande présentée se trouve dans la forme et dans les conditions requises par la loi et le règlement.

Il est procédé ensuite aux frais de l'intéressé, à la publication officielle d'un extrait de sa demande.

Cette publication est faite pendant une durée de cinq jours.

Si trente jours après la dernière publication, il ne s'est produit aucune opposition et si des marques identiques ou ressemblantes n'ont pas été accordées, la marque est enregistrée et il est délivré un certificat de sa propriété.

En cas de refus, il peut être interjeté appel auprès du Ministère de l'Intérieur pendant un délai de dix jours.

PIÈCES ET OBJETS A DÉPOSER. — La demande tendant à obtenir la propriété d'une marque doit être adressée au Bureau des brevets d'invention dépendant du Ministère de l'Intérieur, à Buenos-Ayres.

On doit y joindre :

1º Six exemplaires de la marque ;

2º Une description en duplicata de la marque, s'il s'agit de figures ou d'emblèmes. On doit y indiquer la classe d'objets à laquelle la marque est destinée, et dire s'ils seront appliqués aux produits d'une fabrique, à des articles de commerce ou à des produits du sol ;

3º Un reçu constatant le paiement, à la Trésorerie générale, de la taxe de 50 piastres ;

4º Une procuration, si l'intéressé ne se présente pas personnelle-ment.

DISPOSITIONS RELATIVES AUX MARQUES ÉTRANGÈRES. — Les pro-priétaires de marques étrangères, ou leurs agents dûment autorisés, peuvent seuls demander l'enregistrement de ces marques.

Aucune formalité spéciale n'est indiquée pour le dépôt des marques étrangères. La République Argentine a conclu des traités en matière de marques avec les États suivants : Danemark, Paraguay, Pérou et Uruguay.

AUSTRALIENNE (FÉDÉRATION)
(Pays Unioniste)

LOI du 31 décembre 1905 (¹). — RÈGLEMENT du 28 décembre 1906 (²).

SIGNES ADMIS OU EXCLUS COMME MARQUES. — Les éléments essentiels d'une marque enregistrable sont les suivants, et peuvent être employés seuls ou simultanément :

a) Le nom ou la raison commerciale d'une personne, imprimés, empreints ou tissés d'une façon spéciale et distinctive ;

b) La signature écrite ou une copie de la signature du déposant ou de son prédécesseur ;

c) Un dessin distinctif, une marque, une marque à feu, un en-tête ou une étiquette ;

d) Un ou plusieurs mots inventés ;

e) Un ou plusieurs mots n'ayant aucune relation avec la nature ou la qualité du produit et n'étant pas un nom géographique employé dans un sens géographique ou pouvant être compris dans ce sens.

Les détails additionnels qui peuvent être ajoutés aux éléments essentiels d'une marque enregistrable sont :

a) Des lettres, mots ou chiffres ;

b) Une combinaison de lettres, mots ou chiffres.

Sauf ce qui concerne les marques valablement enregistrées dans un État particulier conformément à sa législation, une marque, pour être susceptible d'enregistrement, ne doit pas contenir :

a) Les mots « marque de fabrique », « enregistré », « dessin enregistré », « copyright », « enregistré à *Stationer's Hall* », « toute contrefaçon de ceci est un faux *(forgery)* », ou toute autre indication analogue ;

---

(1) Voir *Bull. Officiel de la Propriété Industrielle* (année 1906, nᵒˢ 1181, 1182, 1183, 1184 et 1185).

(2) Voir *Bull. Officiel de la Propriété Industrielle* (année 1907, nᵒˢ 1239, 1240 et 1241).

b) Des portraits du roi, de la reine, ou de tout autre membre de la famille royale, ou une représentation de la couronne royale.

Une marque, pour être susceptible d'enregistrement, ne doit pas contenir :

a) Le mot « royal » ou tout mot, toute lettre ou tout dessin quelconque indiquant un patronage officiel ou royal ;

b) Une reproduction des armes royales, du drapeau britannique ou de celui de la Fédération ou des armoiries nationales du Royaume-Uni, ainsi que des armoiries ou du sceau de la Fédération ou d'un Etat particulier ;

c) Le portrait d'une personne vivante, sans son autorisation écrite.

Toute marque peut être limitée, en tout ou partie, à une ou plusieurs couleurs déterminées. Lorsqu'une marque a été enregistrée sans limitation quant aux couleurs, elle est considérée comme ayant été enregistrée pour toutes les couleurs.

Aucun dessin scandaleux, aucune marque dont l'usage serait contraire à la loi ou à la morale ne peuvent être employés, ni enregistrés comme marque de fabrique ou partie de marque.

DURÉE. — TAXES. — La durée de la protection est de quatorze ans, avec faculté de renouvellement.

Les taxes à verser sont les suivantes :	£	s.	d.
1º Pour une demande d'enregistrement d'une marque de fabrique	1	0	0
2º Pour une demande d'enregistrement d'une série de marques.	1	0	0
3º Pour une même demande, présentée par une association	2	0	0
4º Pour une même demande, limitée à certaines marchandises :			
Pour les marchandises comprises dans une classe.	2	0	0
Pour les marchandises comprises dans chaque classe en plus	1	0	0
5º Pour l'enregistrement d'une marque de fabrique	2	0	0

	£	s.	d.
6° Pour l'enregistrement d'une série de marques :			
Pour la première marque	2	0	0
Pour chaque marque en plus de la même série . . . . ·	0	10	0
7° Pour l'enregistrement d'une même marque disposée par une association	3	0	0
8° Pour le renouvellement de l'enregistrement d'une marque de fabrique	2	0	0
9° Pour le renouvellement de l'enregistrement d'une série de marques :			
Pour la première marque	2	0	0
Pour chaque marque en plus de la même série.	0	5	0

EXAMEN. — OPPOSITIONS. — La demande est immédiatement transmise par le *Registrar* à un examinateur qui vérifie si la marque est enregistrable ; si une marque identique ou assez ressemblante pour qu'il puisse y avoir confusion a déjà été enregistrée pour les mêmes produits ou la même classe de produits, ou enfin si la marque ou certaines de ses parties ne sont pas d'usage commun dans le commerce.

Le *Registrar* peut accepter la demande, avec ou sans modifications, ou la refuser.

En cas de refus de la demande, un appel peut être interjeté auprès de l'officier de la loi.

Toute personne peut, dans les trois mois de la publication de la demande, déposer au Bureau des marques de fabrique, en double exemplaire, un avis d'opposition à l'enregistrement de la marque de fabrique, en indiquant les motifs sur lesquels elle s'appuie pour baser son opposition.

PIÈCES ET OBJETS A DÉPOSER A L'APPUI DE LA DEMANDE D'ENRE-GISTREMENT. — La demande d'enregistrement adressée au *Registrar*, soit directement, soit par la poste, doit être signée par le déposant. Elle doit indiquer :

a) Pour quels produits ou pour quelle classe de produits la marque doit être enregistrée ;

b) Quels sont les éléments essentiels de la marque, en renonçant à tout droit d'usage exclusif sur les indications complémentaires ;

c) Une adresse dans la Fédération pour les communications de service.

On doit déposer une demande séparée pour chacune des classes de produits dans lesquelles la marque doit être enregistrée.

La demande doit contenir une représentation de la marque et être accompagnée de douze représentations additionnelles, lesquelles doivent être des fac-similés de la représentation contenue dans la demande. Sept des représentations doivent être montées sur toile.

Autant que possible, la représentation de la demande doit être fixée dans le carré réservé à cet effet dans la formule de demande.

Quand les dimensions de la représentation dépassent celles du carré, la représentation doit être montée sur toile et fixée en partie dans le carré, le surplus étant replié.

Quand la demande est signée par un agent, au nom du déposant, elle doit être accompagnée d'un pouvoir.

AUTRICHE (Pays Unioniste)

LOIS des 6 février 1890 (¹) et 30 juillet 1895 (²).

SIGNES ADMIS OU EXCLUS COMME MARQUES. — Sont considérés comme marques les signes particuliers qui servent à distinguer les produits et marchandises, destinés au commerce, d'autres produits et marchandises de même nature (emblèmes, monogrammes, vignettes, etc., et marques verbales non exclues par le n° 2 ci-dessous).

Sont exclues de l'enregistrement les marques :

1° Qui se composent exclusivement de portraits de l'empereur ou de membres de la famille impériale ;

2° Qui se composent exclusivement d'armoiries d'États ou d'autres armoiries publiques, de chiffres, de lettres ou de mots se rapportant

---

(1) Voir *Bull. Officiel de la Propriété Industrielle* (année 1908, n° 1274).
(2) Voir *Bull. Officiel de la Propriété Industrielle* (année 1895, n° 619).

d'une manière exclusive au lieu, au temps ou au mode de la fabrication de la marchandise, à la qualité ou à la destination de cette dernière, ou à son prix, sa quantité ou son poids ;

3° Qui sont d'un usage général dans le commerce pour désigner certaines catégories de produits ;

4° Qui contiennent des dessins ou inscriptions immoraux et de nature à causer du scandale, ou des mentions ne répondant pas aux conditions commerciales réelles ou à la vérité, et de nature à tromper le public consommateur.

Les marques contenant des portraits de l'empereur ou de membres de la famille impériale, une distinction honorifique, l'aigle impériale ou des armoiries publiques, ne peuvent être enregistrées que si le droit à l'usage de ces signes est dûment établi par le déposant.

Les marques comportant l'emblème de la Croix-Rouge ne peuvent être employées qu'avec une autorisation spéciale de l'administration politique (Loi du 14 avril 1903).

DROIT A LA MARQUE. — EFFET DU DÉPÔT OU DE L'ENREGISTRE-MENT. — DURÉE. — TAXES. — La marque appartient au premier déposant ; le droit à l'usage exclusif commence à partir du dépôt.

Durée de la protection :

Dix ans, avec faculté de renouvellement.

Taxe de dépôt :

10 couronnes.

EXAMEN. — OPPOSITIONS. — L'administration examine s'il a déjà été enregistré, pour la même catégorie de produits, une marque identique ou similaire à la marque déposée. Dans l'affirmative, elle avertit le déposant, afin que celui-ci puisse, à son gré, maintenir, modifier ou retirer son dépôt. La même communication est faite au propriétaire de la marque précédemment enregistrée.

Le déposant peut recourir, dans les trente jours, auprès du Ministère des Travaux publics contre un refus d'enregistrement prononcé par la chambre de Commerce et d'Industrie et basé sur l'irrégularité du dépôt, ou sur le fait qu'il s'agirait d'une marque exclue de la protection.

PIÈCES ET OBJETS A DÉPOSER. — Le dépôt de la marque doit être effectué auprès de la Chambre de Commerce et d'Industrie du district où est situé l'établissement. Pour les marques étrangères, le dépôt s'effectue à la Chambre de Commerce et d'Industrie de Vienne.

La demande d'enregistrement doit être accompagnée des documents, objets et indications suivants :

1º Un document établissant que le déposant est le propriétaire de l'établissement auquel la marque est destinée, et indiquant la dénomination de cet établissement et le lieu où il est situé ;

2º L'indication des marchandises pour lesquelles la marque est employée ; quand il s'agit de marchandises qui se fabriquent en diverses matières, indiquer la matière employée.

3º Quatre exemplaires absolument identiques de la marque, reproduisant, en une vue plane, la marque elle-même, et non la marchandise emballée et munie de la marque ;

4º Un cliché typographique de la marque.

La longueur et la largeur du cliché sont fixées au maximum de 65 millimètres ; dans des cas exceptionnels, toutefois et lorsque la netteté de l'impression l'exigera, les dimensions pourront être plus considérables, mais elles ne devront, en aucun cas, dépasser 130 millimètres. La hauteur est fixée à 23 ou tout ou plus 24 millimètres ;

5º L'indication du mode d'application de la marque (sur la marchandise, sur son emballage, etc) ;

6º La taxe d'enregistrement de 10 couronnes, plus un timbre de une couronne pour le certificat d'enregistrement ;

7º Quand il s'agit de marques destinées à être empreintes sur des matières telles que des métaux, l'argile, le bois, etc., trois exemplaires portant l'empreinte de la marque, si le déposant est un national, et deux exemplaires, s'il est étranger ;

8º Quand il s'agit de marques comprenant le portrait de l'empereur ou des membres de la maison impériale, une distinction honorifique, l'aigle impériale ou des armoiries publiques, ou l'insigne de la Croix-Rouge, un document établissant le droit de l'intéressé à faire usage de ces éléments figuratifs.

DISPOSITIONS RELATIVES AUX MARQUES ÉTRANGÈRES. — La protection des marques étrangères est réglée d'après les conventions conclues avec les États respectifs.

Les marques étrangères doivent être enregistrées à la Chambre de Commerce et d'Industrie de Vienne. Les déposants étrangers doivent produire, en original ou en une copie légalisée, le certificat constatant l'enregistrement de la marque dans le pays d'origine. Si ce certificat donne la dénomination de l'établissement et le lieu où il est situé, ainsi que les marchandises auxquelles la marque est destinée, il n'y aura pas lieu de déposer le document indiqué sous le n° 1 (et 2) de la page précédente.

L'Autriche a adhéré à l'arrangement concernant l'enregistrement international des marques de fabrique ou de commerce.

Toutes les fois qu'une marque est déposée pour une série de produits rentrant dans l'un des six groupes de marchandises, le déposant doit joindre à sa demande une liste en six exemplaires, revêtue de sa signature ou de celle de son mandataire, dans laquelle les produits sont rangés d'après ces groupes et d'après l'ordre alphabétique de chacun de ces groupes ; lorsque le dépôt comprend simultanément plusieurs marques appartenant à la même entreprise et désignant les mêmes produits, il doit être joint au dépôt six exemplaires de la liste de produits pour la première marque et cinq exemplaires pour chacune des marques suivantes.

BELGIQUE (Pays Unioniste)

LOI du 1er avril 1879 (1). — ARRÊTÉ ROYAL du 7 juillet 1879 (2).

SIGNES ADMIS OU EXCLUS COMME MARQUES. — Est considéré comme marque tout signe servant à distinguer les produits d'une industrie ou les objets d'un commerce.

DROIT A LA MARQUE. — EFFET DU DÉPOT OU DE L'ENREGISTRE-MENT. — DURÉE. — TAXES. — Le dépôt seul confère le droit à l'usage

---

(1) Voir Bull. Officiel de la Propriété Industrielle (année 1897, n° 727).
(2) Voir Bull. Officiel de la Propriété Industrielle (année 1897, n° 728).

exclusif de la marque ; mais il ne peut être opéré que par celui qui, le premier, a fait usage de cette dernière.

La durée de la protection est indéterminée.

Taxe de dépôt :

10 francs.

EXAMEN. — OPPOSITIONS. — La loi ne prévoit ni examen administratif de la marque, ni opposition au dépôt de la part des tiers.

PIÈCES ET OBJETS A DÉPOSER. — Le dépôt de la marque doit être effectué au Greffe du Tribunal de Commerce dans le ressort duquel est situé l'établissement, ou à défaut du Tribunal de Commerce, au Greffe du Tribunal Civil. Pour les marques étrangères, le dépôt se fait au Greffe du Tribunal de Commerce de Bruxelles.

Le déposant doit fournir :

1º Un modèle en triple exemplaire de la marque, tracé sur papier libre dans un cadre ayant au maximum 8 centimètres de haut sur 10 centimètres de large. Ce modèle doit être déposé en noir, à moins que la couleur ne constitue un caractère distinctif de la marque (*Circ. du Min. de la Just.* 10 janvier 1899) ;

2º Un cliché de la marque ayant au maximum 8 centimètres de haut sur 10 centimètres de large ;

3º Une quittance constatant le paiement de la taxe de 10 francs au receveur compétent.

Si le dépôt est fait par un mandataire, celui-ci devra déposer, en outre, une procuration sous seing privé, enregistrée.

DISPOSITIONS RELATIVES AUX MARQUES ÉTRANGÈRES. — Les personnes qui exploitent leur industrie ou leur commerce hors de Belgique sont admises à déposer leurs marques, si, dans les pays où leurs établissements sont situés, la réciprocité est assurée aux marques belges par des conventions internationales.

La Belgique a conclu des traités en matière de marques avec les États suivants : Allemagne, Autriche-Hongrie, Brésil, Danemark, États-Unis, Grèce, Italie, Japon, Luxembourg, Mexique, Pays-Bas, Portugal, Roumanie, Russie, Suisse et Venezuela.

Elle fait, en outre, partie de l'Union du 20 mars 1883 et a adhéré à l'Enregistrement international.

BOLIVIE

LOI du 25 novembre 1893. — RÈGLEMENT du 24 mars 1897 (¹), — DÉCRET du 30 mai 1902 (²).

Signes admis ou exclus comme marques. — Sont considérés comme marques les gravures, monogrammes, vignettes ou reliefs, lettres et chiffres d'un dessin particulier, les récipients ou enveloppes et les autres signes ayant un caractère distinctif ou servant à distinguer les produits d'une fabrique.

Droit a la marque. — Effet du dépot et de l'enregistrement. — Durée. — Taxes. — La marque appartient au premier déposant.

La taxe est de 5 bolivianos (25 francs) par an. Si la taxe annuelle n'est pas payée après une première notification, les produits munis de la marque sont saisis et vendus aux enchères jusqu'au montant de la dette, plus 2 0/0 d'intérêt par mois, sans préjudice de l'annulation de la concession.

Examen. — Oppositions. — La décision concernant la concession de la marque par le Préfet, ainsi que la demande y relative et ses annexes, doivent être publiées à trois reprises, à dix jours d'intervalle et aux frais de l'intéressé, dans le journal qui sera désigné à cet effet. Après la publication, l'intéressé doit demander que la procédure soit transmise au Ministère du *Fomento*, pour qu'il approuve la concession.

S'il se présente des opposants après l'expiration des délais de publication, le Préfet transmettra la procédure au Procureur du district, qui prononcera sur la priorité des droits. La décision refusant une demande pourra, dans les huit jours qui suivent la notification, faire l'objet d'un recours au Ministère du *Fomento*, qui prononcera d'une manière définitive.

Pièces et objets a déposer. — La demande de concession d'une marque doit être accompagnée des pièces suivantes :

1º Deux exemplaires de la marque ;

---

(1) Voir Bull. Officiel de la Propriété Industrielle (année 1897, n° 711).
2) Voir Bull. Officiel de la Propriété Industrielle (année 1902, n° 983).

2º Deux exemplaires d'une description de la marque, avec la spécification des objets auxquels elle est destinée ;

3º Un pouvoir, si le dépôt est fait par un mandataire ;

4º Un certificat du Trésor départemental constatant le paiement de la taxe.

DISPOSITIONS RELATIVES AUX MARQUES ÉTRANGÈRES. — Les marques étrangères sont traitées sur le même pied que les marques nationales.

La Bolivie a conclu des traités en matière de marques avec la France et la Grande-Bretagne.

BRÉSIL (Pays Unioniste)

LOI du 14 octobre 1887([1]). — RÈGLEMENT du 31 décembre 1887 ([2]). — LOI du 24 septembre 1904 ([3]). — RÈGLEMENT du 10 janvier 1905([4]).

SIGNES ADMIS OU EXCLUS COMME MARQUES. — Une marque peut être constituée de toute manière non prohibée par la loi, et de nature à distinguer les marchandises de provenances différentes.

Les noms, les dénominations nécessaires ou vulgaires, les signatures ou raisons de commerce, de même que les lettres et les chiffres ne peuvent servir de marques, que s'ils revêtent une forme distinctive.

Est prohibé l'enregistrement de toute marque qui consisterait en un des objets suivants, ou qui le contiendrait :

1º Des armes, armoiries, médailles ou attributs publics ou officiels, sauf l'autorisation de l'autorité compétente ;

2º Un nom commercial dont le déposant ne peut user légitimement ;

3º Le nom d'un lieu ou d'un établissement autre que celui d'où provient l'objet ;

---

(1) Voir Bull. Officiel de la Propriété Industrielle (année 1887, n° 201).
(2) Voir Bull. Officiel de la Propriété Industrielle (année 1891, n° 557).
(3) Voir Bull. Officiel de la Propriété Industrielle (année 1905, n°° 1095 et suivants).
(4) Voir Bull. Officiel de la Propriété Industrielle (année 1905, n°° 1124 et suivants).

4º Des mots, des images ou des représentations constituant une offense individuelle ou un outrage aux bonnes mœurs ;

5º La reproduction d'une autre marque déjà enregistrée pour un objet de même nature ;

6º L'imitation totale ou partielle d'une marque déjà enregistrée pour un objet de même nature, et pouvant induire l'acheteur en erreur ou créer une confusion.

DROIT A LA MARQUE. — EFFET DU DÉPOT ET DE L'ENREGISTRE- MENT. — DURÉE. — TAXES. — La marque appartient au premier déposant.

Durée de la protection :
Quinze ans, avec faculté de renouvellement.

Taxe de dépôt :
6 milreis (33 fr. 60).

EXAMEN. — OPPOSITIONS. — L'autorité préposée au dépôt examine la marque, et l'enregistre, si celle-ci est reconnue conforme aux pres- .criptions légales.

Dans les trente jours à partir de la date de l'enregistrement, l'intéressé doit publier la description de sa marque et l'attestation y relative dans le journal destiné à l'insertion des actes officiels du gouvernement général ou provincial, selon que son établissement principal ou unique est situé dans la capitale ou en pays étranger, ou dans une province.

Toute décision refusant ou admettant l'enregistrement d'une marque peut faire l'objet d'un appel au Tribunal de seconde instance du district, soit de la part du déposant, soit de la part des opposants susmentionnés ci-après, savoir :

1º L'accusateur public, quand les marques contiennent des armoiries ou autres attributs publics ou officiels, ou des éléments constituant une offense individuelle ou un outrage aux bonnes mœurs ;

2º Le propriétaire du nom commercial usurpé ;

3º Tout industriel ou commerçant de la même branche résidant dans la localité faussement indiquée comme lieu de provenance ;

4º Le propriétaire de l'établissement dont le nom est usurpé ;

5º La personne pour laquelle le contenu de la marque constitue une offense personnelle ;

6º Celui dont la marque est contrefaite ou imitée.

PIÈCES ET OBJETS A DÉPOSER. — L'enregistrement doit être demandé à la Junte ou Inspection commerciale du siège de l'établissement principal, et pour les marques étrangères à la Junte commerciale de Rio-de-Janeiro.

La demande doit contenir :

1º Une représentation de la marque avec tous ses accessoires, y compris la ou les couleurs dans lesquelles elle doit être employée ;

2º L'explication ou la description de la marque ;

3º L'indication du genre d'industrie ou de commerce auquel elle est destinée ; la profession du déposant et son domicile.

On doit y joindre :

Trois exemplaires de la marque.

La demande aussi bien que les exemplaires de la marque doivent être établis sur papier solide, de 33 centimètres de longueur sur 22 centimètres de largeur, avec une marge sur la reliure, sans plis ni allonges ; ils doivent chacun être timbrés, datés et signés.

DISPOSITIONS RELATIVES AUX MARQUES ÉTRANGÈRES. — Les marques appartenant à des étrangers et à des Brésiliens établis au dehors sont admises au dépôt moyennant les conditions suivantes :

1º Qu'il existe entre le Brésil et le pays étranger dont il s'agit un traité établissant réciprocité de protection en faveur des marques brésiliennes ;

2º Que les marques aient été légalement enregistrées dans leur pays d'origine.

Le Brésil a conclu des traités en matière de marques avec les États suivants : Allemagne, Autriche-Hongrie, Belgique, Danemark, États-Unis, France, Italie, Pays-Bas et Portugal.

Il fait, en outre, partie de l'Union de 1883 et a adhéré à l'Enregistrement international.

BULGARIE

LOIS des 14-27 janvier 1904 (¹); RÈGLEMENT des 15-28 avril 1904 (²). ·

SIGNES ADMIS OU EXCLUS COMME MARQUES. — Sont considérés comme marques :

a) Les firmes des négociants ou industriels ;

b) Les fac-similés des signatures des négociants ou industriels ainsi que leurs monogrammes dans des formes particulières ;

c) Les dénominations arbitraires, sans qu'elles aient quelque attache avec la nature de l'objet auquel elles doivent servir de marque ;

d) Les emblèmes, cachets, vignettes, figures, reliefs, étiquettes, emballages ou récipients, les formes des produits, de leurs emballages ou de leurs récipients, les devises, les bordures ;

e) Des lettres ou des chiffres combinés en des formes spéciales.

SONT EXCLUES ET NON ADMISES A L'ENREGISTREMENT :

a) Les marques composées en entier ou en partie de signes contraires aux bonnes mœurs, à la religion ou à l'ordre public ;

b) Les marques comprenant des photographies ou dessins représentant l'effigie du Souverain ou des membres de sa famille, celles des Souverains étrangers ou de leurs familles, les armes de l'État ou l'imitation de ces armoiries, sauf les cas où il est constaté que l'intéressé possède le droit de se servir de certains écussons comme annexe de la marque ;

c) Les marques comprenant des photographies ou dessins représentant des hommes d'État, sans avoir obtenu leur assentiment ou celui de leurs représentants légaux, ou lorsque dix années ne se sont pas encore écoulées du jour de leur décès ;

e) Les marques comprenant l'emblème de la « Croix-Rouge », son imitation ou bien les mots « Croix-Rouge », sans l'assentiment de la Société ;

---

(1) Voir Bull. Officiel de la Propriété Industrielle (année 1904, n°° 1051 et suivants).
2) Voir Bull. Officiel de la Propriété Industrielle (année 1906, n° 1147).

f) Les marques composées ou comprenant des firmes et noms de personnes privées ou sociétés que le requérant n'a pas droit d'employer ;

g) Les marques comprenant des décorations personnelles n'ayant rien de commun avec l'entreprise au produit de laquelle la marque est destinée ;

h) Les marques comprenant la reproduction de médailles qui ne sont pas la propriété du déposant ;

i) Les marques comportant une inscription pouvant laisser supposer que les marchandises auxquelles elle est destinée sont de production indigène.

DROIT A LA MARQUE. — EFFET DU DÉPOT OU DE L'ENREGISTREMENT. — DURÉE. — TAXES. — La marque appartient au premier déposant.

La durée de la protection est de dix ans ; à l'expiration de ce délai, l'enregistrement peut être renouvelé pour de nouvelles périodes de dix années.

Une taxe. de 50 francs or doit être acquittée pour tout premier dépôt et 40 francs or pour chaque renouvellement.

Indépendamment de cette taxe, les demandes doivent être revêtues d'un timbre de 1 franc et les annexes de celui prévu par les dispositions de la loi sur le timbre.

EXAMEN. — OPPOSITIONS. — La décision relative à l'enregistrement ou au refus d'enregistrement ne doit pas être prise par le Bureau avant les cinq jours, et pas plus tard que les quinze jours, à compter du jour de la remise de la demande.

L'enregistrement a lieu par classe d'après la nature du produit.

PIÈCES ET OBJETS A DÉPOSER. — L'enregistrement des marques s'effectue au Bureau de la Propriété industrielle, au Ministère du Commerce (section du commerce, de l'industrie et des professions).

La demande adressée à ce Bureau (¹) doit être rédigée en bulgare et contenir l'indication exacte des nom, prénoms, profession et domicile du requérant, la description (en bulgare) claire et exacte de la marque et l'indication des objets auxquels elle doit servir de signe distinctif.

_____

(1) En province, la demande peut être remise au Préfet.

A cette demande doivent être annexés trois exemplaires de la marque reproduits sur du fort et bon papier et un cliché ne dépassant pas 10×8×2 1/2 centimètres destiné à la reproduire.

En outre la demande d'enregistrement formée par un étranger doit être accompagnée :

1º D'un certificat constatant que le requérant s'est conformé aux conditions exigées par la loi de son pays pour la protection de la marque ;

2º D'une déclaration par laquelle le requérant reconnaît la compétence des tribunaux locaux dans tout ce qui a rapport à la marque ; en outre, il doit désigner un habitant de la Principauté comme tuteur de la marque ;

3º Ces marques ne sont pas protégées dans des plus grandes proportions ni pendant plus longtemps que dans le pays d'origine.

DISPOSITIONS RELATIVES AUX MARQUES ÉTRANGÈRES. — Les marques appartenant à des étrangers demeurant en Bulgarie sont enregistrées dans les mêmes conditions que celles des indigènes.

Les marques appartenant à des étrangers domiciliés en dehors de la principauté sont enregistrées dans les mêmes conditions que celles des Bulgares, si la réciprocité en faveur de ceux-ci est admise par les traités de commerce ou les lois intérieures des pays respectifs ou de ceux où se trouve leur principal établissement.

La Bulgarie a conclu des traités en matière de marques avec les États suivants: Autriche-Hongrie, France, Grande-Bretagne, Serbie et Russie.

CANADA (COLONIE BRITANNIQUE)

STATUTS révisés, 1886, chapitre 63.—RÈGLEMENT du 9 mai 1887. — LOI de 1891 ([1]).

SIGNES ADMIS OU EXCLUS COMME MARQUES. — Sont considérés comme marques, au sens de la loi, les marques, noms, empreintes, et tous autres signes adoptés par une personne pour distinguer les produits ou marchandises de toutes sortes fabriqués, emballés ou vendus par elle.

---

(1) Voir Bull. Officiel de la Propriété Industrielle (année 1899, nº 828).

Il y a deux espèces de marques :

1º La marque générale, destinée aux divers articles dont le propriétaire trafique dans son commerce ou son industrie ;

2º La marque spéciale, employée pour la vente d'un genre de
marchandises d'une nature particulière.

DROIT A LA MARQUE. — EFFET DU DÉPOT ET DE L'ENREGISTRE-
MENT. — DURÉE. — TAXES. — L'enregistrement confère au déposant
le droit exclusif de faire usage de la marque dans le commerce. Nul ne
peut instituer une action pour empêcher la contrefaçon ou l'usage
illégitime d'une marque, si celle-ci n'est pas enregistrée.

Durée de la protection :
Marque générale : durée indéfinie ;
Marque spéciale : vingt-cinq ans, avec faculté de renouvellement.

Taxes :

Marque générale . . . .   30 dollars
Marque spéciale   25   —
Renouvellement d'une marque spéciale   20   —

EXAMEN. — OPPOSITIONS. — Le Ministre peut refuser l'enregistrement dans les cas suivants :

1º S'il n'est pas certain que le déposant ait un droit exclusif à
l'usage de la marque ;

2º Si la marque est identique ou ressemble à une marque déjà
enregistrée ;

3º Si la marque paraît combinée en vue de tromper le public ;

4º Si elle contient un dessin immoral ou scandaleux ;

5º Si la prétendue marque ne contient pas les éléments constitutifs
d'une marque proprement dite.

Le Ministre peut toutefois renvoyer la décision de l'affaire à la
cour d'Échiquier du Canada.

PIÈCES ET OBJETS A DÉPOSER. — La demande d'enregistrement
doit être adressée en duplicata au Ministre de l'Agriculture du Canada,
à Montréal, et indiquer :

1º Le nom et l'adresse du déposant ;

2º La nature de la marque (générale ou spéciale) ;

3º S'il s'agit d'une marque spéciale, les produits auxquels elle est destinée.

On doit y joindre :

1º Deux représentations de la marque ;

2º La description de la marque, en duplicata ;

3º Une déclaration portant que nul autre ne faisait usage de la marque au moment où le déposant l'a adoptée ;

4º La taxe d'enregistrement.

DISPOSITIONS RELATIVES AUX MARQUES ÉTRANGÈRES. — L'enregistrement des marques étrangères ne fait l'objet d'aucune disposition spéciale.

CAP DE BONNE-ESPÉRANCE (COLONIE BRITANNIQUE)

LOIS des 8 août 1877(¹), 25 juillet 1888 (²) et 18 août 1891 (³). — RÈGLEMENT du 1ᵉʳ mars 1893 (⁴).

SIGNES ADMIS OU EXCLUS COMME MARQUES. — Comme pour la Fédération Australienne.

DROIT A LA MARQUE. — EFFET DU DÉPOT OU DE L'ENREGISTREMENT. — DURÉE. — TAXES. — Nul ne peut demander de dommages-intérêts pour l'usurpation d'une marque, s'il ne l'a fait enregistrer.

L'enregistrement constitue une présomption en ce qui concerne l'usage exclusif de la marque, pendant les premiers cinq ans ; passé ce délai, il établit d'une manière absolue le droit à la marque.

Durée de la protection :

Quatorze ans, avec faculté de renouvellement.

---

(1) Voir Bull. Officiel de la propriété Industrielle (année 1899, n° 831).
(2) Voir Bull. Officiel de la Propriété Industrielle (année 1899, n° 832).
(3) Voir Bull. Officiel de la Propriété Industrielle (année 1900, n° 834).
(4) Voir Bull. Officiel de la Propriété Industrielle (année 1899, n° 832).

Taxes :	£	s.	d.
Taxe de dépôt : une marque pour une seule classe.	0	10	0
Taxe de dépôt : plusieurs marques pour une même classe, chaque marque en sus de la première.	0	5	0
Taxe de dépôt : une marque pour plusieurs classes, chaque classe en sus de la première.	0	5	0
Enregistrement d'une seule marque	2	0	0
Enregistrement d'une marque pour plusieurs classes ; chaque classe en sus de la première.	0	5	0
Enregistrement de plusieurs marques pour une seule classe ; chaque marque en sus de la première.	1	0	0
Taxe de renouvellement par marque	1	0	0

EXAMEN. — OPPOSITIONS. — Le déposant doit publier deux fois, pendant deux semaines consécutives, dans la *Government Gazette* et un autre journal de Cape Town agréé par le *Registrar*, un avis annonçant son intention de demander l'enregistrement de sa marque ; un fac-similé de cette dernière doit être reproduit dans ledit avis.

Dans le délai de trente jours de la date de la dernière publication, sauf prolongation accordée, toute personne peut présenter une opposition motivée à l'enregistrement de la marque, sur quoi il lui sera imparti un nouveau délai pendant lequel elle pourra demander en justice le rejet de la demande.

PIÈCES ET OBJETS A DÉPOSER. — La demande d'enregistrement doit être effectuée en personne par le déposant ou son mandataire, auprès du *Registrar of Deeds* de Cape Town.

Elle doit indiquer :

1o Le nom complet, la profession et l'adresse du déposant ;

2o La description de la marque ;

3o Les produits auxquels la marque est destinée.

On doit y joindre :

1o Trois représentations de la marque ; et si celle-ci doit être enregistrée dans plusieurs classes, deux représentations additionnelles pour chaque classe autre que la première ; si elle contient des mots en caractères autres que des caractères romains, la traduction doit en être donnée au bas de la représentation ;

2º Les journaux contenant l'avis mentionné à la page précédente, avec indication de la date des avis parus dans la *Gazette* ;

3º Une déclaration légale portant que le déposant a droit à la marque et indiquant, le cas échéant, pendant combien de temps elle a été employée, avant le 8 août 1877. Si cette déclaration est faite à l'étranger, elle doit être légalisée par un Consul britannique, ou par un Magistrat, ou par un Maire dont la signature sera légalisée par un Consul ou par le Consul à Londres du pays d'origine de la déclaration, ou par un Commissaire de la Cour suprême du Cap désigné pour recevoir les serments hors de la Cour.

DISPOSITIONS RELATIVES AUX MARQUES ÉTRANGÈRES. — L'enregistrement des marques étrangères ne fait l'objet d'aucune disposition spéciale, sauf en ce qui concerne la légalisation de la déclaration.

———————

CEYLAN (ILE DE)
(Pays Unioniste)

ORDONNANCE du 21 décembre 1888 (¹).

SIGNES ADMIS OU EXCLUS COMME MARQUES. — Une marque doit comprendre au moins un des éléments suivants :

1º Le nom d'une personne ou d'une société commerciale reproduit d'une manière particulière et distinctive ;

2º La signature manuscrite ou en fac-similé de la personne ou de la raison sociale qui fait le dépôt ;

3º Un emblème, une marque à feu, un en-tête, une étiquette, un ou plusieurs mots inventés, ou un ou plusieurs mots ne se rapportant pas à la nature ou à la qualité des marchandises et ne constituant pas un nom géographique.

(1) Voir Bull. Officiel de la Propriété Industrielle (année 1899, n°° 782 et 783).

Des lettres, mots ou chiffres, isolés ou combinés peuvent être ajoutés à plusieurs des éléments sus-indiqués ; mais le déposant doit indiquer quels sont les éléments essentiels de sa marque et déclarer qu'il renonce à tout droit quant à l'usage exclusif des autres éléments.

Quand des marques appartenant à la même personne se ressemblent dans leurs éléments essentiels, mais diffèrent l'une de l'autre en ce qui concerne : *a*) les produits auxquels elles sont destinées ; *b*) des indications de nombre, de qualité ou de lieu, elles peuvent figurer, comme une série de marques, dans un seul enregistrement.

Une marque de fabrique peut être enregistrée en une ou plusieurs couleurs et cet enregistrement confère, au propriétaire enregistré le droit exclusif à l'emploi de la marque, tant en cette couleur qu'en toute autre.

Le Secrétaire colonial peut refuser d'enregistrer une marque de fabrique, s'il juge que l'emploi en est contraire aux lois ou aux bonnes mœurs.

DROIT A LA MARQUE. — EFFET DU DÉPOT OU DE L'ENREGISTREMENT. — DURÉE. — TAXES. — L'enregistrement d'une marque constitue, pour le déposant, un commencement de preuve à son droit à l'emploi exclusif de cette marque et, après un délai de cinq ans, une preuve concluante de son droit exclusif.

La durée de la protection est de quatorze ans avec faculté de renouvellement.

Le taux des taxes est le même que dans la métropole (Voir Grande-Bretagne, page 159).

EXAMEN. — OPPOSITIONS. — Toute personne peut, dans le délai d'un mois à partir de la publication de la demande, faire opposition à l'enregistrement de la marque. Notification de l'opposition est faite au déposant qui peut envoyer une réplique indiquant les raisons sur lesquelles il appuie sa demande, faute de quoi elle est considérée comme abandonnée.

Notification de la réplique est faite à l'opposant par le Secrétaire colonial qui, après avoir entendu le déposant et l'opposant, décide si la marque doit, ou non, être enregistrée ou, si cela lui paraît convenable, renvoie l'appel à la Cour de Justice. Dans ce dernier cas, le Secrétaire colonial requerra le déposant, dans le délai d'un mois, de réclamer à la Cour un ordre prescrivant de procéder à l'enregistrement de la marque, nonobstant l'opposition. Faute de ce faire, le déposant sera considéré comme renonçant à sa demande.

PIÈCES ET OBJETS A DÉPOSER. — Toute personne se disant propriétaire d'une marque de fabrique peut personnellement ou par mandataire envoyer par la poste ou faire déposer au Bureau du Secrétariat
colonial une demande tendant à obtenir un ordre pour l'enregistrement de cette marque.

La demande doit être accompagnée de trois représentations de la
marque.

Les documents doivent être écrits ou collés sur du papier de
13 pouces sur 8 avec une marge de 1 pouce 1/2.

Le déposant doit indiquer les marchandises ou catégories de marchandises pour lesquelles il désire faire enregistrer sa marque. S'il
réside hors de l'île, le déposant doit y élire domicile.

DISPOSITIONS RELATIVES AUX MARQUES ÉTRANGÈRES. — Toute
personne qui fait enregistrer une marque en Grande-Bretagne a droit
à l'enregistrement de sa marque avec droit de priorité sur tout autre
déposant, à la condition que la demande soit formulée dans les quatre
mois après le dépôt de la demande en Grande-Bretagne.

CHILI

LOI du 12 novembre 1874 (¹).

SIGNES ADMIS OU EXCLUS COMME MARQUES. — Sont considérés
comme marques de fabrique ou de commerce : les noms propres, les
emblèmes et tous autres signes adoptés par les fabricants ou les
commerçants pour distinguer les articles fabriqués ou vendus par eux.

Pour être susceptibles de protection, les marques de fabrique (celles
des industriels et des agriculteurs) devront porter la mention *Marca de
fabrica* ou *M. de F.* ; et les marques de commerce (celles des commerçants), la mention *Marca comercial* ou *M. C.*

---

(1) Voir *Bull. Officiel de la Propriété Industrielle* (année 1900, n° 3. 1).

DROIT A LA MARQUE. — EFFET DU DÉPOT OU DE L'ENREGISTRE-
MENT. — DURÉE. — TAXES. — La marque appartient au premier
déposant.

Durée de la protection :

Dix ans, avec faculté de renouvellement.

Taxes de dépôt :

12 pesos (60 francs) par marque de fabrique :
3 pesos (15 francs) par marque de commerce.

EXAMEN. — OPPOSITIONS. — La loi ne prévoit ni examen administratif de la marque, ni opposition à son enregistrement de la part des
tiers.

PIÈCES ET OBJETS A DÉPOSER. — L'enregistrement des marques se
fait aux Bureaux de la Société Nationale d'Agriculture, à Valparaiso.
La loi n'indique pas les formalités à remplir.

DISPOSITIONS RELATIVES AUX MARQUES ÉTRANGÈRES. — La loi
prévoit l'enregistrement des marques étrangères, sans subordonner la
protection de ces dernières à des conditions spéciales.

CHINE

Il n'existe pas, en Chine, de réglementation concernant la protection des marques de fabrique.

En vue de parer à cette insuffisance de législation, la France a
conclu avec un certain nombre d'États des accords en vue d'assurer,
tant pour nos nationaux que pour les ressortissants de ces États, une
protection réciproque concernant leurs marques de fabrique.

Ces pays sont actuellement les suivants : Allemagne, Belgique,
Danemark, États-Unis, Grande-Bretagne, Italie, Pays-Bas, Portugal,
Russie et Japon.

Le texte de ces accords est reproduit dans le Tome II (Conventions internationales), sous la rubrique de chacun des pays précités. (Voir également les exemplaires du *Bulletin Officiel de la Propriété Industrielle* portant les nos 1021, 1150, 1191, 1210 et 1270.)

COLOMBIE

DÉCRET du 23 novembre 1900 (1). — DÉCRET du 14 mars 1902 (2).

CARACTÈRES DISTINCTIFS DE LA MARQUE. — On entend par *marque de fabrique* toute phrase ou signe employé pour distinguer ou déterminer un produit spécial destiné à l'industrie ou au commerce et par *marque de commerce* la phrase ou signe distinctif d'un article de commerce destiné à être employé par une personne ou maison de commerce.

DROIT A LA MARQUE. — EFFET DU DÉPOT OU DE L'ENREGISTREMENT. — DURÉE. — TAXES. — Celui qui fait, le premier, usage d'une marque a seul le droit d'en acquérir la propriété. L'enregistrement est effectué sans préjudice des droits des tiers. En cas de contestation entre deux ou plusieurs personnes, la propriété est attribuée au premier possesseur et, en cas d'égalité d'ancienneté, à celui qui a, le premier, demandé l'enregistrement. La taxe due pour l'enregistrement d'une *marque de fabrique* est de 100 pesos (3); celle qui est due pour l'enregistrement d'une *marque de commerce* s'élève seulement à 60 pesos ; en outre, les frais de publication de la marque au *Journal Officiel* sont à la charge du déposant.

FORMALITÉS D'ENREGISTREMENT. — L'intéressé doit s'adresser en personne ou par l'intermédiaire d'un fondé de pouvoirs régulièrement constitué aux Bureaux du *Ministère d'Hacienda*, pour demander le dépôt de la marque de fabrique en expliquant avec toute la clarté nécessaire le signe distinctif qui la constitue, le produit ou l'article auquel elle se réfère et le lieu où celui-ci se fabrique.

---

(1) Voir *Bull. Officiel de la Propriété Industrielle* (année 1901, n° 895).
(2) Voir *Bull. Officiel de la Propriété Industrielle* (année 1903, n° 939).
(3) Le peso vaut environ 5 fr 18.

La demande doit être écrite sur papier timbré de troisième classe et accompagnée de deux exemplaires, au moins, de la marque ou de la reproduction, au moyen du dessin ou de la gravure signés par l'intéressé, avec indication de la date de la demande.

Chaque exemplaire doit être revêtu d'un timbre national de première classe.

EXAMEN. — OPPOSITIONS. — La demande est publiée au *Journal Officiel*; l'enregistrement est effectué, s'il ne s'est pas produit de réclamations, au bout de trente jours pour les marques de fabrique et de soixante jours pour les marques de commerce.

DISPOSITIONS RELATIVES AUX ÉTRANGERS. — La marque de fabrique ou de commerce appartenant à une personne ou société étrangère qui ne réside pas dans la République ne peut être déposée en Colombie, si elle ne l'a pas été préalablement et régulièrement dans le pays d'origine, ce qui se prouve au moyen d'une expédition authentique du titre accordé à l'étranger.

Les pouvoirs conférés à l'étranger pour demander l'enregistrement de marques de fabrique ou de commerce doivent être légalisés par le Ministre ou Agent consulaire du lieu où ils sont donnés, ou par le Ministre ou Agent consulaire d'une nation amie, au cas où la Colombie n'aurait pas accrédité d'agents de cette classe dans le pays où réside le déposant.

CONGO (ÉTAT LIBRE DU)

DÉCRET du 26 avril 1888 (1). — ARRÊTÉ du 27 avril 1888 (2).

SIGNES ADMIS OU EXCLUS COMME MARQUES. — Est considéré comme marque tout signe servant à distinguer les produits d'une industrie et les objets d'un commerce, et en particulier un nom de personne ou une raison sociale revêtant une forme distinctive.

---

(1) Voir Bull. Officiel de la Propriété Industrielle (année 1888, n° 211).
(2) Voir Bull. Officiel de la Propriété Industrielle (année 1888, n° 212).

DROIT A LA MARQUE. — EFFET DU DÉPOT OU DE L'ENREGISTRE-MENT. — DURÉE. — TAXE. — Le dépôt seul confère le droit à l'usage exclusif de la marque ; mais il ne peut être opéré que par celui qui, le premier, a fait usage de cette dernière.

La durée de la protection est indéterminée.

Taxe de dépôt :
25 francs.

EXAMEN. — OPPOSITIONS. — Le décret ne prévoit ni examen administratif de la marque, ni opposition au dépôt de la part des tiers.

PIÈCES ET OBJETS A DÉPOSER. — Le dépôt de la marque doit être effectué soit auprès de l'Administrateur général de l'État libre du Congo, à Bruxelles, soit auprès du Directeur de la Justice au Congo.

Le déposant doit fournir :

1° Un modèle en triple exemplaire de la marque, tracé dans un cadre ayant au maximum 8 centimètres de haut sur 10 centimètres de large ;

2° Un cliché de la marque, en métal, dont les dimensions ne doivent pas excéder celles du cadre sus-mentionné.

DISPOSITIONS RELATIVES AUX MARQUES ÉTRANGÈRES. — Les étrangers sont traités sur le même pied que les Congolais, sans égard au lieu où est situé leur établissement.

CORÉE

La législation japonaise, en matière de marques de fabrique, a été étendue, en 1910, à la Corée et, à cet effet, un Bureau spécial des Brevets a été établi à Séoul.

Ce bureau s'est engagé à accepter désormais, au moins à titre de renseignement et de document, le dépôt des marques de fabrique françaises, de façon à écarter l'enregistrement des imitations ou contre-façons.

Les intéressés peuvent adresser les fac-similés, en triple exemplaire, de leurs marques *au Bureau des Brevets à Séoul*, soit directement, soit par l'entremise du Consulat général de France à Séoul.

COSTA-RICA

LOI du 22 mai 1896 ([1]). — RÈGLEMENT du 11 septembre 1896([2]).

SIGNES ADMIS OU EXCLUS COMME MARQUES. — Sont considérés comme marques : les noms des fabricants et commerçants, les cachets, estampilles, gravures, vignettes, monogrammes, devises, légendes, et tous autres signes distinctifs qui servent à caractériser les produits d'une fabrique ou les articles d'une maison de commerce.

Il est interdit de faire usage, dans les marques, de dessins, gravures ou vignettes contraires aux bonnes mœurs, ainsi que des armoiries de la République et du pavillon national.

DROIT A LA MARQUE. — EFFET DU DÉPÔT ET DE L'ENREGISTREMENT. — DURÉE. — TAXE. — La marque appartient au premier déposant.

Durée de la protection :

Quinze ans, avec faculté de renouvellement de dix en dix ans.

Taxe de dépôt :

10 pesos (50 francs).

EXAMEN. — OPPOSITIONS. — La loi ne prévoit ni examen administratif de la marque, ni opposition à son enregistrement de la part des tiers.

PIÈCES ET OBJETS A DÉPOSER. — Le dépôt doit être effectué personnellement, par le déposant ou son mandataire, au Bureau de la division commerciale de la Secrétairerie des Finances (Ministère des Finances).

Les indications suivantes doivent être fournies :

1º Le nom du déposant et, le cas échéant, celui de son mandataire ;

2º Le domicile, la profession, l'emploi et la nationalité du premier ou des deux, suivant le cas ;

---

(1) Voir *Bull. Officiel de la Propriété Industrielle* (année 1896, n° 668).
(2) Voir *Bull. Officiel de la Propriété Industrielle* (année 1897, n° 685).

3° Le genre d'industrie ou de commerce auquel la marque est destinée ;

4° Les différences existant entre le modèle déposé et la marque originale.

On doit, en outre, fournir deux exemplaires d'un modèle de la marque, consistant en un dessin, une gravure ou une empreinte. Ce modèle, dont les dimensions ne dépasseront pas 12 centimètres en hauteur et en largeur, doit être placé au centre d'une feuille de papier carrée de 20 centimètres de côté. Les modèles en relief et ceux qui pourraient présenter quelque autre danger de détérioration pour le registre destiné à les recevoir, ne sont pas admis, non plus que ceux faits au crayon.

Si la marque se compose de plusieurs signes distincts, le modèle de chacun d'eux doit être présenté séparément, muni en marge des observations nécessaires.

DISPOSITIONS RELATIVES AUX MARQUES ÉTRANGÈRES. — La loi ne contient aucune disposition spéciale relative aux marques étrangères.

Le Costa-Rica a conclu des traités en matière de marques avec la France et le Honduras.

CRÈTE

LOIS des 19 juin - 2 juillet 1908 (¹).

SIGNES ADMIS OU EXCLUS COMME MARQUES. — Sont considérés comme marques de fabrique et de commerce tous signes et toutes empreintes destinés à distinguer les produits de l'industrie, des métiers, de l'agriculture et de l'élevage qui se trouvent dans le commerce.

La marque de commerce peut consister en un simple nom, dans le nom d'une société, en un signe, une image, une représentation, etc., quelconques.

Sont exclus les représentations et les signes qui sont contraires à l'ordre public et aux bonnes mœurs.

---

(1) Voir Bull. Officiel de la Propriété Industrielle (année 1910, n° 1357).

DROIT A LA MARQUE. — EFFET DU DÉPOT OU DE L'ENREGISTRE-
MENT. — Il n'est pas permis de reconnaître une marque déjà déposée
en faveur d'un tiers, non plus qu'une marque qui, tout en ne reproduisant pas tout à fait une marque déjà déposée, lui ressemble
cependant suffisamment pour que le public puisse la confondre aisément avec la marque déjà protégée.

Quand plusieurs marques se ressemblant entre elles sont déposées,
on reconnaît celle d'entre elles qui a été présentée la première.

Quand plusieurs marques identiques sont déposées le même jour,
on donne la préférence à celui des déposants qui, le premier, a utilisé
publiquement la marque.

A défaut de preuve à cet égard, la préférence appartient à celui
qui a le premier effectué son dépôt.

Celui dont la marque de commerce est admise à la protection est
seul en droit d'en faire usage. Toutefois, si le titulaire de la marque ne
fait pas usage de cette dernière, dans les six mois qui suivent sa recon-
naissance, et qu'un tiers demande à faire usage de cette même marque,
ce droit peut lui être accordé après entente avec le premier déposant.

PIÈCES ET OBJETS A DÉPOSER. — TAXES. — On doit adresser la
demande à la Direction des Finances du Gouvernement Crétois et y
indiquer :

1º Sa profession et le lieu de son domicile ;

2º Sa nationalité, confirmée par un certificat officiel ;

3º Un reçu établissant le versement de la taxe de 100 francs à la
Caisse du Gouvernement.

La demande doit, en outre, être accompagnée de deux empreintes,
sur papier, de la marque ainsi que d'un cliché.

Un dépôt incomplet peut être complété ultérieurement.

DURÉE DE LA PROTECTION. — La durée de la protection est de
dix ans, avec faculté de prolongation.

DISPOSITIONS RELATIVES AUX MARQUES ÉTRANGÈRES. — Les
marques de commerce des ressortissants étrangers résidant hors de
Crète sont reconnues dans cette île et y jouissent de la protection
légale, à condition qu'il y ait réciprocité internationale entre l'État
Crétois et celui auquel ressortit l'étranger.

CUBA (Ile de)
(Pays Unioniste)

INSTRUCTIONS du 5 mai 1903.

Pour le dépôt des marques de tous genres, des dessins industriels, etc., la procédure est la même que pour les brevets. La seule différence est que, dans ce cas, la taxe est réduite à 12 pesos 50 centavos, monnaie des États-Unis et que, après l'acceptation du dépôt et avant la délivrance du certificat, le requérant doit fournir cinq exemplaires supplémentaires de la représentation de la marque ou du dessin industriel dont il s'agit. Pour faciliter la liquidation de ce genre d'affaires dans la République de Cuba, on recommande de désigner, en la munissant des pouvoirs nécessaires, une personne résidant dans le pays qui puisse s'occuper de ces affaires dans cette ville.

On peut également, si l'État auquel on appartient a adhéré à l'arrangement du 14 avril 1891 concernant l'enregistrement international des marques, demander l'enregistrement d'une marque à Cuba, par l'intermédiaire du bureau de Berne.

CURAÇAO (Colonie Néerlandaise)
(Pays Unioniste)

ARRÊTÉ du 9 novembre 1893.

SIGNES ADMIS OU EXCLUS COMME MARQUES. — DROIT A LA MARQUE. — EFFET DU DÉPOT OU DE L'ENREGISTREMENT. — DURÉE. — TAXES. — EXAMEN. — OPPOSITIONS. — Comme pour les Pays-Bas.

PIÈCES ET OBJETS A DÉPOSER. — Comme pour les Pays-Bas, sauf que le dépôt du cliché n'est pas obligatoire.

DISPOSITIONS RELATIVES AUX MARQUES ÉTRANGÈRES. — Les personnes non domiciliées dans l'île de Curaçao doivent y faire élection de domicile.

Cette colonie a adhéré à l'arrangement du 14 avril 1891, concernant l'enregistrement international des marques de fabrique.

DANEMARK (Avec les Iles Féroe)
(Pays Unioniste)

LOIS des 11 avril 1890(1) et 19 décembre 1898(2). — AVIS du 11 avril 1890 (3). — ORDONNANCE du 28 septembre 1894(4).

SIGNES ADMIS OU EXCLUS COMME MARQUES. — Ne peuvent être enregistrées :

1º Les marques composées exclusivement de chiffres, de lettres ou de mots ne se distinguant pas par une forme assez particulière pour que la marque puisse être considérée comme figurative.

Exception est faite à cette règle, si la marque consiste en une dénomination spécialement créée pour une marchandise déterminée, et si cette dénomination n'a pas pour but de désigner l'origine, la nature, la destination ou le prix de la marchandise :

2º Celles qui contiennent indûment un nom autre que celui du déposant ou celui d'un immeuble appartenant à un tiers ;

3º Celles qui contiennent des armoiries ou des marques publiques ;

4º Celles dont le contenu est de nature scandaleuse ;

5º Celles identiques à des marques déjà enregistrées ou déposées pour le compte de tiers, et celles qui ressemblent assez à ces marques pour être facilement confondues avec elles, dans leur ensemble ;

6º Les marques comportant l'emblème de la Croix-Rouge.

DROIT A LA MARQUE. — EFFET DU DÉPÔT OU DE L'ENREGISTRE-MENT. — DURÉE. — TAXES. — Le fait qu'une marque est enregistrée n'empêche pas un tiers, qui en a fait usage avant le premier déposant, de se faire attribuer le droit à l'usage exclusif de cette marque ; mais pour cela il doit intenter une action en revendication dans les quatre mois qui suivent la publication officielle relative à l'enregistrement de la marque dont il s'agit.

---

(1) Voir Bull. Officiel de la Propriété Industrielle (année 1895, nº 568).
(2) Voir Bull. Officiel de la Propriété Industrielle (année 1900, nº 846).
(3) Voir Bull. Officiel de la Propriété Industrielle (année 1898, nº 779).
(4) Voir Bull. Officiel de la Propriété Industrielle (année 1895, nº 571).

Durée de la protection :

Dix ans, à partir de l'enregistrement et de chaque renouvellement.

Taxes :

Taxe de dépôt : 40 couronnes (1) ;

Taxe de renouvellement : 10 couronnes.

EXAMEN. — OPPOSITIONS. — L'enregistrement est refusé s'il n'est pas demandé dans les conditions prévues par la loi. Le déposant peut recourir contre cette décision auprès du Ministre de l'Intérieur, sans préjudice de son droit de soumettre la question aux Tribunaux.

L'enregistrement est publié dans le *Berlingske Tidende* et le *Registrering Tidende*. Toute personne peut recourir contre l'enregistrement, soit auprès du Ministre de l'Intérieur, soit auprès des Tribunaux, selon la nature du cas.

PIÈCES ET OBJETS A DÉPOSER. — La demande doit être adressée au préposé à l'enregistrement, à Copenhague, et contenir les indications suivantes :

1o Nom, profession et adresse du déposant ;

2o Description de la marque ;

3o Marchandises auxquelles la marque est destinée.

On doit y joindre :

1o Trois représentations de la marque, sur papier solide, ne dépassant pas 10 centimètres de large ;

2o Deux clichés de même dimension que les représentations ci-dessus ;

3o La taxe de 40 couronnes.

Pour les étrangers, en outre :

4o Un extrait du registre du pays d'origine constatant l'enregistrement de la marque ;

5o Une déclaration notariée, dans laquelle le déposant déclare se soumettre à la juridiction du Tribunal de Commerce et de Navigation

_____

(1) La couronne vaut environ 1 fr. 33.

de Copenhague pour toutes les affaires concernant la marque, et désigne un mandataire chargé de répondre en son nom.

DISPOSITIONS RELATIVES AUX MARQUES ÉTRANGÈRES. — Les marques étrangères admises à la protection par décret royal, à titre de réciprocité, peuvent être déposées aux conditions suivantes :

1° Le déposant doit établir qu'il a rempli dans l'État étranger les formalités prévues pour la protection de la marque (voir ci-dessus, n° 4) ;

2° Il doit se soumettre à la juridiction du Tribunal de Commerce et de Navigation de Copenhague et désigner un mandataire au Danemark (voir ci-dessus, n° 5) ;

3° La protection ne sera pas plus étendue ni plus prolongée que celle accordée dans l'État étranger.

Le Danemark a conclu des traités en matière de marques avec l'Allemagne, la République Argentine, l'Autriche-Hongrie, la Belgique, le Brésil, les États-Unis, la France, la Grande-Bretagne, le Japon, la Norvège, les Pays-Bas, la Russie, la Suède et le Vénézuéla.

DOMINICAINE (RÉPUBLIQUE)
(Pays Unioniste)
LOI du 16 mai 1907 [1].

SIGNES ADMIS OU EXCLUS COMME MARQUES. — Les marques de fabrique peuvent consister en tous les éléments que la loi ne prohibe pas et qui sont susceptibles de distinguer des articles quelconques d'autres articles identiques ou analogues d'origine différente. Tout nom, toute firme ou raison sociale, les lettres ou chiffres ne peuvent être employés dans ce but qu'à la condition de revêtir une forme distinctive.

Est interdit l'enregistrement de toute marque contenant :

1° Les armoiries, médailles ou insignes publics et officiels nationaux ou étrangers dont l'usage n'aura pas été autorisé antérieurement à la loi du 16 mai 1907 ;

---

[1] Voir *Bull. Officiel de la Propriété Industrielle* (année 1908, n° 1345).

2° Tout nom ou toute raison sociale que le déposant ne peut employer licitement ;

3° L'indication d'une localité déterminée ou d'un établissement qui n'est pas le lieu d'origine de l'article, que cette indication soit jointe ou non à un nom fictif ou au nom d'autrui ;

4° Les mots, les images ou représentations qui contiennent une offense contre une personne ou contre la décence publique ;

5° La reproduction d'une marque déjà enregistrée pour un article du même genre ;

6° L'imitation totale ou partielle d'une marque déjà enregistrée pour un produit de même genre et susceptible de produire erreur ou confusion chez le consommateur.

DURÉE DU DÉPOT. — TAXES. — L'enregistrement est valable pour une durée de vingt ans et peut être renouvelé. Aucune taxe de dépôt n'est prescrite. La loi se borne à dire que la demande d'enregistrement doit être munie du timbre approprié.

EXAMEN. — Pour l'enregistrement des marques de fabrique on observe les règles suivantes :

1° L'antériorité, en ce qui touche le jour et l'heure du dépôt de la marque, détermine le droit à l'enregistrement en faveur du déposant. En cas de dépôt simultané d'une ou de plusieurs marques identiques ou semblables, est admise celle qui a été employée ou possédée durant la période de temps la plus longue et, à défaut de cette condition, aucune marque n'est enregistrée, avant que les intéressés ne l'aient modifiée;

2° Dans le cas où il existe quelque doute touchant l'usage ou la possession d'une marque, le Ministère du *Fomento* et des Travaux Publics prescrit aux intéressés de porter la question devant le Tribunal de Commerce et procède à l'enregistrement, conformément à la décision de ce dernier.

PIÈCES ET OBJETS A DÉPOSER. — L'intéressé ou son représentant légal doit adresser au Ministère du *Fomento* et des Travaux Publics une demande sur papier dûment timbré, accompagnée d'au moins deux exemplaires ou fac-similés de la marque, lesquels doivent contenir un exposé détaillé des éléments qui la constituent.

La demande doit contenir, en outre, l'indication du genre d'industrie ou de commerce auquel la marque est destinée, la profession du déposant et le lieu de sa résidence.

ÉGYPTE

La demande d'enregistrement doit être présentée au Greffe des Tribunaux mixtes d'Alexandrie, du Caire ou de Mansourah.

L'enregistrement est effectué par l'inscription officielle, dans le registre, d'un procès-verbal rédigé d'habitude par un avocat. Cette inscription doit contenir les données suivantes :

1° La date du dépôt ;

2° Le nom du propriétaire. Celui-ci peut effectuer le dépôt personnellement ou par l'entremise d'un mandataire. Dans ce dernier cas, le procès-verbal doit mentionner le nom du mandataire et contenir une déclaration d'après laquelle le propriétaire fait élection de domicile chez ce dernier ;

3° La profession du propriétaire, son adresse et le genre d'industrie pour lequel il entend faire usage de sa marque ;

4° La description de la marque. On y mentionne généralement les enregistrements antérieurs dont la marque a pu faire l'objet, dans le pays d'origine ou ailleurs.

Un exemplaire de la marque est fixé au bas du procès-verbal, avec la mention *ne varietur*, et muni des initiales du Greffier en chef et du propriétaire de la marque ou de son mandataire. Le procès-verbal est signé par le déposant ou son mandataire, puis par le Greffier en chef, qui y appose son sceau officiel. Une copie certifiée est délivrée au déposant à sa demande, ce dont il est pris note dans le registre.

Les documents nécessaires pour le dépôt d'une marque de fabrique sont les suivants :

1° Un pouvoir en faveur de l'avocat chargé d'opérer le dépôt, dans lequel le propriétaire de la marque déclare faire élection de domicile chez son mandataire ;

2º Plusieurs exemplaires de la marque de fabrique ou de la vignette dont l'enregistrement est demandé ;

3º Les données indiquées plus haut comme devant figurer dans le procès-verbal ;

4º Si la marque a déjà été enregistrée dans un autre pays, il est utile de présenter le certificat d'enregistrement, ou du moins d'en indiquer le contenu.

ÉQUATEUR

LOI du 23 octobre 1908 (¹).

SIGNES ADMIS OU EXCLUS COMME MARQUES. — Constitue une marque tout signe, emblème, mot, phrase ou désignation spéciale et caractéristique, employé pour distinguer des articles et indiquer leur provenance.

Ne peuvent être enregistrés comme marques :

1º Les lettres, mots, noms, armoiries ou attributs employés par la Nation ou les Municipalités ou par les États ou les Villes de l'étranger ;

2º La forme et la couleur de l'article ;

3º Les termes ou expressions génériques employés pour désigner un article, ou ceux qui manquent de nouveauté par rapport à l'article auquel ils sont appliqués ;

4º La désignation que l'on emploie généralement pour indiquer la nature de l'article, son genre ou sa qualité ;

5º Les expressions ou les dessins contraires à la morale ;

6º Le nom d'une personne physique ou juridique, à moins qu'il ne soit présenté sous une forme particulière et distinctive ;

7º Une marque déjà enregistrée ou employée par un tiers, ou ressemblant à une telle marque, si elle est destinée à des articles de même nature ;

---

(1) Voir *Bull. Officiel de la Propriété Industrielle* (année 1909, nºˢ 1344 et 1348).

8° Le nom ou le portrait d'une personne, sans le consentement de cette dernière, ou de ses héritiers, si elle est décédée (Voir plus loin : Dispositions spéciales aux marques étrangères) ;

9° Un nom géographique, quand il constitue l'élément essentiel de la marque.

Un tel nom ne peut être employé que pour indiquer la provenance de l'article. Les noms des lieux appartenant à des propriétés privées peuvent être enregistrés, mais seulement en faveur du propriétaire.

DROIT A LA MARQUE. — EFFET DU DÉPOT OU DE L'ENREGISTRE-MENT. — DURÉE. — TAXES. — Est propriétaire de la marque celui qui a été le premier à en faire usage ; toutefois la marque ne jouit des droits et garanties accordés par la loi que si elle est enregistrée.

La taxe due pour l'enregistrement est de 25 sucres (1); en outre les frais de publication, s'élevant à la somme de 10 sucres par marque, sont à la charge de l'intéressé.

L'enregistrement est valable pour une durée de vingt ans et peut être renouvelé pour une même période, moyennant le versement d'une nouvelle taxe de 25 sucres.

PIÈCES ET OBJETS A DÉPOSER. — L'enregistrement d'une marque peut être demandé personnellement ou par l'intermédiaire d'un mandataire. La qualité de mandataire peut être établie par un simple pouvoir signé devant deux témoins. Le Ministre peut, quand il le juge convenable, exiger la légalisation des signatures du pouvoir.

La demande d'enregistrement doit être déposée au Ministère des Finances et doit être rédigée sur papier timbré de cinquième classe.

On doit y joindre :

1° Un pouvoir, si la demande est déposée par un mandataire ;

2° Vingt exemplaires de la marque ;

3° Un cliché de la marque qui ne peut avoir en longueur et en largeur, moins de 15 ni plus de 100 millimètres et dont la hauteur doit être de 20 à 30 millimètres. Quand une marque se compose de plusieurs parties différentes, on doit déposer un cliché pour chacune d'elles ;

4° Un reçu de la Trésorerie fiscale constatant le versement de la taxe.

La demande doit indiquer :

1° Le nom et le domicile du propriétaire de la marque ;

_____

(1) La piastre forte, nommée sucre, vaut environ 5 fr.

2º Un exposé ou une description détaillés de la marque, indiquant quelles en sont les parties essentielles ;

3º L'article ou les articles auxquels la marque est destinée ;

4º La nationalité de la marque ;

5º Le pays et la ville ou la localité où l'article est fabriqué.

EXAMEN. — OPPOSITIONS. — Si la demande est régulièrement présentée, elle est publiée une fois par semaine dans la *Gazette Officielle* pendant trois mois. Si aucune opposition n'est formulée par des tiers pendant les trois mois qui suivent la publication de la demande, il est procédé à l'enregistrement de la marque.

Toute personne qui se croit lésée par l'enregistrement d'une marque peut en demander l'annulation ; mais cette action se prescrit par cinq ans à dater de l'enregistrement.

DISPOSITIONS SPÉCIALES AUX MARQUES ÉTRANGÈRES. — Si la marque n'est pas employée dans le délai à compter de l'enregistrement, ou si elle cesse d'être employée pendant un an, elle tombe en déchéance.

Toutefois, lorsqu'il s'agit d'une marque étrangère, l'importation de l'article dans l'Équateur n'est pas exigée et la marque ne tombe pas en déchéance, s'il est satisfait hors de la République à la prescription qui précède.

En ce qui concerne les marques comportant le nom ou le portrait d'une personne, le consentement par écrit de l'intéressé n'est pas exigé quand il s'agit d'une marque enregistrée dans le pays d'origine.

ESPAGNE (Pays Unioniste)

LOI du 16 mai 1902 [1]. — DÉCRET du 12 juin 1903 [2]. — ORDONNANCE du 29 octobre 1902 [3].

SIGNES ADMIS OU EXCLUS COMME MARQUES. — *Admis* : Les noms sous une forme distinctive, les dénominations, étiquettes, enveloppes,

---

(1) Voir *Bull. Officiel de la Propriété Industrielle* (année 1902, nº 969).
(2) Voir *Bull. Officiel de la Propriété Industrielle* (année 1903, nº 1033).
(3) Voir *Bull. Officiel de la Propriété Industrielle* (année 1901, nº 1048).

récipients, timbres, cachets, vignettes, lisières, broderies, filigranes, gravures, armoiries, emblèmes, reliefs, chiffres, devises, etc.

Exclus : *a*) Les armoiries ou écussons nationaux, provinciaux ou municipaux et les décorations ou insignes espagnols, sauf le cas où leur usage aurait été autorisé ; dans ce cas, ils ne peuvent constituer une marque à eux seuls et ne sont qu'un accessoire du signe distinctif principal ;

b) Les insignes, armoiries, écussons ou devises des États ou pays étrangers, sauf l'autorisation expresse des gouvernements respectifs ; si cette autorisation a été obtenue, ils ne peuvent figurer que comme éléments accessoires de la marque principale ;

c) Les dénominations généralement employées dans le commerce pour distinguer les genres et classes de produits, de même que les noms techniques ou vulgaires dont on les désigne dans l'usage courant ;

d) Les représentations de nature à offenser la morale publique et les caricatures tendant à ridiculiser des idées, des personnes ou des objets dignes de respect ;

e) Les signes distinctifs pour lesquels d'autres auraient reçu antérieurement un certificat de marque s'appliquant à la même espèce de produits et dont la validité ne serait pas expirée ;

f) Tous les signes qui, par leur analogie avec d'autres déjà concédés, seraient de nature à induire en erreur ;

g) Ceux qui se rapportent à un culte religieux quelconque, si l'on peut déduire de l'ensemble de la marque qu'ils ont pour but de l'injurier, de le dénigrer ou de le déprécier ;

h) Le signe, l'emblème et la devise de la Croix-Rouge ;

i) Les portraits ou noms de personnes vivantes, sauf avec leur autorisation, et ceux de personnes mortes, si les parents jusqu'au quatrième degré s'opposent à la concession de la marque.

DROIT A LA MARQUE. — EFFET DU DÉPOT OU DE L'ENREGISTREMENT. — DURÉE. — TAXES. — La propriété des marques est assimilée à celle des biens mobiliers et les moyens par lesquels elle peut être acquise sont ceux reconnus par le droit civil ; mais elles ne peuvent jouir de la protection accordée par la loi spéciale en la matière que moyennant la délivrance d'un certificat constatant leur enregistrement au bureau de la Propriété industrielle.

Ce certificat constitue une présomption du droit de propriété, mais celle-ci n'est acquise, en réalité, qu'après trois années ininterrompues de possession de bonne foi et à juste titre.

La possession du certificat concède le droit de poursuivre criminellement devant les Tribunaux les contrefacteurs, de demander devant les Tribunaux civils la réparation de tous dommages, de s'opposer à la délivrance d'un certificat de propriété de marque qui serait demandé en fraude de droits dont on est déjà titulaire.

Peuvent faire usage d'une marque :

a) Les agriculteurs pour marquer les produits de la terre, des industries agricoles, de l'élevage, et en général de toute exploitation agricole, forestière ou extractive ;

b) Les fabricants, pour distinguer les produits de leur fabrique ;

c) Les commerçants, pour désigner les produits qu'ils achètent pour les revendre ensuite sous leur responsabilité et garantie ;

d) Les artisans, pour les produits fabriqués dans l'exercice de leur art libéral ou mécanique ;

e) Les personnes qui exercent une profession quelconque pour distinguer leurs documents particuliers ou leurs productions intellectuelles ou manuelles.

Les marques sont enregistrées pour une période de vingt ans renouvelable à l'expiration de sa durée.

L'enregistrement donne lieu au paiement d'une taxe de 100 piécettes[1] en papier qui doit être acquittée de la manière suivante :

Dans les quinze jours qui suivent la publication relative à la concession de la marque	10 piécettes
Au commencement de la deuxième période de cinq ans	20 —
Au commencement de la troisième période .	30 —
— quatrième période .	40 —

Les versements qui ne sont pas faits à l'échéance peuvent être acquittés pendant une période de trois mois moyennant une surtaxe de 10, 20 ou 30 piécettes respectivement pour un, deux ou trois mois de retard.

PIÈCES ET OBJETS A DÉPOSER. —1º Une demande au Ministre indiquant les noms et prénoms, le domicile du demandeur et, le cas échéant, de son mandataire ; les produits que la marque sert à désigner.

---

[1] La piécette (peseta) vaut 1 franc.

La demande doit, en outre, faire connaître si la marque a déjà été enregistrée ou non à l'étranger ;

2° Une description, en double exemplaire, rédigée en langue espagnole, écrite à la machine ou imprimée sur des feuilles de papier de 32 sur 22 centimètres, ayant à gauche une marge dans laquelle on apposera un timbre de 5 centimes par feuille.

Dans cette description, on doit indiquer avec la plus grande clarté le genre du signe distinctif que l'on a adopté, les figures et signes qu'il contient, le produit sur lequel il doit être apposé, imprimé ou employé, et le nom de son propriétaire.

A chaque exemplaire de cette description on doit ajouter, par la couture, une feuille de même dimension ou de dimension double contenant la reproduction de la marque que l'on veut faire enregistrer avec indication de l'échelle, et sur laquelle on peut faire paraître les ombres, teintes ou couleurs que l'intéressé juge convenable d'employer pour donner une idée exacte du signe distinctif. Cette feuille doit porter également le timbre mobile nécessaire ;

3° Un autre exemplaire de la même description manuscrite, écrite sur le recto seulement, sur quarts de feuilles de papier, en vue de l'impression dans le *Bulletin*.

4° Un cliché typographique de la marque ayant au maximum 10 centimètres de long sur 8 de large ;

5° 10 épreuves ou empreintes de la marque.

DÉCHÉANCES. — Les marques tombent en déchéance :

1° Par suite de l'expiration du terme fixé pour leur durée ;

2° Par suite du non-paiement d'une des taxes fixées par la loi ;

3° Par suite de l'extinction de la personnalité à laquelle appartient l'usage de la marque sans qu'elle ait été légalement remplacée par une autre apte à lui succéder ; ou par suite de non-usage de la marque pendant trois années consécutives, sauf dans le cas de force majeure ;

4° Par suite d'un jugement d'un Tribunal compétent devenu exécutoire ;

5° Par la volonté de l'intéressé ;

6° A la demande de personnes ayant droit à l'usage des marques, lesquelles peuvent demander en tout temps la déchéance, en déposant les justifications nécessaires à cet effet.

DISPOSITIONS RELATIVES AUX MARQUES ÉTRANGÈRES. — Les étrangers peuvent, comme les Espagnols, demander l'enregistrement des marques ou signes distinctifs par lesquels ils veulent distinguer la production ou le commerce auquel ils se livrent (art. 6 de la loi).

Ils jouissent des mêmes avantages que les nationaux s'ils sont sujets ou citoyens d'un des États faisant partie de l'Union ; dans le cas contraire ils ne jouissent que des droits stipulés dans les traités, et, en l'absence de traités, des seuls avantages qui sont accordés par voie de réciprocité aux sujets espagnols dans leur propre pays.

Les étrangers, sujets des pays de l'Union ou jouissant en vertu de traités du droit de réciprocité doivent joindre à leur dépôt un certificat établissant l'enregistrement effectué dans le pays d'origine. Ce document doit être légalisé par un Agent consulaire Espagnol, et la signature de ce dernier doit l'être par le Ministre d'État. Une traduction prouvée du certificat est suffisante.

L'Espagne a adhéré à l'arrangement du 14 avril 1891 concernant l'enregistrement international des marques de fabrique.

ÉTATS-UNIS (Pays Unioniste)

LOIS des 20 février 1905 (¹) et 4 mai 1906 (²). — RÈGLEMENT des 1ᵉʳ et 13 avril 1905 (³). — Lois des 2 mars 1907 et 18 février 1909 (').

SIGNES ADMIS OU EXCLUS COMME MARQUES. — La loi ne détermine pas les éléments constitutifs de la marque. En fait, la protection est accordée aux marques figuratives et aux marques verbales, à l'exclusion toutefois de celles qui consistent en mots ou en phrases désignant la nature ou la qualité de la marchandise, de celles qui sont constituées, en tout ou en partie, d'éléments immoraux ou scandaleux ou bien encore du drapeau, des armoiries ou d'autres insignes des États-Unis, d'un État confédéré, d'une Municipalité ou d'une Nation étrangère,

---

(1) Voir Bull. Officiel de la Propriété Industrielle (année 1905, n°ˢ 1116, 1117, 1118 et 1119).
(2) Voir Bull. Officiel de la Propriété Industrielle (année 1906, n°ˢ 1172 et 1173).
(3) Voir Bull. Officiel de la Propriété Industrielle (année 1905, n°ˢ 1121, 1122 et 1123).
(4) Voir Bull. Officiel de la Propriété Industrielle (année 1911, n° 1370).

ou d'une imitation de ces signes ou enfin d'un dessin ou image qui a été ou sera adopté ultérieurement comme emblème d'une société fraternelle.

On n'enregistre pas, toutefois : 1º Les marques identiques à une marque déjà enregistrée ou connue comme appartenant à une autre personne et comme étant appliquée par elle à des marchandises de même nature, ni celles ressemblant de si près à une telle marque qu'elles puissent vraisemblablement causer confusion ou erreur dans l'esprit du public ou tromper les acheteurs ; 2º Aucune marque consistant uniquement dans le nom d'une personne, maison, corporation ou association qui n'est pas écrit, imprimé, empreint ou tissé d'une manière particulière ou distinctive ou accompagné du portrait de la personne désignée ; 3º Les marques consistant en un nom ou un terme géographique ; 4º Les marques comportant l'emblème de la Croix-Rouge, à moins que le déposant n'en ait fait usage, d'une façon effective, antérieurement au 5 Janvier 1905 ([1]).

Enfin, le portrait d'une personne vivante ne peut être enregistré comme marque de fabrique qu'avec le consentement de l'intéressé qui doit être établi par une pièce écrite.

Sont seules admises à l'enregistrement les marques employées dans le commerce avec les nations étrangères ou les tribus indiennes.

DROIT A LA MARQUE. — EFFET DU DÉPOT OU DE L'ENREGISTREMENT. — DURÉE. — TAXES. — La marque appartient au premier qui en a fait usage.

L'enregistrement crée, en faveur du déposant, une présomption favorable au droit à la marque.

Durée de la protection :

Vingt ans à partir de la date du certificat, avec faculté de renouvellement.

Si la marque est appliquée à des produits fabriqués à l'étranger, et si elle est protégée par un autre pays pour une durée plus courte, la marque cessera d'être protégée aux États-Unis au moment où elle ne fera plus nulle part l'objet d'une propriété exclusive.

Taxe de dépôt :

10 dollars ([2]).

---

1) Loi du 23 Juin 1910. — Voir Bull. Officiel de la Propriété Industrielle (année 1910, nº 1400).
2) Le dollar argent vaut 5 fr. 34 au pair.

La loi du 13 juin 1898 y a ajouté un timbre de guerre de 10 cents.

Examen. — Oppositions. — Toute demande d'enregistrement est renvoyée à un examinateur du *Patent Office*, contre la décision duquel on peut recourir auprès du *Commissionner of Patents*. Si l'examen est favorable, le Commissaire des brevets fait publier la marque une fois au moins dans la *Gazette Officielle* du Bureau des brevets et toute personne intéressée peut faire opposition à l'enregistrement dans les trente jours qui suivent cette publication.

L'avis d'opposition peut être formé par un mandataire dûment autorisé, mais il est considéré comme nul et non avenu, s'il n'est pas certifié par l'opposant, dans un délai raisonnable après le dépôt.

Pièces et Objets a déposer. — La demande d'enregistrement doit être adressée, par écrit, et en langue anglaise, au *Commissionner of Patents*, à Washington.

On doit y joindre :

1º Un exposé indiquant les noms, domicile, résidence et nationalité du requérant ; la classe de marchandises et les articles spéciaux auxquels est destinée la marque ; la description de cette dernière, dans le cas seulement où cela est nécessaire pour indiquer des couleurs non représentées dans les dessins.

Cet exposé doit être accompagné d'un dessin de la marque signé par le requérant ou son mandataire, et de cinq spécimens de la marque telle qu'elle est employée effectivement, et indiquer la manière dont la marque est appliquée aux marchandises, et le temps depuis lequel on l'emploie ;

2º Une déclaration sous serment confirmant l'exactitude de l'exposé sus-mentionné, et affirmant : que le déposant a un droit exclusif à la marque ; que celle-ci est en usage dans le commerce entre les États confédérés avec les nations étrangères ou les tribus indiennes (spécifier les nations ou tribus dont il s'agit), et que la description et les fac-similés déposés représentent fidèlement la marque ;

3º Un dessin de la marque, signé par le requérant ou son mandataire, et accompagné de spécimens de la marque telle qu'elle est employée effectivement, en tel nombre que le Commissaire des brevets peut l'exiger.

Le dessin doit être exécuté à la plume et à l'encre de chine sur papier bristol. Les prescriptions relatives à sa confection sont trop détaillées pour pouvoir être reproduites *in extenso*. Le *Patent Office* se charge d'ailleurs, si on le désire, de fournir le dessin au prix coûtant ;

4° La taxe de 10 dollars.

DISPOSITIONS RELATIVES AUX MARQUES ÉTRANGÈRES. — Les marques des étrangers ne résidant pas aux États-Unis sont admises à l'enregistrement à la condition que, par convention diplomatique ou par sa législation, le pays où ils résident accorde un privilège semblable aux citoyens des États-Unis.

La déclaration requise doit, dans ce cas, mentionner que la marque a été enregistrée au nom du requérant ou déposée par lui à l'enregistrement dans le pays où il réside ou demeure, et indiquer la date de l'enregistrement ou de la demande d'enregistrement dont il s'agit ; en pareil cas, il n'est pas nécessaire de mentionner dans la demande que la marque a été employée dans le commerce avec les États-Unis ou entre les États confédérés.

Toute personne non domiciliée aux États-Unis doit, avant la délivrance du certificat d'enregistrement, désigner, par un avis écrit déposé au Bureau des brevets, un mandataire résidant aux États-Unis.

Les États-Unis ont conclu des traités en matière de marques avec les États suivants : Allemagne, Autriche-Hongrie, Belgique, Brésil, Danemark, Espagne, France, Grande-Bretagne, Grèce, Italie, Japon, Pays-Bas, Russie, Serbie et Suisse.

FINLANDE

ORDONNANCES du 11 février 1889 (¹), du 9/22 janvier 1903 (²).

SIGNES ADMIS OU EXCLUS COMME MARQUES. — Une marque ne peut être enregistrée :

1° S'il a déjà été enregistré ou déposé en faveur d'un tiers une marque identique, ou suffisamment ressemblante pour amener une confusion ;

2° Si elle se compose exclusivement ou essentiellement de chiffres,

---

(1) Voir *Bull. Officiel de la Propriété Industrielle* (année 1898, n° 764).
(2) Voir *Bull. Officiel de la Propriété Industrielle* (année 1905, n° 1099).

caractères, lettres ou mots, à moins que, par leur disposition, ces signes ne constituent une marque figurative, on que les mots ne désignent le nom ou la firme du déposant ou sa propriété ;

3° Si elle se compose exclusivement ou essentiellement d'un signe ou emblème généralement employé dans le commerce ;

4° Si elle contient illégalement le nom ou la firme d'un tiers, ou des mots pouvant être confondus avec eux ;

5° Si elle contient des indications contraires aux bonnes mœurs, à l'ordre public ou scandaleuses, ou de nature à causer des erreurs ;

6° Si elle contient des armoiries publiques ou des insignes d'ordre de chevalerie.

DROIT A LA MARQUE. — EFFET DU DEPOT OU DE L'ENREGISTRE-MENT. — DURÉE. — TAXES. — L'enregistrement a un effet purement déclaratif.

Durée de la protection :

Dix ans avec faculté de renouvellement.

Taxes :

Taxe de dépôt : 25 markkaa ([1]).
Taxe de renouvellement : 10 markkaa.

EXAMEN. — OPPOSITIONS. — L'administration examine si la marque déposée satisfait aux prescriptions légales. En cas de refus, l'intéressé peut interjeter appel devant le département administratif du Sénat.

PIÈCES ET OBJETS A DÉPOSER. — Les demandes d'enregistrement doivent être présentées par écrit au Bureau de l'Industrie, soit par l'intéressé lui-même, soit par son mandataire. Toutefois la demande peut aussi être expédiée franco par la poste. Elles doivent contenir :

1° L'indication complète, avec nom et prénoms, de la personne ou de la firme sollicitant le dépôt, ainsi que sa profession, son adresse et sa résidence ;

2° Si le déposant ne revendique la marque que pour certaines sortes de produits : l'indication de ces produits.

On doit y joindre :

1° Deux exemplaires de la marque, imprimés sur papier résistant de 15 centimètres de long sur 10 centimètres de large ;

---

(1) Le markkaa vaut 1 fr.

2° Deux clichés typographiques de même dimension que les exemplaires ci-dessus ;

3° La taxe de 25 markkaa ;

4° S'il s'agit d'une marque appartenant à un sujet ou citoyen d'un pays étranger où les ressortissants de la Finlande jouissent d'avantages similaires, un certificat authentique établissant que le déposant a rempli, dans son pays d'origine, les conditions exigées pour avoir droit à la protection de cette marque, plus l'indication d'un mandataire résidant en Finlande et autorisé à représenter le déposant dans toutes les affaires relatives à la marque. Toutefois, la marque étrangère n'est protégée en Finlande que si elle continue à jouir de la protection dans son pays d'origine.

GRANDE-BRETAGNE (Pays unioniste)

LOI du 11 août 1905 (¹). — RÈGLEMENT du 24 mars 1906 (²). — LOI du 28 août 1907 (³).

Signes admis ou exclus comme marques. — Le terme *marque* comprend un dessin, une marque à feu, un en-tête ou chef de pièce, une étiquette, un nom, une signature, un mot, une lettre, un chiffre ou une combinaison de ces éléments.

Pour être susceptible d'être enregistrée, une marque de fabrique doit comprendre les éléments essentiels suivants, ou au moins un de ces éléments, savoir :

a) Le nom d'une compagnie, d'une personne ou d'une société commerciale exécuté d'une manière spéciale ou particulière ;

b) La signature de celui qui demande l'enregistrement ou d'un de ses prédécesseurs dans son commerce ;

c) Un ou plusieurs mots inventés ;

---

(1) Voir *Bull. Officiel de la Propriété Industrielle* (année 1906, n°° 1159, 1160, 1161, 1162 et 1163).
(2) Voir *Bull. Officiel de la Propriété Industrielle* (année 1906, n°° 1195, 1196, 1197, 1198 et 1199).
(3) Voir *Bull. Officiel de la Propriété Industrielle* (année 1908, n° 1253).

d) Un ou plusieurs mots ne se rapportant pas directement à la nature ou à la qualité des marchandises et ne constituant pas dans leur acception ordinaire un nom géographique ou un nom de famille ;

e) Toute autre marque distinctive, mais un nom, une signature ou des mots autres que ceux indiqués ci-dessus sous les lettres *a, b, c* et *d* ne peuvent être considérés comme constituant une marque distinctive, à moins d'une ordonnance du *Board of Trade* (Département du commerce), ou de la Cour.

Toutefois, quand un ou plusieurs mots spéciaux ou distinctifs, ou des lettres, des chiffres ou une combinaison de lettres et de chiffres ont été employés comme marque de fabrique, par le déposant ou ses prédécesseurs dans le commerce antérieurement au 13 août 1875 et qu'ils ont continué à être employés (soit sous leur forme originale, soit avec des additions ou altérations ne portant pas réellement atteinte à leur identité) jusqu'à la date où l'enregistrement en est demandé, ils peuvent être enregistrés comme marques de fabrique.

Une marque de fabrique peut être limitée à une ou plusieurs couleurs spécifiées ; dans le cas contraire, elle est considérée comme étant enregistrée pour toutes les couleurs.

N'est pas susceptible d'être enregistrée comme marque ou comme partie d'une marque, une chose dont l'usage serait exclu de la protection par une Cour de Justice, comme étant propre à induire en erreur ou pour tout autre motif, ou serait contraire au droit ou aux bonnes mœurs ; il en est de même de tout dessin scandaleux.

Le *Registrar* peut refuser d'accepter toute marque déposée contenant :

a) L'emblème de la Croix-Rouge, les mots « Croix-Rouge » ou « Croix de Genève » ;

b) Les mots « Brevet », « Breveté », « Protégés par brevet royal », « Enregistré », « Dessin enregistré », « Droit d'auteur », « Inscrit à la *Stationers Hall* », « Toute imitation est une contrefaçon » ou d'autres mots ayant le même effet ;

c) Les portraits de Leurs Majestés ou d'un membre de la famille royale ;

d) Les représentations des armoiries royales et des timbres royaux ou d'armes et de timbres leur ressemblant assez pour induire en erreur ; celles des couronnes royales britanniques ou des pavillons royaux britanniques, les mots « Royal », « Impérial », « Fournisseur du Roi, de la Reine ou de la Couronne» et tous autres mots, lettres ou dessins propres à faire croire que le déposant possède une autorisation ou un patronage royal, ne peuvent figurer sur les marques dont on demande l'enregistrement. L'emploi des noms ci-dessus, selon les usages commerciaux (à l'exception des noms des corps constitués enregistrés) ne sera permis que s'il est démontré que la sanction du Secrétaire d'Etat au Ministère de l'Intérieur a été obtenue. Le *Registrar* peut, toutefois, admettre à l'enregistrement comme « marque ancienne », c'est-à-dire comme marque employée par le déposant ou ses prédécesseurs dans le commerce antérieurement au 13 août 1875, toute marque qui était susceptible d'être enregistrée comme telle avant la mise en vigueur de la loi sur les marques de 1905.

Quand une marque contient la représentation des armoiries d'un État ou d'une Ville étrangers, le *Registrar* peut demander que l'on établisse, de la façon qu'il jugera nécessaire, le droit d'en faire usage.

Quand une marque contient la représentation des armoiries ou emblêmes d'une cité, d'un bourg, d'une ville, d'une place, d'une société, d'une corporation ou d'une institution, le déposant doit, s'il en est requis, produire une pièce établissant le consentement du fonctionnaire que le *Registrar* envisage comme compétent pour autoriser l'usage des armoiries ou emblêmes dont il s'agit.

Quand une marque contient le nom ou le portrait d'une personne vivante, le déposant doit remettre au *Registrar*, s'il le demande, une pièce établissant le consentement de ladite personne, avant qu'il soit procédé à l'enregistrement de la marque. Quand il s'agit de personnes récemment décédées, le *Registrar* peut exiger le consentement de leurs représentants légaux avant de procéder à l'enregistrement de la marque portant leur nom ou leur portrait.

EFFET DU DÉPOT. — L'enregistrement d'une marque est considéré, après l'expiration d'un délai de sept ans à partir de la date dudit enregistrement, comme étant valide à tous les égards, à moins qu'il n'ait été obtenu par la fraude.

DURÉE. — TAXES. — L'enregistrement est effectué pour une durée de quatorze ans ; mais il est susceptible de renouvellement.

Les taxes de dépôt et d'enregistrement sont les suivantes :

                                                            £   s.   d.

Pour une demande d'enregistrement d'une marque de fabrique destinée à un ou plusieurs articles compris dans une même classe. . . .   0   10   0

	£	s.	d.
Pour une demande d'enregistrement d'une série de marques destinées à un ou plusieurs articles compris dans une même classe	0	10	0
Pour l'enregistrement d'une marque destinée à un ou plusieurs articles compris dans une même classe. . . . . ·	1	0	0

Pour l'enregistrement d'une série de marques destinées à un ou plusieurs articles compris dans une même classe :

	£	s.	d.
Pour la première marque de la série.	1	0	0
Pour chaque marque suivante.	0	5	0
Pour le renouvellement de l'enregistrement . . .	1	0	0

Pour le renouvellement de l'enregistrement d'une série de marques :

	£	s.	d.
Pour la première marque de la série.	1	0	0
Pour chaque marque suivante.	0	2	0

FORMALITÉS DE L'ENREGISTREMENT. — Toute personne qui désire faire enregistrer une marque doit déposer une demande par écrit auprès du *Registrar* ou l'expédier par lettre affranchie.

La demande d'enregistrement doit être adressée au *Patent Office,* *Trade Marks Branch, 25, Southampton Buildings, Londres W. C.,* sauf quand il s'agit de marques destinées à des fils de coton, à des étoffes de coton ou à d'autres articles de coton, en dehors des articles d'habillement ; dans ce cas, elle doit être adressée à la *Manchester Trade Marks Branch*, 48, *Royal Exchange, Manchester.*

Toute demande d'enregistrement doit contenir une représentation de la marque fixée dans le carré réservé à cet effet dans la formule visée par le règlement.

Quand la représentation est plus grande que ce carré, elle doit être montée sur toile, toile à calquer ou toute autre matière que le *Registrar* juge convenable, une partie de la représentation ainsi montée est collée dans l'espace indiqué et le reste replié.

Toute demande doit être accompagnée de quatre représentations additionnelles de la marque.

Les demandes, déclarations, avis ou autres documents qui peuvent ou doivent être déposés ou adressés au *Registrar* doivent être écrites sur papier *foolscap*, du format d'environ 13 pouces sur 8 (43 sur 20,3 centimètres) et avoir, à gauche, une marge d'au moins 1 1/2 pouce (3, 8 centimètres.)

EXAMEN. — OPPOSITIONS. — A la réception de la demande, le *Registrar* fait procéder à des recherches parmi les marques enregistrées ou en cours de procédure pour s'assurer s'il a été inscrit pour les mêmes produits ou genres de produits, des marques identiques ou lui ressemblant suffisamment pour pouvoir créer une confusion.

Le *Registrar* peut, à la suite de cette vérification, refuser la demande d'enregistrement ou l'accepter, soit complètement, soit moyennant certaines conditions, améliorations ou modifications.

Le refus ou l'acceptation conditionnelle peuvent faire l'objet d'un appel au *Board of Trade* ou à la Cour, au choix du déposant.

Quand une demande d'enregistrement a été acceptée complètement ou moyennant certaines conditions, le *Registrar* procède à sa publication.

En vue de cette publication, le déposant peut être tenu de fournir un cliché permettant sa reproduction.

Toute personne peut, dans le délai d'un mois à partir de la date de la publication, notifier par écrit au *Registrar* qu'elle fait opposition à l'enregistrement, en indiquant les motifs de cette opposition.

Notification de l'opposition est faite au déposant qui peut adresser au *Registrar*, dans le délai qui lui est prescrit, une réplique indiquant les raisons sur lesquelles il maintient sa demande ; s'il ne le fait pas, la demande est considérée comme abandonnée.

Copie de cette réplique est adressée à l'opposant ; après avoir entendu les parties, si elles en expriment le désir, le *Registrar* décide si l'enregistrement doit être accordé ou refusé.

La décision prise par le *Registrar* est susceptible d'appel à la Cour ou, avec le consentement des parties, au *Board of Trade*.

GRÈCE

LOI des 10-22 février 1893 (¹). — ORDONNANCE des 18-30 décembre 1893 (²).

SIGNES ADMIS OU EXCLUS COMME MARQUES. — Est considéré comme marque tout signe distinctif des produits de l'industrie, de l'agriculture, de l'élevage du bétail, et, en général, du commerce.

DROIT A LA MARQUE. — EFFET DU DÉPÔT OU DE L'ENREGISTRE- MENT. — DURÉE. — TAXES. — La priorité de dépôt ne constitue pas un droit à la marque : celui qui, publiquement, fait usage d'une marque le premier, et pendant un an sans interruption, a seul le droit d'en faire le dépôt.

Durée de la protection :

Dix ans, à partir de la date du dépôt ou du renouvellement.

Taxe de dépôt :

60 drachmes (francs).

EXAMEN. — OPPOSITIONS. — La loi ne prévoit ni examen adminis- tratif de la marque, ni opposition au dépôt de la part des tiers.

PIÈCES ET OBJETS A DÉPOSER. — Le dépôt doit être effectué au Greffe du Tribunal de Première Instance de la circonscription où l'intéressé a son principal établissement ou, à défaut de principal établissement, un établissement et un domicile. Les marques étran- gères doivent être déposées au Greffe du Tribunal de Première Instance d'Athènes.

Le déposant doit remettre au Greffier :

1º Trois exemplaires, sur papier libre, de la marque qu'il veut déposer, laquelle doit avoir au maximum 10 centimètres de large sur 8 centimètres de haut ;

---

(1) Voir *Bull. Officiel de la Propriété Industrielle* (année 1893, n° 771).
(2) Voir *Bull. Officiel de la Propriété Industrielle* (année 1893, n° 772).

2º Un cliché typographique de la marque ayant la même dimension que les exemplaires susmentionnés ;

3º Une procuration, si le dépôt est fait par un mandataire.

Et s'il s'agit de marques étrangères :

4º Un certificat de l'autorité locale compétente, légalisé par l'autorité consulaire hellénique compétente, constatant le dépôt légal de la marque dans le pays d'origine ;

5º Un acte notarié portant élection de domicile à Athènes ;

6º Une déclaration par laquelle le déposant se soumet à la juridiction des Tribunaux d'Athènes.

DISPOSITIONS RELATIVES AUX MARQUES ÉTRANGÈRES. — Les étrangers et les Grecs dont les établissements sont situés hors de Grèce sont admis à déposer leurs marques, si, dans les Etats où leurs établissements sont situés, il existe une loi protégeant les marques et une convention diplomatique établissant la réciprocité pour les marques grecques.

La protection cesse en Grèce si le délai accordé par la loi vient à expirer, ou si la convention cesse d'être en vigueur. Dans aucun cas la marque étrangère ne peut jouir en Grèce d'une protection plus étendue que dans son pays d'origine.

La Grèce a conclu des traités en matière de marques avec les États suivants : Allemagne, Autriche-Hongrie, Belgique, États-Unis, France, Grande-Bretagne, Italie, Monténégro, Pays-Bas et Suisse.

GUATEMALA

LOI du 13 mai 1899 (¹).

SIGNES ADMIS OU EXCLUS COMME MARQUES. — Constituent des marques : les dénominations des objets ou les noms des personnes sous une forme distinctive, les emblèmes, monogrammes, gravures ou

---

(1) Voir Bull. Officiel de la Propriété Industrielle (année 1900, n° 872).

imprimés, les timbres, vignettes et reliefs, les lettres et numéros d'un dessin spécial, les récipients ou enveloppes des objets, et tout autre signe choisi pour distinguer les produits d'une fabrique ou les objets d'un commerce.

Sont cependant exclus de l'appropriation comme marques :

1o Les armoiries de la République ou celles de tout autre pays, sauf l'autorisation du Gouvernement respectif ;

2o Le portrait de toute personne autre que le déposant, sauf le consentement préalable de l'intéressé ;

3o Les signes distinctifs qui pourraient être confondus avec d'autres marques déjà enregistrées.

Ne sont pas considérés comme marques :

1o Les lettres, mots, noms ou signes distinctifs dont l'État fait ou doit faire usage ;

2o La forme et la couleur des produits ;

3o Les termes ou locutions qui ont passé dans l'usage général et les désignations usuellement employées pour indiquer la nature ou la catégorie des produits ;

4o Les dessins ou les expressions contraires à la morale.

DROIT A LA MARQUE. — EFFET DU DÉPOT OU DE L'ENREGISTRE-MENT. — DURÉE. — TAXES. — La marque appartient au premier déposant.

Durée de la protection :

Dix ans, avec faculté de renouvellement.

Taxe de dépôt :

30 pesos (150 francs).

EXAMEN. — OPPOSITIONS. — La demande d'enregistrement est publiée dans le *Journal Officiel* pendant un mois, après quoi elle est transmise au Bureau des marques, pour qu'il fasse rapport. S'il ne se produit pas d'opposition, et si le rapport n'est pas défavorable, l'enregistrement de la marque est ordonné. En cas contraire, la demande est résolue après audition du Ministère public.

Pièces et Objets a déposer. — La demande d'enregistrement doit être adressée à la *Secretaria de Estado en el Despacho de Fomento*, à Guatemala, rédigée sur papier timbré à 25 centavos (1 fr. 25).

On doit y joindre :

1º Deux exemplaires de la marque ;

2º Deux exemplaires d'une description de la marque, s'il s'agit de figures ou d'emblèmes, description qui doit en outre indiquer le genre d'objets auxquels la marque est destinée, et dire s'il s'agit des produits d'une fabrique ou des objets d'un commerce ;

3º Un reçu constatant le dépôt. à la Trésorerie Nationale, de la taxe de 30 pesos ;

4º Un pouvoir en forme, si l'intéressé ne s'y présente pas en personne.

S'il s'agit d'une marque étrangère, le dépôt doit en outre comprendre :

5º Une pièce constatant l'enregistrement de la marque dans le pays étranger ;

6º Une procuration légale, si la marque n'est pas déposée directement par son propriétaire.

Les deux documents indiqués sous les nᵒˢ 5 et 6 doivent être traduits, le cas échéant, et doivent toujours être légalisés.

Si la marque contient un contresigne, et si les intéressés désirent en faire une mention secrète, ils peuvent le faire sous pli cacheté à la cire, que seul le juge compétent pourra ouvrir en cas de litige ou de plainte criminelle.

Dispositions relatives aux marques étrangères. — La protection des marques étrangères est subordonnée à l'existence de traités diplomatiques sur la matière et à l'accomplissement des formalités supplémentaires indiquées plus haut sous les nᵒˢ 5 et 6.

Le Guatemala a conclu des traités en matière de marques avec les États suivants : France, Grande-Bretagne, Honduras et Salvador.

HONG-KONG

ORDONNANCE du 9 décembre 1873 (¹).

Pièces et Objets a déposer. — La demande d'enregistrement doit être adressée au Gouverneur de la Colonie et accompagnée d'un fac-similé ou spécimen de la marque dont l'enregistrement est demandé, certifié par *affidavit* ; l'*affidavit* doit indiquer l'espèce et la nature des marchandises sur lesquelles la marque a été ou sera apposée, et, en outre, que le déposant se considère de bonne foi comme ayant le droit, soit seul, soit conjointement avec d'autres personnes désignées, d'employer exclusivement ladite marque. Toutefois, avant l'enregistrement, le déposant doit faire insérer un avis dans le *Government Gazette*, et dans tout autre journal désigné par le Gouverneur, au moins une fois par mois pendant une période de trois mois.

Taxes. — Les taxes sont les suivantes :

	Dollars (²)
Enregistrement de la première marque d'une série.	25
Pour chacune des autres marques de la série . . .	0 50

HONGRIE (Pays Unioniste)

LOIS des 4 février 1890 (³) et 30 juillet 1895 (⁴).

En tout point comme pour l'Autriche.

Ce pays a également adhéré à l'Arrangement concernant l'enregistrement international des marques.

---

(1) Voir Bull. Officiel de la Propriété Industriel'e (année 1899, n° 802).
(2) Le dollar argent vaut 5 fr. 39 au pair.
(3) Voir Bull. Officiel de la Propriété Industrielle (année 1892 n° 425).
(4) Voir Bull. Officiel de la Propriété Industrille (année 1895, n° 619).

INDE BRITANNIQUE (Colonie Britannique)

Il n'existe pas, pour l'Inde, de législation sur l'enregistrement des marques. L'apposition de marques frauduleuses est réprimée pénalement par la loi du 1er mars 1889 (¹) sur les marques de marchandises. L'action civile, en cas de contrefaçon de marques, s'exerce en vertu du droit coutumier.

INDES NÉERLANDAISES (Colonie Néerlandaise Unioniste)

ARRÊTÉ du 9 novembre 1893.

SIGNES ADMIS OU EXCLUS COMME MARQUES. — DROIT A LA MARQUE. — EFFET DU DÉPÔT OU DE L'ENREGISTREMENT. — DURÉE. — TAXES. — EXAMEN. — OPPOSITIONS. — Comme pour les Pays-Bas.

PIÈCES ET OBJETS A DÉPOSER. — Comme pour les Pays-Bas, sauf que le dépôt du cliché n'est pas obligatoire.

DISPOSITIONS RELATIVES AUX MARQUES ÉTRANGÈRES. — Les personnes non domiciliées dans les Indes Néerlandaises doivent faire élection de domicile dans cette colonie.

Cette colonie fait partie de l'Union de 1883, et elle a adhéré à l'Enregistrement international.

---

(1) Voir Bull. Officiel de la Propriété Industrielle (année 1895, n° 619).

ISLANDE

LOI du 13 novembre 1903 (¹). — ORDONNANCE du 30 décembre 1904 (²).

SIGNES EXCLUS DE L'ENREGISTREMENT. — Ne peuvent être enregistrées :

1º Les marques composées exclusivement de chiffres, de lettres ou de mots n'ayant pas une forme suffisamment caractéristique pour pouvoir être considérées comme des marques figuratives ; mais l'enregistrement ne peut être refusé si la marque consiste en mots constituant une dénomination spécialement inventée pour certains genres de produits et n'ayant pas pour but d'indiquer l'origine, la nature, la destination, la quantité ou le prix de la marchandise ;

2º Celles qui contiennent indûment un autre nom ou une autre raison sociale que ceux du déposant, ou le nom d'un immeuble appartenant à un tiers ;

3º Celles qui contiennent des marques publiques, par exemple des armoiries ;

4º Celles qui contiennent des représentations de nature à causer du scandale ;

5º Celles qui sont absolument semblables à une marque déjà enregistrée ou régulièrement déposée en faveur d'un tiers, ou qui lui ressemblent à tel point que les marques peuvent être confondues dans leur ensemble, indépendamment des différences qui pourraient exister entre elles, à moins que les marques se rapportent à des marchandises d'espèce différente ou que les ressemblances portent sur des signes employés d'une manière générale dans certaines branches de commerce.

DROIT A LA MARQUE. — EFFET DU DÉPOT. — Le droit à la marque appartient, en principe, au premier déposant.

---

(1) Voir Bull. Officiel de la Propriété Industrielle (année 1907, n°˙ 1242 et 1243).
(2) Voir Bull. Officiel de la Propriété Industrielle (année 1905, n° 1120).

DURÉE DE LA PROTECTION. — TAXES. — La durée de la protection est de dix ans, avec faculté de renouvellement. La taxe est de 40 couronnes (¹) : celle qui est due en cas de renouvellement est de 10 couronnes seulement.

EXAMEN. — OPPOSITIONS. — L'enregistrement peut être refusé, après examen, pour un des motifs ci-dessus énoncés. Si le déposant estime que le refus d'enregistrement n'est pas fondé, il peut faire appel de cette décision, dans un délai de trois mois, et faire trancher la question par une décision judiciaire.

PIÈCES ET OBJETS A DÉPOSER. — On doit remettre directement au Ministre pour l'Islande, à Reykjavik, ou lui envoyer, par lettre affranchie, une demande contenant la description précise de la marque, ainsi que l'indication complète du nom ou de la raison de commerce du déposant, de sa profession et de son adresse, comme aussi, quand la marque ne doit s'appliquer qu'à certains genres de produits, l'indication de ces produits.

La demande doit être accompagnée :

1º D'une reproduction de la marque sur papier fort, en trois exemplaires, mesurant au plus 10 centimètres en hauteur et 15 centimètres en largeur ;

2º Deux clichés de mêmes dimensions pour l'impression de la marque ;

3º Du montant de la taxe d'enregistrement et des frais de publication (40 couronnes).

DISPOSITIONS RELATIVES AUX MARQUES ÉTRANGÈRES. — Les étrangers peuvent être admis à jouir de la protection légale, à la condition qu'une ordonnance royale (²) ait, sous condition de réciprocité, accordé cette faveur à l'Etat auquel ils appartiennent.

Dans ce cas, les étrangers doivent produire, à l'appui de leur demande d'enregistrement, la justification qu'ils ont rempli, dans leur propre pays, les formalités auxquelles y est subordonnée la protection de leur marque.

Une ordonnance royale peut disposer, en cas de réciprocité : 1º que la marque sera enregistrée, pour autant qu'elle n'est pas contraire à la

---

(1) La couronne vaut 1 fr. 39.
(2) Une ordonnance royale, en date du 30 septembre 1910, a accordé aux marques françaises le bénéfice de ces dispositions.

morale ou à l'ordre public, dans la forme sous laquelle elle est protégée dans le pays étranger ; 2° que les effets de la protection remonteront à la date du dépôt dans le pays d'origine, à la condition que l'enregistrement soit effectué, en Islande, dans un délai maximum de quatre mois à partir de ce dépôt ; 3° que le déposant peut établir, par une action intentée au titulaire d'une marque antérieurement déposée ou enregistrée, que cette marque avait été déjà employée par lui lorsque ce dernier se l'est appropriée et se faire attribuer, dès lors, le droit à l'usage exclusif de ladite marque.

ITALIE (Pays Unioniste)

LOI du 30 août 1868 ([1]). — RÈGLEMENT du 7 février 1869 ([2]).

SIGNES ADMIS OU EXCLUS COMME MARQUES. — Est considéré comme marque le signe qu'une personne dépose pour distinguer les produits de son industrie, les marchandises de son commerce ou les animaux d'une race lui appartenant.

  La marque doit être différente de celles déjà légalement employées par autrui, et doit indiquer le lieu d'origine, la fabrique et le commerce, de façon à constater le nom de la personne, la raison de commerce de la société et la dénomination de l'établissement d'où proviennent les marchandises. S'il s'agit d'animaux et de petits objets, on proposera une abréviation spéciale (*sigla*) ou tout autre signe équivalent. Une signature, manuscrite ou reproduite d'une autre manière, peut constituer une marque. (Il résulte de la jurisprudence que les marques étrangères qui ne satisfont pas aux prescriptions ci-dessus sont néanmoins protégées, à la condition qu'elles soient employées telles quelles dans le pays d'origine.)

DROIT A LA MARQUE. — EFFET DU DÉPOT OU DE L'ENREGISTREMENT. — DURÉE. — TAXES. — Le droit à l'usage exclusif de la marque est subordonné au dépôt de celle-ci.

---

(1) Voir *Bull. Officiel de la Propriété Industrielle* (année 1899, n° 799).
(2) Voir *Bull. Officiel de la Propriété Industrielle* (année 1899, n° 800).

Le fait de la délivrance du certificat au déposant ne garantit pas la validité et l'efficacité de ce document.

La jurisprudence est divisée sur la question de savoir si, en Italie, le dépôt de la marque est attributif ou simplement déclaratif de propriété. Cela provient de l'interprétation diverse donnée à la disposition d'après laquelle la marque déposée doit être différente de celles déjà *légalement* employées par autrui. Pour les uns, le mot *légal* est synonyme de *licite* ; pour les autres, il vise les *formalités prescrites par la loi*.

Les marques non déposées sont protégées en vertu des dispositions du code civil applicables à la concurrence déloyale.

La durée de la protection est indéterminée.

Taxe de dépôt :

40 lires (¹), plus 1 l. 10 pour frais de copie du certificat.

EXAMEN. — OPPOSITIONS. — L'examen administratif ne porte que sur la régularité extrinsèque des documents fournis.

PIÈCES ET OBJETS A DÉPOSER. — La demande doit être déposée dans une des préfectures du royaume, et contenir les indications suivantes :

1º Les nom et prénoms du déposant, de son père et, le cas échéant, du mandataire du déposant, ainsi que le domicile de ce dernier ;

2º L'indication succincte de la nature de la marque : signature, figure, gravure, etc.

On doit y joindre :

1º Deux exemplaires de la marque, sur plaques métalliques, sur petits cartons très solides, sur parchemin ou sur d'autres matières analogues peu sujettes à se détériorer.

Ces modèles doivent avoir au plus 2 centimètres d'épaisseur et 20 centimètres de chaque côté, sans jamais avoir moins de 2 centimètres en longueur ou en largeur. On peut aussi déposer les objets marqués eux-mêmes, à condition qu'ils remplissent les conditions sus-indiquées ;

2º Une déclaration en double original, dans laquelle le déposant indique sa volonté de réserver ses droits, et spécifie la nature des objets sur lesquels il entend apposer sa marque, en ayant soin de

----

(1) La lire vaut 1 franc.

préciser si celle-ci sera apposée sur des objets de sa fabrication ou sur des marchandises de son commerce ;

3° Une description en double original de la marque ;

4° La quittance du receveur local des domaines établissant le paiement de la taxe et des frais de certificat.

Si le dépôt est fait par mandataire, la déclaration indiquera le nom de la personne au nom de laquelle le dépôt est effectué, et par laquelle la marque sera employée.

La demande, la description et la déclaration mentionnées ci-dessus doivent être écrites sur du papier timbré à 1 lire.

Si la marque est déjà en usage à l'étranger, on indiquera le pays étranger dont il s'agit et, avec précision, le lieu de dépôt des marchandises, la fabrique principale et succursale en Italie, et la principale station d'où la race d'animaux s'est répandue dans ce pays. (Il résulte de la jurisprudence que cette disposition n'est applicable qu'aux propriétaires de marques étrangères qui possèdent un établissement en Italie.)

DISPOSITIONS RELATIVES AUX MARQUES .ÉTRANGÈRES. — Les marques étrangères sont admises au dépôt sans aucune condition de réciprocité.

L'Italie a conclu des traités en matières de marques avec les États suivants : Allemagne, Autriche-Hongrie, Belgique, Brésil, Colombie, République dominicaine, Espagne, États-Unis, France, Grande-Bretagne, Grèce, Japon, Luxembourg, Mexique, Monténégro, Paraguay, Russie, Saint-Marin.

Celui conclu avec l'Allemagne déroge aux dispositions contenues dans la loi nationale, spécialement par l'établissement d'un délai de priorité pour le dépôt des marques.

L'Italie fait partie de l'Union de 1883, et a adhéré à l'enregistrement international.

JAMAÏQUE (Colonie Britannique)

LOIS des 22 mai 1888 et 18 juin 1889. — RÈGLEMENT du 4 avril 1889.

SIGNES ADMIS OU EXCLUS COMME MARQUES. — Comme pour la Grande-Bretagne.

DROIT A LA MARQUE. — EFFET DU DÉPOT OU DE L'ENREGISTRE-MENT. — DURÉE. — TAXES. — Pour les effets de l'enregistrement et la durée de la protection, comme pour la Fédération Australienne.

Taxes :	£	s.	d.
Taxe de dépôt.	1	0	0
Taxe d'enregistrement	2	0	0
Taxe pour une marque déjà enregistrée en Angleterre	1	0	0
Lors de l'enregistrement d'une série de marques, pour chaque marque en sus de la première de chaque classe	0	5	0
Taxe de renouvellement	1	0	0

EXAMEN. — OPPOSITIONS. — Comme pour la Fédération Australienne, sauf que la Cour suprême prononce en dernier ressort, en cas de refus d'enregistrement. C'est elle aussi qui prononce sur les oppositions.

Les demandes d'enregistrement doivent être publiées une fois dans la *Gazette*.

PIÈCES ET OBJETS A DÉPOSER. — Comme pour la Fédération Australienne, sauf les différences suivantes :

1º Il n'est pas nécessaire de fournir d'indications spéciales pour les marques destinées à des articles de métal ;

2º Le déposant doit fournir un cliché pour chaque marque, s'il en est requis.

Dispositions relatives aux marques étrangères. — Si la personne qui demande l'enregistrement d'une marque est hors de la Jamaïque au moment du dépôt, et n'est pas au bénéfice d'une convention internationale, elle devra indiquer une adresse où les notifications pourront lui être adressées dans la Jamaïque.

Le propriétaire d'une marque enregistrée en Angleterre a droit à l'enregistrement immédiat de cette marque, moyennant le dépôt d'un extrait de l'inscription figurant dans le registre britannique, certifié par le Contrôleur général des brevets et muni du sceau du Bureau des brevets, et le paiement de la taxe prescrite.

JAPON (Pays Unioniste)

LOI du 2 avril 1909 (¹). — RÈGLEMENT du 20 juin 1899 (²). — ORDONNANCE du 4 janvier 1905 (³).

Signes admis ou exclus comme marques. — Les marques de fabrique ou de commerce enregistrables doivent être spéciales et distinctes, et être composées de lettres, de figures ou signes isolés ou combinés.

Ne peuvent être enregistrées comme marques de fabrique ou de commerce :

1º Celles qui contiennent une représentation exacte ou ressemblante du chrysanthème des armes impériales ;

2º Celles qui contiennent une représentation exacte ou ressemblante du pavillon national, du drapeau militaire, des décorations, des insignes de récompense, ainsi que des emblèmes ou drapeaux étrangers ;

3º Celles qui sont de nature à porter atteinte à l'ordre public ou aux bonnes mœurs, ou à tromper le public ;

4º Les marques identiques ou analogues à celles qui sont ordinairement employées pour les marchandises de même genre ;

(1) Voir Bull. Officiel de la Propriété Industrielle (année 1910, nº 1357).
(2) Voir Bull. Officiel de la Propriété Industrielle (année 1901, nºˢ 928, 929 et 930).
(3) Voir Bull. Officiel de la Propriété Industrielle (année 1905, nº 1139).

5º Les marques qui sont identiques ou analogues aux marques de tierces personnes, qui sont connues du public et employées pour les mêmes marchandises ;

6º La Croix-Rouge sur fond blanc ou les mots « Croix-Rouge » ou « Croix de Genève » ou des figures ou mentions identiques ou analogues ;

7º Celles qui sont identiques ou analogues aux médailles, attestations écrites de récompenses, ou certificats de mérite décernés dans des expositions ou des concours organisés soit par le Gouvernement, soit par une administration départementale de *Dó*, de *Fu* ou de *Ken*, soit par une personne à ce autorisée par le Gouvernement, ou dans des expositions officielles ou internationales de l'étranger, à moins qu'une personne ayant obtenu des médailles, attestations ou certificats semblables ne veuille les employer comme partie de sa marque ;

8º Celles qui contiennent le portrait, le nom ou la raison de commerce de tierces personnes, ou le nom d'une personne juridique ou d'une association, à moins que leur usage n'ait été autorisé ;

9º Celles qui sont identiques ou analogues aux marques tombées en déchéance de tierces personnes, s'il ne s'est pas encore écoulé une année depuis leur déchéance, à moins qu'il ne s'agisse de marques qui n'ont pas été employées pendant plus d'une année avant leur déchéance.

DROIT A LA MARQUE. — EFFET DU DÉPOT OU DE L'ENREGISTRE- MENT. — DURÉE. — Quand plus de deux personnes ont chacune le droit à l'enregistrement de marques identiques ou analogues destinées à des marchandises de même genre, l'enregistrement n'est accordé qu'au premier déposant. Si les demandes sont déposées le même jour, les déposants doivent s'entendre pour savoir lequel d'entre eux obtiendra l'enregistrement ; si l'entente ne se fait pas, aucun d'eux n'obtient l'enregistrement.

Néanmoins quand une personne a, avant le 1er juillet 1909, apposé de bonne foi une marque identique ou analogue sur des marchandises de même genre et dépose cette marque à l'enregistrement, on peut l'enregistrer nonobstant les dispositions qui précèdent et malgré celles du paragraphe 5 ci-dessus (signes exclus comme marques).

La durée de la protection accordée à la marque est de vingt ans et peut être prolongée par le renouvellement du dépôt.

MARQUES ASSOCIÉES. — Les marques se ressemblant entre elles, qui sont destinées à un même genre de marchandises et qui appartiennent à la même personne, ne sont admises à l'enregistrement que si elles sont déposées à titre de *marques associées.*

TAXES. — Toute personne qui obtient l'enregistrement d'une marque ou un renouvellement de marque est tenue de payer, au moment où cet enregistrement est obtenu, une taxe de 20 yens [1] par marque et de 10 yens par marque associée.

EXAMEN. — OPPOSITIONS. — Toute demande d'enregistrement ou de renouvellement de marque est soumise à l'examinateur de l'Office des brevets.

Quiconque n'est pas satisfait de la décision refusant l'enregistrement peut, dans un délai de soixante jours à dater du jour où la décision lui a été notifiée, demander qu'il soit procédé à un nouvel examen, en indiquant par écrit les motifs sur lesquels il se fonde.

Quiconque n'est pas satisfait d'une décision rendue en première instance ou sur une demande en révision peut, dans un délai de soixante jours à dater du jour où elle lui a été notifiée, former un recours auprès de l'Office des brevets.

FORMALITÉS DE LA DEMANDE. — La demande d'enregistrement doit être établie, suivant les cas, conformément à l'une des formules n° 1 ou n° 3 annexées à l'ordonnance du 20 juin 1899 (Voir *Bulletin Officiel de la Propriété Industrielle* n° 930, du 28 novembre 1901).

Lorsque l'examinateur a décidé qu'il y a lieu à enregistrer une marque de fabrique ou de commerce, cette décision est signifiée, par écrit, au déposant qui doit payer, au Bureau des brevets, un droit d'enregistrement et, en même temps, y déposer un cliché de la marque.

Tout cliché doit être fait en bois, en zinc ou en toute autre matière se prêtant à l'impression typographique ; ses dimensions ne doivent pas dépasser 10 centimètres en hauteur et en largeur, la seule mesure admise pour l'épaisseur étant 2,4 centimètres. Pour la longueur et la largeur d'un cliché de marque verbale, on ne doit pas dépasser pour chaque dimension 6,5 centimètres.

Le cliché doit être d'une seule pièce, gravé et de forme rectangulaire.

En ce qui concerne une marque de fabrique ou de commerce qui a été enregistrée à l'étranger, la demande doit être accompagnée d'une

---

[1] Le yen d'or vaut environ 2 fr. 75.

copie du certificat d'enregistrement original et de celle de la description de l'objet enregistré, ces deux copies approuvées par le Gouvernement étranger compétent.

LUXEMBOURG

LOI du 28 mars 1883 [1]. — ARRÊTÉ du 30 mai 1883 [2].

SIGNES ADMIS OU EXCLUS COMME MARQUES. — Est considéré comme marque tout signe servant à distinguer les produits d'une industrie ou les objets d'un commerce. Peut servir de marque, dans la forme distinctive qui lui est donnée par l'intéressé, le nom d'une personne ou une raison sociale.

DROIT A LA MARQUE. — EFFET DU DÉPOT OU DE L'ENREGISTREMENT. — DURÉE. — TAXES. — Nul ne peut prétendre à l'usage exclusif d'une marque, s'il ne l'a déposée. Celui qui, le premier, a fait usage d'une marque peut seul en opérer le dépôt.

Durée de la protection :

Dix ans, avec faculté de renouvellement.

Taxe de dépôt :

10 francs.

EXAMEN. — OPPOSITIONS. — La loi ne prévoit ni examen administratif de la marque, ni opposition au dépôt de la part des tiers.

PIÈCES ET OBJETS A DÉPOSER. — Le déposant doit fournir :

1° Deux exemplaires de la marque sur papier libre : le modèle de la marque doit être tracé dans un cadre qui ne peut dépasser 8 centimètres de haut sur 10 centimètres de large ;

---

(1) Voir Bull. Officiel de la Propriété Industrielle (année 1899, n° 780).
(2) Voir Bull. Officiel de la Propriété Industrielle (année 1899, n° 780).

2° Un cliché de la marque n'excédant pas les dimensions du cadre susmentionné ; il doit être en métal et exécuté de la manière suivante :

a) Le dessin doit être exécuté en relief bien saillant ;

b) L'inscription ou les lettres peuvent être disposées en creux, mais doivent être nettement dessinées ;

c) Le bloc doit avoir en épaisseur 22 millimètres ;

3° Une description très sommaire de la marque, en langue française ou allemande, indiquant si la marque est en creux ou en relief sur les produits, et si elle a dû être réduite pour rentrer dans les dimensions prescrites ;

4° Si le dépôt est effectué par un mandataire, une procuration sous seing privé.

DISPOSITIONS RELATIVES AUX MARQUES ÉTRANGÈRES. — Les étrangers et les Luxembourgeois établis hors du Grand-Duché sont traités sur le même pied que les nationaux, si, dans le pays où ils ont leur établissement, des conventions internationales ont établi la réciprocité pour les marques luxembourgeoises. Les marques étrangères déposées ne sont protégées qu'autant et aussi longtemps qu'elles le sont dans le pays d'origine.

Le Luxembourg a conclu des traités en matière de marques avec les États suivants : Allemagne, Belgique, France et Italie.

MEXIQUE (Pays Unioniste)

LOI du 25 août 1903 (¹). — RÈGLEMENT de 1903 (²).

SIGNES ADMIS OU EXCLUS COMME MARQUES. — Peuvent constituer une marque : les noms sous une forme distinctive, les dénominations, les étiquettes, les enveloppes, les récipients, timbres, sceaux, vignettes,

---

(1) Voir *Bull. Officiel de la Propriété Industrielle* (année 1907, n°° 1243, 1244 et 1245).
(2) Voir *Bull. Officiel de la Propriété Industrielle* (année 1907, n°° 1245 et 1246).

lisières, broderies, filigranes, gravures, armoiries, emblèmes, reliefs, chiffres, devises, etc., étant bien entendu que cette énumération est purement énonciative et non limitative.

Ne peuvent être enregistrés comme marques :

1º Les noms ou dénominations génériques, quand la marque est destinée à des objets compris dans le genre ou l'espèce auquel se rapporte le nom ou la dénomination dont il s'agit ; par conséquent, une condition indispensable pour qu'une dénomination ou un nom puissent servir de marque est qu'ils soient susceptibles de différencier les objets qui en sont munis d'autres objets de même espèce ou de même genre ;

2º Toute chose contraire à la morale, aux bonnes mœurs ou aux lois prohibitives, et tout ce qui tend à ridiculiser des idées, des personnes ou des objets dignes de respect ;

3º Les armoiries, écussons et emblèmes nationaux ;

4º Les armoiries, écussons et emblèmes des États de la Confédération, des villes nationales et étrangères, des nations et États étrangers, etc., à moins qu'ils n'aient donné leur consentement;

5º Les noms, signatures, timbres et portraits de particuliers, à moins que ceux-ci n'aient donné leur consentement.

DURÉE. — TAXES. — L'enregistrement doit être renouvelé tous les vingt ans. Il donne lieu au paiement d'une taxe de 5 pesos (¹).

EXAMEN. — L'enregistrement des marques est fait sans examen préalable de leur nouveauté, sous la responsabilité exclusive des déposants et sans préjudice des droits des tiers.

FORMALITÉS A REMPLIR POUR L'ENREGISTREMENT DES MARQUES. — Quiconque désire faire enregistrer sa marque doit déposer au Bureau des brevets et des marques une demande accompagnée des documents et objets suivants :

1º Une description de la marque qui doit se terminer par les réserves que l'on fait à son sujet. Ce document doit, en outre, contenir les données suivantes : le nom du propriétaire, celui de sa fabrique ou de sa maison de commerce, s'il y en a, la localité où elles sont situées

---

(1) Le peso vaut 2 fr. 57.

et la désignation des objets ou produits auxquels la marque doit être appliquée.

Si l'intéressé le juge nécessaire, il peut y joindre une description et un dessin de ces objets ou produits ;

2° Deux copies du document précédent ;

3° Un cliché de la marque ;

4° Douze exemplaires de la marque telle qu'elle doit être employée.

Si l'intéressé se fait représenter par un mandataire, celui-ci doit produire une simple lettre-pouvoir signée devant deux témoins ; le Bureau peut, quand il le juge convenable, exiger la légalisation des signatures figurant dans ledit pouvoir.

NOTA. — Le Représentant de la République française à Mexico a signalé l'intérêt qu'il y aurait pour les commerçants français à faire passer, par le département des Affaires Étrangères et, de là, par la Léga-tion de France, à Mexico, toutes les demandes de dépôts de marques à effectuer au Ministère du Commerce Mexicain, cette façon de procéder devant permettre à la légation de surveiller et de contrôler les dépôts et d'éviter des retards ou des erreurs préjudiciables aux intéressés.

Celui qui désire utiliser le concours offert par notre Légation au Mexique doit, dans ce cas, envoyer les pièces exigées, qui ont été indiquées ci-dessus, au Ministère du Commerce et de l'Industrie, à l'*Office national de la Propriété industrielle*, 292, rue Saint-Martin, à Paris et acquitter à la Caisse de l'Agent comptable du Ministère des Affaires Étrangères, à Paris, ou transmettre directement à la Légation de France à Mexico, la somme de 200 francs montant des frais auxquels donne lieu l'enregistrement.

Toutefois ces mesures ont perdu beaucoup de leur intérêt, le Mexique ayant adhéré à l'arrangement de Madrid concernant l'enregis-trement international des marques de fabrique (¹) et les intéressés pouvant aujourd'hui obtenir l'enregistrement de leurs marques au Mexique, en même temps que dans les autres pays de l'arrangement, par l'intermédiaire du Bureau de Berne, et ce moyennant le paiement d'une somme de 125 francs par marque.

---

(1) Voir **Tome II, *Conventions Internationales.***

NICARAGUA

LOI du 20 novembre 1907 (¹).

SIGNES ADMIS OU EXCLUS COMME MARQUES. — Ne sont pas admis comme marques dans la République :

1º Les appellations génériques, les simples noms géographiques et les noms de personnes ou d'associations, à moins que la marque ne contienne en outre d'autres éléments distinctifs servant à distinguer l'objet auquel elle est destinée ;

2º Tout signe contraire à la morale ou tendant à tourner en ridicule des idées, des personnes, des objets ou des institutions qui, selon l'opinion du Ministère du *Fomento*, sont dignes de la considération générale ;

3º Les armoiries, écussons et emblèmes nationaux ;

4º Les armoiries, écussons ou emblèmes des nations, États ou corporations politiques de l'étranger, à moins de leur consentement ;

5º Les noms, signatures et portraits de personnes vivantes sans leur consentement ;

6º Les marques identiques, ou ressemblant dans leurs éléments essentiels à des marques déjà enregistrées au moment où l'on cherche à faire protéger par les premières des produits de même genre que ceux protégés par les dernières.

DURÉE. — TAXES. — L'enregistrement d'une marque est soumis à une taxe de 25 pesos (²) et doit être renouvelé tous les dix ans. Le retard dans le renouvellement n'entraîne pas la perte du droit à l'usage exclusif de la marque, mais l'intéressé ne peut poursuivre les contrefacteurs de la marque ou du produit qu'elle protège, aussi longtemps que le renouvellement n'a pas été effectué.

FORMALITÉS DE LA DEMANDE. — Les demandes d'enregistrement doivent être déposées, sur papier timbré de sixième classe, au Ministère du *Fomento*, signées par l'intéressé ou son mandataire, lequel doit être

---

(1) Voir *Bull. Officiel de la Propriété Industrielle* (année 1903, n° 1266).
(2) Le peso vaut environ 5 francs.

muni d'un pouvoir authentique, et elles doivent contenir les indications suivantes :

a) Le nom du propriétaire de la marque, son domicile et sa nationalité ;

b) Le nom et le lieu de la fabrique ou de l'établissement où est
produit l'article auquel la marque est destinée ;

c) La désignation et la description des objets ou produits que l'on
entend distinguer au moyen de la marque ;

d) La description de la marque, illustrée par un fac-similé de la
marque, en trois exemplaires ;

e) Si la marque est en creux ou en relief, ou si elle présente une
autre particularité non susceptible d'être indiquée d'une manière
graphique, on doit en déposer deux exemplaires identiques en en
indiquant tous les détails.

EXAMEN. — OPPOSITIONS. — Chaque fois que l'on présente une
demande d'enregistrement de marque, le Ministère la fait publier
dans le *Journal Officiel* pendant trois mois consécutifs.

A l'expiration des quatre-vingt-dix jours, et s'il n'y a pas eu
opposition, le Ministère ordonne que le titre de propriété soit délivré
au déposant.

S'il y a opposition, le Ministère ordonne aux parties de débattre
leurs droits devant le Juge commun compétent et ne délivre le titre
qu'à la personne dont le droit a été déclaré préférable par une décision
ayant force de chose jugée.

NORVÈGE (Pays Unioniste)

LOI du 2 juillet 1910 (¹).

SIGNES ADMIS OU EXCLUS COMME MARQUES. — Ne peuvent constituer exclusivement une marque : l'indication du mode de fabrication de la marchandise ; de l'époque et du lieu de sa production ; de sa nature ; du mode de son emploi ; de son contenu ou de sa composition ; ni l'indication de son prix, de sa quantité ou de son poids.

La marque ne doit pas :

a) Être contraire à la loi ou être de nature à causer du scandale ;

b) Contenir des indications qui, d'une manière évidente, ne répondent pas à la réalité et sont de nature à induire en erreur ;

c) Comprendre des armoiries ou des insignes publics.

DROIT A LA MARQUE. — EFFET DU DÉPOT OU DE L'ENREGISTREMENT. — Toute personne qui se livre à l'exploitation d'une fabrique, d'un métier, d'un établissement agricole, minier, commercial ou autre, peut obtenir le droit exclusif de faire usage, dans son industrie ou son commerce, de marques de fabrique et de commerce spéciales, en demandant leur enregistrement, conformément aux prescriptions de la loi.

Toute marque doit être déposée à l'*Office de la Propriété Industrielle* pour les marchandises déterminées ou une certaine classe de marchandises.

La marque doit être susceptible de distinguer dans le mouvement général du commerce, les marchandises du déposant de celles de ses concurrents.

Aucune marque n'est enregistrée, si une marque semblable est déjà protégée en vertu d'un enregistrement régulier, pour des marchandises de même genre ou analogues. On entend par « marque semblable » toute marque ressemblant assez à une autre, pour que, dans le mouvement général du commerce, une confusion puisse se produire entre les deux marques.

---

(1) Voir *Bull. Officiel de la Propriété Industrielle* (année 1910, n° 1413).

Durée. — Taxes. — Les marques sont enregistrées pour une période de dix ans, à compter du jour du dépôt de la demande d'enregistrement.

L'enregistrement peut être renouvelé indéfiniment, par périodes de 10 ans, à compter de l'expiration de chacune d'elles.

La taxe due pour l'enregistrement et la publication est de 30 couronnes ([1]) avec une taxe supplémentaire de 10 couronnes par classe supplémentaire de produits qu· la marque sert à désigner.

La taxe, en cas de renouvellement, est de 10 couronnes pour chacune des classes de produits dans lesquelles la marque doit être rangée.

En cas de renouvellement, la demande peut encore être formulée dans les trois mois qui suivent l'expiration de la période légale, moyennant le versement d'une taxe supplémentaire unique de 5 couronnes.

Examen. — Oppositions. — La demande est soumise à l'examen de la première section de l'*Office* qui adresse au déposant, lorsqu'elle ne répond pas aux prescriptions établies, un avis motivé l'invitant à s'expliquer sur ce sujet, dans un délai convenable et à remédier, le cas échéant, aux défectuosités signalées.

Après l'expiration de ce délai, l'*Office* décide sur l'enregistrement de la marque.

En cas de rejet, le déposant peut demander que l'affaire fasse l'objet d'une nouvelle décision de l'*Office* (deuxième section).

Cette requête doit être déposée dans un délai de deux mois et il est versé, à cette occasion, une taxe de 20 couronnes.

Lorsque la deuxième section de l'*Office* a refusé l'enregistrement, cette décision est définitive.

Lorsque l'enregistrement est décidé, l'*Office* fait inscrire la marque dans le registre des marques de fabrique et de commerce, procède à la publication officielle de l'enregistrement dans le journal des annonces officielles et dans le journal mentionné dans la loi concernant l'*Office de la Propriété Industrielle*, puis il délivre au déposant un certificat d'enregistrement.

L'enregistrement peut être annulé, à la requête d'un tiers intéressé, soit par voie judiciaire, soit par décision de la seconde section de l'*Office*. Si le propriétaire de la marque et celui qui en conteste la

---

(1) La couronne vaut 1 fr. 40.

validité se mettent d'accord pour demander que la question de validité de la marque soit définitivement tranchée par ce service, il est
versé, à cette occasion, une taxe de 30 couronnes.

Si la seconde section conclut à l'annulation de la marque, le propriétaire de celle-ci peut faire opposition à cette décision, à la condition de notifier cette opposition, au plus tard dans les trois mois qui
suivent la date de l'avis à lui adressé par l'*Office*.

PIÈCES ET OBJETS A DÉPOSER. — La demande doit comprendre :

1º Une requête adressée à l'*Office de la Propriété Industrielle*, contenant :

a) Le nom du déposant ou sa firme et son domicile ;

b) La désignation de l'entreprise dans laquelle la marque doit être
employée ;

c) L'indication des marchandises ou des classes de marchandises
pour lesquelles on désire l'enregistrement ;

2º Une empreinte de la marque mesurant au maximum 6,5 centimètres de hauteur et en largeur, s'il s'agit de marques verbales, et
10 centimètres s'il s'agit d'autres marques, et si cela est indispensable,
une description de la marque ;

3º S'il y a constitution de mandataire, un pouvoir accepté par
celui-ci ;

4º Une somme de 30 couronnes, à titre d'émolument pour l'enregistrement et la publication. Si la marque doit être enregistrée dans
plusieurs classes, il doit être versé, pour chaque classe en outre de la
première, une taxe supplémentaire de 10 couronnes.

Il est remboursé 10 couronnes au déposant pour chacune des classes
pour lesquelles il a demandé l'enregistrement sans l'obtenir.

L'enregistrement ne peut également avoir lieu que si le déposant
envoie à l'*Office* un cliché typographique et 10 exemplaires de la
marque.

DISPOSITIONS RELATIVES AUX MARQUES ÉTRANGÈRES. — Les sujets
ou citoyens des pays qui ont conclu avec la Norvège des traités assurant la réciprocité ont droit à la protection, moyennant l'accomplissement des formalités imposées aux nationaux, et à la condition de
fournir, en outre des pièces exigées, un certificat constatant qu'ils ont
droit à la protection dans le pays d'origine.

Sous la même condition de réciprocité, les marques étrangères peuvent être admises au dépôt et protégées telles quelles dans le Royaume, pourvu qu'elles ne soient pas contraires à la morale et à l'ordre public ; elles peuvent également bénéficier d'un délai de priorité compté à partir de la première demande déposée dans un des États signataires de la Convention et leur dépôt ne peut être invalidé par des faits accomplis dans l'intervalle.

Ces dispositions sont empruntées à la Convention du 20 mars 1883 à laquelle la Norvège a, comme la France, adhéré et qui fixe le délai ci-dessus à quatre mois.

NOUVELLE-GALLES DU SUD (Colonie Britannique)

LOIS des 26 mai 1865 (¹) et 17 avril 1893 (²).

SIGNES ADMIS OU EXCLUS COMME MARQUES. — Il n'existe aucune prescription quant à la forme des marques.

DROIT A LA MARQUE. — EFFET DU DÉPOT OU DE L'ENREGISTRE- MENT. — DURÉE. —TAXES. — Une marque n'est pas considérée comme appartenant à une personne aussi longtemps qu'elle n'a pas été enregistrée en sa faveur. D'autre part, une personne ayant droit à une marque non enregistrée peut faire opposition à l'enregistrement.

La protection est accordée pour une durée indéterminée.

Taxe :
Taxe d'enregistrement : liv. st. 3. 3. —

EXAMEN. — OPPOSITIONS. — Le *Registrar* publie le dépôt de la marque. Il peut être fait opposition à l'enregistrement pour les raisons suivantes : 1° qu'une marque semblable est déjà enregistrée ; 2° que la

---

(1) Voir *Bull. Officiel de la Propriété Industrielle* (année 1899, n° 829).
(2) Voir *Bull. Officiel de la Propriété Industrielle* (année 1899, n° 829).

marque déposée appartient à une autre personne ; 3° qu'elle ressemble à une autre marque au point de se confondre avec elle. Le *Registrar* prononce sur l'opposition.

PIÈCES ET OBJETS A DÉPOSER. — La demande d'enregistrement doit être adressée au *Registrar General* de la Colonie, à Sidney, et indiquer :

1° Le nom et l'adresse du déposant ;

2° Les produits auxquels la marque est destinée.

On doit y joindre :

1° Deux représentations de la marque ;

2° La taxe de liv. st. 3.3. —

DISPOSITIONS RELATIVES AUX MARQUES ÉTRANGÈRES. — L'enregistrement des marques étrangères ne fait l'objet d'aucune disposition spéciale.

NOUVELLE-ZÉLANDE (Colonie Britannique Unioniste)

LOI du 2 septembre 1889. — RÈGLEMENTS des 4 novembre 1889 et 12 janvier 1891.

SIGNES ADMIS OU EXCLUS COMME MARQUES. — Comme pour la Grande-Bretagne.

DROIT A LA MARQUE. — EXAMEN. — OPPOSITIONS. — EFFET DU DÉPOT OU DE L'ENREGISTREMENT. — DURÉE. — TAXES. — Comme pour la Fédération Australienne.

PIÈCES ET OBJETS A DÉPOSER. — La demande doit être adressée au *Registrar of Patents, Designs and Trade-Marks*, à Wellington.

Pour le surplus, comme pour la Fédération Australienne, sauf que l'on doit déposer :

1° Quatre représentations de chaque marque ;

2° Un cliché de chaque marque, si cela est requis.

DISPOSITIONS RELATIVES AUX MARQUES ÉTRANGÈRES. — Toute personne ayant déposé une marque en Angleterre ou dans un État étranger ayant adhéré à la Convention du 20 mars 1883 jouit d'un délai de priorité de six mois pour effectuer valablement le dépôt de la même marque en Nouvelle-Zélande.

PANAMA (RÉPUBLIQUE DE)

LOI du 9 novembre 1908 (¹).

SIGNES ADMIS OU EXCLUS COMME MARQUES. — Est considéré comme *marque de fabrique* tout mot, phrase, dessin ou combinaison de ces trois éléments, employé dans le but de distinguer ou de caractériser des produits spécialement destinés à l'industrie ou au commerce. Une *marque de commerce* est un mot, une phrase, un dessin ou une combinaison de ces trois éléments, apposé comme signe distinctif sur les produits destinés à une maison ou à un individu.

Aucune marque de fabrique ou de commerce ayant un but illicite ne peut être concédée.

Sont prohibées :

1° Les marques de fabrique ou de commerce contenant des dessins, gravures ou vignettes contraires à la morale ;

2° Les marques, identiques ou similaires, en substance, à d'autres marques déjà enregistrées, quand elles sont destinées aux mêmes matières ou aux mêmes produits que ces dernières.

DURÉE. — TAXES. — La taxe due pour l'enregistrement d'une marque est de 25 *balboas* (²). La propriété d'une marque de fabrique ou de commerce est acquise pour le terme de dix ans ; mais elle peut être renouvelée indéfiniment pour des périodes de même durée, à condition

---

(1) Voir Bull. *Officiel de la Propriété Industrielle* (année 1910, n° 1357).
(2) Le *balboa* équivaut au dollar américain.

qu'on en fasse la demande et que la taxe de renouvellement qui est de 20 *balboas*, soit dûment payée.

Quand il s'agit de produits du pays on ne paye que la moitié de cette somme.

FORMALITÉS DE LA DEMANDE. — La partie intéressée doit présenter au Département en personne ou par l'intermédiaire de son représentant légal, une requête indiquant d'une manière tout à fait claire ce qui constitue le signe distinctif de la marque, la matière ou les produits auxquels elle s'applique, et la localité où ils sont fabriqués.

La demande doit être rédigée sur papier timbré de première classe, elle doit être accompagnée d'un récépissé du Trésorier général de la République établissant le paiement de la taxe d'enregistrement, ainsi que de trois exemplaires de la marque ou de représentations de cette dernière obtenues par le dessin ou la gravure. Deux de ces copies doivent être munies d'un timbre de première classe et porter, au verso, la signature de la partie intéressée ainsi que la date de la demande.

EXAMEN. — OPPOSITIONS. — La demande est publiée deux fois dans la *Gazette Officielle* et si aucune opposition n'est formée dans les quatre-vingt-dix jours qui suivent la première publication, on procède à l'enregistrement.

Si trente jours après l'expiration du délai fixé pour la réception des oppositions, la partie intéressée n'a pas présenté le papier timbré et tous les documents nécessaires pour la délivrance du certificat, sa demande est considérée comme abandonnée.

DISPOSITIONS SPÉCIALES AUX MARQUES ÉTRANGÈRES. — Les pouvoirs établis à l'étranger doivent être légalisés par le Ministre ou le Consul de la République résidant dans la localité où le pouvoir est délivré ; et si le Panama n'a pas de représentant sur la place où réside le mandant, le pouvoir doit être légalisé par le Ministre ou le Consul d'une nation amie.

Aucune marque appartenant à un étranger ou à une Compagnie étrangère non établis dans la République, ne peut être enregistrée, si elle n'a d'abord été régulièrement enregistrée dans le pays d'origine. Cet enregistrement est prouvé au moyen d'une copie légalisée du certificat délivré à l'étranger, lequel doit être joint à la demande.

PARAGUAY

LOI du 25 juin 1889 (¹). — LOI du 5 juin 1905 (¹).

SIGNES ADMIS OU EXCLUS COMME MARQUES. — Sont considérés comme marques de fabrique et de commerce : les dénominations des objets ou les noms de personnes reproduits sous une forme particulière, les emblèmes, les monogrammes, les gravures ou estampes, les cachets, vignettes et reliefs, les lettres et chiffres avec dessin spécial, les récipients ou enveloppes des objets et tout autre signe employé pour distinguer les produits d'une fabrique ou les articles d'un commerce.

Ne sont pas considérés comme marques de fabrique ou de commerce :

1º Les lettres, mots, noms ou signes distinctifs employés dans le service de l'État ;

2º La forme donnée aux produits par le fabricant ;

3º La couleur des produits ;

4º Les termes ou locutions passés dans l'usage général ;

5º Les désignations habituellement employées pour indiquer la nature des produits ou la classe à laquelle ils appartiennent ;

6º Les dessins ou expressions contraires à la morale.

DROIT A LA MARQUE. — EFFET DU DÉPOT OU DE L'ENREGISTREMENT. — DURÉE. — TAXES. — La propriété absolue de la marque, ainsi que le droit de s'opposer à l'usage de toute autre marque qui peut établir directement ou indirectement une confusion entre les produits appartient à l'industriel ou commerçant qui, le premier, en a fait opérer l'enregistrement au Paraguay.

La protection est limitée au terme de dix ans qui peut être prolongé indéfiniment à la suite du renouvellement de l'enregistrement.

---

(1) La loi paraguayenne du 25 juin 1889 est la reproduction de l'ancienne loi argentine du 14 août 1876 qui a été publiée dans le *Bulletin Officiel de la Propriété Industrielle* (année 1899, n° 831).

(2) Voir *Bull. Officiel de la Propriété Industrielle* (année 1906, n° 1163).

La taxe à acquitter pour l'enregistrement et le certificat de la marque est de 40 piastres fortes (206 fr. 65).

FORMALITÉS DE LA DEMANDE. — PUBLICATION. — OPPOSITIONS. — Le dépôt des demandes d'enregistrement de marques doit être effectué à l'*Officina Recaudadora de Impuesto interno* (Bureau de perception des impôts internes).

La demande doit être accompagnée :

1º De deux exemplaires de la marque, ou du signe distinctif dont on veut faire usage ;

2º D'une description en *duplicata* de la marque ou du signe, s'il s'agit de figures ou d'emblèmes. On doit y indiquer la classe d'objets à laquelle est destinée la marque ou le signe, et s'ils seront appliqués aux produits d'une fabrique ou à des articles de commerce ;

3º D'un reçu constatant le paiement de la taxe ;

4º D'une procuration en due forme, dans le cas où l'intéressé ne se présente pas personnellement.

Les déposants doivent publier leurs dessins, à trois reprises, dans le délai de trente jours, dans l'un quelconque des journaux de la capitale, avant qu'il soit procédé à leur enregistrement.

Il peut être fait appel, dans le délai de dix jours, de toute décision du Bureau refusant d'accorder la propriété d'une marque.

PAYS-BAS (Pays Unioniste)

LOI du 30 septembre 1893[1]. — LOI du 30 décembre 1904[2].

Pour les colonies des Indes Néerlandaises, de Curaçao et de Surinam, voir aux articles spéciaux.

---

(1) Voir *Bull. Officiel de la Prop. iété Industrielle* (année 1895, n° 519).
(2) Voir *Bull. Officiel de la Prop. iété Industrielle* (année 1905, n° 1100).

SIGNES ADMIS OU EXCLUS COMME MARQUES. — Une marque ne peut contenir de mots ou de représentations contraires à l'ordre public ou aux bonnes mœurs, ni les armoiries, même légèrement modifiées, du royaume, d'une province, d'une commune ou d'une autre corporation publique.

DROIT A LA MARQUE. — EFFET DU DÉPOT OU DE L'ENREGISTREMENT. — DURÉE. — TAXES. — Le droit à l'usage exclusif de la marque appartient au premier qui, aux Pays-Bas ou dans les Colonies Néerlandaises, l'a employée pour le même genre de produits, mais cela seulement pendant une durée ne dépassant pas trois ans depuis le dernier usage qui en a été fait. Le dépôt de la marque constitue une présomption de priorité d'usage.

Le dépôt de la marque n'est valable que pour les Pays-Bas et non pour ses Colonies.

Durée de la protection :

Vingt ans à partir de la date de l'enregistrement ou de son renouvellement.

Taxe de dépôt :

10 florins (¹).

EXAMEN. — OPPOSITIONS. — L'Administration examine si la marque concorde entièrement ou dans ses éléments essentiels avec une marque déjà enregistrée ou déposée en faveur d'un tiers, pour les mêmes produits. En cas de refus d'enregistrement, le déposant peut recourir au Tribunal d'arrondissement de La Haye.

Toute marque enregistrée fait l'objet, dans la *Nederlandsche Staatscourant*, d'une publication contenant la description de la marque avec le cliché correspondant, et indiquant les produits auxquels la marque est destinée ainsi que le domicile du déposant. Si elle concorde entièrement ou dans ses éléments essentiels avec une marque appartenant à une autre personne, celle-ci pourra demander au Tribunal d'arrondissement de la Haye, dans les six mois qui suivent la publication faite dans la *Staatscourant*, de déclarer la nullité de l'enregistrement.

---

(1) Le florin vaut 2 fr. 10.

PIÈCES ET OBJETS A DÉPOSER. — Le dépôt doit être effectué au *Bureau de la Propriété industrielle des Pays-Bas*, à la Haye, lequel doit recevoir :

1º Un cliché de la marque ayant une longueur et une largeur d'au moins 1 ‰ 5 et d'au plus 10 centimètres et une épaisseur de 2 ‰ 4 ;

2º Deux exemplaires signés d'une reproduction distincte de la marque ;

3º Deux exemplaires d'une description exacte de la marque, mentionnant en outre le genre de produits auxquels elle est destinée, le nom, ainsi que le domicile du déposant ;

4º La taxe de 10 florins ;

5º Une procuration, si le dépôt est fait par un mandataire.

Et s'il s'agit d'une personne non domiciliée aux Pays-Bas :

6º Une déclaration portant élection de domicile dans ce pays.

Si la description indique la couleur de la marque comme signe distinctif, le déposant doit mettre à la disposition du Bureau pour la Propriété industrielle le nombre fixé par ce dernier de reproductions en couleur de la marque.

DISPOSITIONS RELATIVES AUX MARQUES ÉTRANGÈRES. — Le déposant non domicilié aux Pays-Bas doit, lors du dépôt, faire élection de domicile dans ce royaume.

Les Pays-Bas ont conclu des traités en matière de marques avec les États suivants : Allemagne, Autriche-Hongrie, Belgique, Brésil, Danemark, États-Unis, Grèce, Japon, Russie et Suisse.

Ils font, en outre, partie de l'Union de 1883, et ont adhéré à l'Enregistrement international.

PÉROU

LOIS des 19 décembre 1892 (¹) et 31 décembre 1895 (²). — DÉCRETS des 9 juillet 1909 (³), 27 août 1909 (⁴) et 11 septembre 1909 (⁵).

SIGNES ADMIS OU EXCLUS COMME MARQUES. — Sont considérés comme marques les noms d'objets ou de personnes écrits sous une forme spéciale ; les emblèmes, monogrammes, gravures, dessins, sceaux, vignettes, reliefs, lettres et numéros d'une forme déterminée ; les contenants, couvertures ou enveloppes des marchandises, et, en général, tout signe employé pour distinguer les produits d'une fabrique ou les articles d'un commerce d'autres produits de la même espèce.

Ne peuvent être enregistrés comme marques :

1º Les lettres, noms ou marques employés par l'État ;

2º La forme ou la couleur du produit ;

3º Les termes ou locutions qui sont dans l'usage général ;

4º Les désignations usuelles des produits ;

5º Les dessins ou mentions d'un caractère immoral.

Les demandes d'enregistrement de marques contenant des noms, raisons sociales, portraits ou fac-similés de signatures autres que ceux des personnes qui demandent l'enregistrement, sont réservées jusqu'à ce que les intéressés aient produit une autorisation émanant des propriétaires de ces noms, etc., ou de leurs héritiers, et de laquelle résulte expressément qu'ils en autorisent l'usage.

Les noms géographiques, à eux seuls, ne peuvent être enregistrés. Les demandes d'enregistrement de marques contenant des noms de domaines ou de lieux appartenant au domaine privé sont également réservées jusqu'à ce que les intéressés aient produit une autorisation émanant des propriétaires, et de laquelle résulte qu'ils consentent à l'usage de ces noms.

---

(1) Voir *Bull. Officiel de la Propriété Industrielle* (année 1895, n° 583).
(2) Voir *Bull. Officiel de la Propriété Industrielle* (année 1896, n° 641).
(3) Voir *Bull. Officiel de la Propriété Industrielle* (année 1910, n° 1361).

Droit a la marque. — Effet du dépot ou de l'enregistrement. — Durée. — Taxes. — Quand deux demandes sont déposées
simultanément pour la même marque, la préférence est accordée à
celui qui établit qu'il a été le premier à faire usage de la marque ; si
la marque a été employée pendant le même temps par les deux déposants, ou s'il n'en a encore été fait aucun usage, la préférence appartient
à celui d'entre eux qui est d'origine péruvienne ; si les déposants sont
tous deux, soit des nationaux, soit des étrangers, elle appartient à
celui d'entre eux qui prouve avoir été le premier à établir son industrie
et s'il s'agit d'une industrie encore à créer, on invite les deux déposants
à modifier leurs marques.

Durée de la protection :

Dix ans, avec faculté de renouvellement.

Taxes, non compris le coût du papier timbré :

Pour l'enregistrement d'une marque ou d'un nom étranger, 20 soles
argent (100 francs) ;

Pour le certificat du premier enregistrement, 5 soles (25 francs) ;

Pour les marques indigènes, on ne paye que la moitié de ce tarif.

Examen. — Oppositions. — En cas de refus d'enregistrement,
l'intéressé peut demander au Gouvernement, dans les trente jours, la
revision de la décision y relative. Le Gouvernement décide après avoir
consulté le Procureur de la Cour suprême.

Pièces et Objets a déposer. — La demande doit être adressée au
Chef de la Section de l'Industrie du Ministère du *Fomento*, et indiquer
le genre d'objets auxquels la marque est destinée, et si celle-ci doit
caractériser les produits d'une fabrique ou les objets d'un commerce.

On doit y joindre :

1° Deux exemplaires de la marque ;

2° Une description de la marque, quand celle-ci consiste en une
figure ou en un emblème ;

3° Le reçu de la Trésorerie générale constatant le paiement de la
taxe ;

4° Un pouvoir, si la marque est déposée par un mandataire.

DISPOSITIONS RELATIVES AUX MARQUES ÉTRANGÈRES. — Les
Consuls de la République à l'étranger ([1]) sont autorisés à recevoir des
demandes d'enregistrement de marques de fabrique en se conformant
aux prescriptions suivantes :

a) Ils exigent des parties intéressées une demande rédigée en
langue espagnole, laquelle doit être accompagnée de quatre reproductions de la marque dont l'enregistrement est demandé, de deux
descriptions détaillées de cette marque rédigées dans la même langue,
et d'un cliché galvanoplastique présentant une surface de 24 centimètres carrés au maximum sur une hauteur de 24 millimètres, cliché
qui doit reproduire la marque d'une manière assez précise pour en
faire ressortir tous les détails ;

b) Ils doivent délivrer, à la réception de la demande, un reçu
constatant le jour et l'heure du dépôt de ce document ainsi que les
sommes perçues pour la taxe d'enregistrement, pour les frais de publication et pour le coût du papier timbré, et porter en compte 2.050 livres
péruviennes pour la première, 0,400 livres pour les seconds et
0,080 livres pour le dernier ;

c) Quand le propriétaire de la marque ne demande pas lui-même
l'enregistrement, le Consul exige de la personne qui présente la
demande un pouvoir régulier, également rédigé en espagnol, qu'il
joint à la demande ;

d) Quand la marque déposée contient un nom, une raison de
commerce, un portrait ou un fac-similé de signature d'une personne
autre que le propriétaire de la marque, le Consul exige la production
d'un document par lequel le propriétaire ou les héritiers du propriétaire
dudit nom, raison de commerce, portrait ou fac-similé de signature
en autorisent expressément l'usage, ce document, dûment traduit,
devant être joint à la demande d'enregistrement.

En cas de demandes tendant à un renouvellement d'enregistrement, les Consuls procèdent de la manière indiquée ci-dessus, comme
s'il s'agissait d'un enregistrement original.

La compétence des Consuls est strictement limitée aux marques
originaires du pays où l'enregistrement est demandé, ou aux marques
enregistrées dans ce pays. Les demandes d'enregistrement se rapportant à des marques originaires d'autres pays, ou n'ayant pas été
enregistrées dans le pays où le Consulat est situé, ne sont pas acceptées.

---

(1) Les Consulats, désignés par les décrets des 27 août et 10 septembre 1909, sont ceux de
Londres, Liverpool, Glasgow, Hambourg, Brême, Anvers, Paris, le Havre, Barcelone, Gênes
New-York et Buenos-Ayres.

A cet effet, avant d'accepter une demande d'enregistrement, les Consuls exigent des parties intéressées la présentation des certificats d'enregistrement correspondants.

Les plaintes relatives à la contrefaçon ou à l'imitation de marques enregistrées au Pérou qui sont communiquées aux Consuls sont reçues sans aucun frais, et transmises immédiatement au Département du *Fomento* avec la preuve de la contrefaçon ou de l'imitation et tous autres documents produits par les parties intéressées.

PHILIPPINES (Iles)

LOI du 6 mars 1903 (¹). — RÈGLEMENT du 31 août 1906 (²).

DÉFINITION DE LA MARQUE. — Une marque de fabrique est un nom, un emblème, un signe ou une devise, qu'une personne, une firme ou une corporation emploie pour désigner les marchandises de son commerce ou les objets de sa fabrication, afin de permettre au public de reconnaître ces marchandises et objets fabriqués et de les distinguer des marchandises et objets fabriqués d'autre provenance.

SIGNES EXCLUS DE LA PROTECTION. — Une désignation ou partie de désignation portant uniquement sur le nom, la qualité ou la description de la marchandise, ou sur le lieu géographique où elle a été produite ou dont elle tire son origine, ne peut constituer une marque de fabrique.

Les armoiries nationales, les écussons, blasons ou emblèmes des nations et pays étrangers ne sont pas admis comme marques de fabrique sans le consentement exprès des Gouvernements intéressés ; ne sont pas également admis le portrait d'une personne vivante, sans son consentement ou le portrait d'une personne décédée sans le consentement de ses héritiers ; toutefois les portraits de Chefs d'États ou

---

(1) Voir *Bull. Official de la Propriété Industrielle* (année 1903, nᵒˢ 1026 et 1027).
(2) Voir *Bull. Official de la Propriété Industrielle* (année 1911, nᵒ 1409).

d'hommes célèbres sont considérés comme exceptés de cette disposition.

DURÉE. — TAXE. — La marque est protégée pendant une durée de trente ans à partir de la date de l'enregistrement, sauf dans le cas où la marque se rapporte à des articles non fabriqués dans le pays et où elle est protégée par les lois d'un pays étranger pour une durée inférieure. L'enregistrement peut être renouvelé dans les six mois qui précèdent l'expiration du terme de trente ans et pour une même période.

La taxe due pour l'enregistrement d'une marque est de 25 dollars, monnaie des États-Unis.

FORMALITÉS DE LA DEMANDE. — L'intéressé doit faire enregistrer au Bureau des brevets, des droits d'auteur et des marques de fabrique un exposé contenant le nom, le domicile, la résidence et la nationalité du requérant ; la ou les classes générales de marchandises auxquelles la marque de fabrique revendiquée est destinée ; une description de la marque, avec fac-similé, et l'indication de la manière dont la marque est appliquée ou fixée aux produits ainsi que le laps de temps pendant lequel il en a été fait usage.

La demande d'enregistrement à laquelle sont annexés cinq exemplaires de la marque à enregistrer, dessinés, imprimés, lithographiés ou estampés en noir ou en couleurs, doit être accompagnée d'une déclaration écrite, certifiée vraie par la personne, le membre de la firme ou le fonctionnaire de la corporation qui la dépose, et signée en présence de deux témoins, laquelle doit être dressée devant un notaire public et porter que le déposant est à ce moment en droit, à l'exclusion de toute autre personne, firme ou corporation, de faire usage de la marque dont l'enregistrement est demandé, et cela soit sous une forme identique, soit sous toute autre forme suffisamment ressemblante pour pouvoir avoir été combinée en vue d'induire en erreur, et que la description et les fac-similés déposés à l'enregistrement représentent fidèlement la marque dont l'enregistrement est demandé.

La demande, la description et le certificat peuvent être rédigés soit en Anglais, soit en Espagnol.

Les dimensions du papier à employer pour ces pièces sont de 8 pouces en largeur et de 13 pouces en longueur.

PORTO-RICO (ILE DE)

SIGNES ADMIS OU EXCLUS COMME MARQUES. — DROIT A LA MARQUE. — EFFET DU DÉPOT OU DE L'ENREGISTREMENT. — DURÉE. — TAXES. — EXAMEN. — OPPOSITIONS. — PIÈCES ET OBJETS A DÉPOSER. — DISPOSITIONS RELATIVES AUX MARQUES ÉTRANGÈRES. — Comme pour Cuba.

PORTUGAL (Pays Unioniste)
AVEC LES AÇORES ET MADÈRE

LOI du 21 mai 1896 (¹). — RÈGLEMENT du 28 mars 1895 (²).

SIGNES ADMIS OU EXCLUS COMME MARQUES. — Peuvent être adoptés comme marques :

1º Les raisons commerciales et les firmes ;

2º Les noms complets ou abrégés des industriels ou commerçants, et les fac-similés de leurs signatures ;

3º Les dénominations de fantaisie ou spécifiques ;

4º Les emblèmes, sceaux, timbres, devises, cachets, empreintes, vignettes, figures, dessins et reliefs ;

5º Les lettres et chiffres combinés d'une manière distinctive ;

6º Le nom d'une propriété appartenant à l'industriel ou au commerçant. ·

Une marque ne peut être admise à l'enregistrement :

1º Quand elle est contraire aux bonnes mœurs ou à la religion ;

---

(1) Voir *Bull. Officiel de la Propriété Industrielle* (année 1897, n° 726).
(2) Voir *Bull. Officiel de la Propriété Industrielle* (année 1895, n° 616).

2º Quand elle contient le portrait de chefs d'États, de membres de maisons régnantes, des écussons, des armoiries ou des décorations, à moins d'autorisation spéciale ;

3º Quand elle contient des noms dont le déposant n'a pas le droit de faire usage ;

4º Quand elle contient la représentation de décorations accordées par le Gouvernement portugais ;

5º Quand elle renferme des dessins de médailles ou se réfère à des diplômes auxquels le déposant n'a pas droit ;

6º Quand elle contient de fausses indications de provenance.

L'usage de l'emblème de la Croix-Rouge est interdit sauf autorisation préalable de ladite Société.

DROIT A LA MARQUE. — EFFET DU DÉPOT OU DE L'ENREGISTREMENT. — DURÉE. — TAXES. — L'enregistrement seul confère une propriété exclusive sur la marque.

Durée de la protection :

Dix ans, avec faculté de renouvellement. ·

Taxes :

Taxe de dépôt : 2.500 reis (14 francs).

Taxe de renouvellement : 2.000 reis (11 fr. 20).

EXAMEN. — OPPOSITIONS. — L'administration examine si le dépôt a été régulièrement effectué, si la marque est constituée de la manière prévue par la loi, et si elle risque de se confondre avec une autre marque. En cas de refus, le déposant peut recourir au Tribunal de Commerce de Lisbonne dans le délai de trois mois.

Après constatation du fait que la demande peut être accueillie, un avis y relatif est publié dans le *Diario do Governo* et le *Boletim da Propriedade Industrial* ; le dessin de la marque peut également être publié dans le *Boletim*, si le déposant fournit le cliché nécessaire. La date de la publication de cet avis marque le point de départ d'une période de trois mois pour les réclamations de quiconque s'envisagerait lésé par l'enregistrement. Sont admis à former une telle réclamation les propriétaires de marques enregistrées et ceux de marques non enregistrées qui n'en ont pas fait usage pendant plus de six mois, sauf le cas où ces derniers auraient déposé la marque dans le cours de cette période. Quand les réclamations présentées sont prises en considération, l'enregistrement est refusé sauf recours au Tribunal de Commerce de Lisbonne dans le délai de trois mois.

PIÈCES ET OBJETS A DÉPOSER. — La demande d'enregistrement doit être adressée à la Direction de l'Industrie, Ministère des Travaux publics, à Lisbonne. Elle doit être rédigée en portugais d'après un modèle officiel, ou en français dans des termes équivalents ; indiquer la classe ou les produits auxquels la marque est destinée, et contenir une description succincte, mais précise, de cette dernière, ou s'en référer au dessin, si l'intéressé fournit le cliché typographique de la marque.

La signature de la demande doit être certifiée par un notaire de Lisbonne, ou par l'agent portugais, si le requérant envoie sa demande de l'étranger.

On doit joindre à la demande :

1° Trois exemplaires de la marque ordinaire ; trois exemplaires de dimensions réduites, quand la marque dépasse dans un sens quelconque un carré de 15 centimètres de côté, à moins qu'elle ne puisse facilement se plier et se réduire à cet espace, et six exemplaires en plus, pour remplacer ceux figurant dans les collections qui viendraient à être endommagés. Quand les copies ne sont pas exécutées en grandeur naturelle, on doit indiquer l'échelle ou les dimensions réelles de la marque ;

2° Un pouvoir en faveur du mandataire, quand la marque n'est pas déposée par son propriétaire ;

3° Quand la marque contient un nom autre que celui du déposant, ou les noms et les portraits d'hommes d'Etat ou de membres des familles régnantes, des armoiries et des écussons, ou des dessins ou mentions représentant des récompenses honorifiques : un document établissant le droit du requérant de faire usage de l'élément dont il s'agit ;

4° Un cliché de la marque (ce dépôt n'est pas obligatoire) ;

5° La taxe de 2.500 reis.

Tous les documents susmentionnés peuvent être rédigés en langue française, à la condition que l'intéressé envoie en même temps 500 reis (2 fr. 80) par page pour frais de traduction.

La demande d'enregistrement peut être présentée directement par l'intéressé ou son mandataire, ou envoyée par lettre recommandée, en même temps qu'un mandat postal du montant de la taxe à acquitter, plus 500 reis pour frais de correspondance.

DISPOSITIONS RELATIVES AUX MARQUES ÉTRANGÈRES. — Les marques des *étrangers* résidant hors de Portugal (celles des Portugais sont protégées comme les marques nationales) sont enregistrées dans les mêmes conditions que celles des nationaux, si les conventions diplomatiques ou la législation du pays étranger établit la réciprocité en faveur des sujets portugais.

Le Portugal a conclu des traités en matière de marques avec les États suivants : Belgique, Brésil, Grande-Bretagne, Japon et Russie.

Il fait, en outre, partie de l'Union de 1883, et a adhéré à l'Enregistrement international.

QUEENSLAND (Colonie Britannique Unioniste)

LOIS des 13 octobre 1884 et 5 novembre 1890. — RÈGLEMENT du 7 mai 1896.

SIGNES ADMIS OU EXCLUS COMME MARQUES. — Comme pour la Grande-Bretagne.

DROIT A LA MARQUE. — EFFET DU DÉPOT OU DE L'ENREGISTREMENT. — DURÉE. — TAXES. — Comme pour la Fédération Australienne, sauf que la taxe d'enregistrement est de 2. liv. —. —.

EXAMEN. — OPPOSITIONS. — Comme pour la Fédération Australienne, avec les différences suivantes :

1º En cas de refus, le déposant peut recourir au *Law Officer* ;

2º En cas d'opposition, le *Registrar* décide en première instance, sauf recours au Secrétaire colonial.

Dans les deux cas, le *Law Officer* et le Secrétaire colonial peuvent renvoyer le recours à l'autorité judiciaire.

PIÈCES ET OBJETS A DÉPOSER. — La demande doit être adressée au *Registrar of Patents, Designs and Trade-Marks*, à Brisbane.

Le reste comme pour la Fédération Australienne, sauf que, si une marque a été employée antérieurement au 13 octobre 1884 pour les mêmes produits, ce fait doit être indiqué dans la demande, ainsi que la durée de cet emploi et la personne qui en a fait usage.

DISPOSITIONS RELATIVES AUX MARQUES ÉTRANGÈRES. — Comme pour la Fédération Australienne.

Le Queensland fait partie de l'Union de 1883.

ROUMANIE

LOI du 15/27 avril 1897 (¹). — RÈGLEMENT du 30 mai-11 juin 1879 (²).

SIGNES ADMIS OU EXCLUS COMME MARQUES. — Sont considérés comme marques les divers signes servant à distinguer les produits d'un industriel, par exemple : le nom sous une forme spéciale, les dénominations, empreintes, timbres, cachets, vignettes, chiffres, enveloppes, etc.

Ne sont pas considérés comme marques les lettres ou les monogrammes, les armes de l'État ou d'une commune, que l'on a l'habitude de mettre sur les produits.

Les insignes de la Société *La Croix-Rouge* employées dans le commerce sans une autorisation préalable de la part de la Société *La Croix-Rouge* sont interdits (³).

DROIT A LA MARQUE. — EFFET DU DÉPOT ET DE L'ENREGISTREMENT. — DURÉE. — TAXES. — La marque adoptée par une personne ne peut être adoptée par une autre pour distinguer des produits de même nature. La jurisprudence a nettement établi que le dépôt est seulement déclaratif, non attributif de propriété.

---

(1) Voir *Bull. Officiel de la Propriété Industrielle* (année 1893, n° 745).
(2) Voir *Bull. Officiel de la Propriété Industrielle* (année 1893, n° 746).
(3) Loi du 25 février 1895, *Bull. Officiel de la Propriété Industrielle* (année 1895, n° 591).

Durée de la protection :

Quinze ans, avec faculté de renouvellement.

Taxe de dépôt :

20 francs, valeur du papier timbré de la demande d'enregistrement.

EXAMEN. — OPPOSITION. — La loi ne prévoit ni examen administratif de la marque, ni opposition au dépôt de la part des tiers.

PIÈCES ET OBJETS A DÉPOSER. — Le dépôt doit être effectué au
Greffe du Tribunal de Commerce, ou, à défaut d'un Tribunal de
Commerce, au Greffe du Tribunal Civil de la localité où le déposant a
son domicile.

Le reste comme pour la France, sauf les exceptions suivantes :

1º Le déposant n'a à fournir que deux exemplaires du modèle de
la marque ;

2º Il n'a pas à déposer de cliché ;

3º Les marques étrangères doivent être déposées au Greffe du
Tribunal de Commerce d'Ilfov, à Bucarest.

DISPOSITIONS RELATIVES AUX MARQUES ÉTRANGÈRES. — Les
étrangers et les Roumains dont les établissements sont situés hors de
Roumanie sont admis à déposer leurs marques, si dans leur pays des
traités internationaux assurent la réciprocité aux marques roumaines.

La Roumanie a conclu des traités en matière de marques avec les
États suivants : Allemagne, Autriche-Hongrie, Belgique, France et
Suisse.

RUSSIE

AVIS du Conseil d'État du 26 février/9 mars 1896 [1].

SIGNES ADMIS OU EXCLUS COMME MARQUES. — Sont reconnus
comme marques tous signes apposés sur les marchandises ou sur les
emballages ou récipients qui les renferment, pour distinguer ces
marchandises de celles d'autres industriels et commerçants, par
exemple : les poinçons, marques, plombs, capsules, signes (brodés et

---

[1] Voir Bull. Officiel de la Propriété Industrielle (année 1896, nº 644).

tissé), étiquettes, vignettes, devises, écriteaux, couvertures, dessins représentant des genres originaux d'emballages, etc.

Les marques déposées doivent contenir (en langue russe) :

1º Les prénoms du propriétaire de l'établissement (ou au moins ses initiales), ainsi que son nom ou sa raison commerciale ;

2º L'adresse de l'établissement.

Les mentions étrangères ne sont admises qu'à titre complémentaire.

Le Ministre des Finances est autorisé à admettre des exceptions en ce qui concerne les marchandises pour lesquelles l'observation de cette règle présenterait des difficultés.

Il est interdit d'apposer des marques :

1º Qui portent des inscriptions et des dessins contraires à l'ordre public, aux bonnes mœurs et à la bienséance ;

2º Qui portent des inscriptions et des dessins, évidemment faux ou ayant pour but d'induire le public en erreur ;

3º Qui représentent des distinctions honorifiques conférées au déposant pour être portées personnellement, de même que toutes autres récompenses ou distinctions, si l'année de leur concession n'est pas clairement indiquée ;

4º Qui comportent l'emblème de la Croix-Rouge.

Sont, en outre, exclues de l'enregistrement, les marques :

5º Qui ne diffèrent pas suffisamment de celles dont l'usage exclusif a déjà été concédé (par l'enregistrement) à d'autres personnes pour des marchandises analogues ;

6º Qui sont dans l'usage général pour marquer certaines catégories de marchandises ;

7º Qui sont uniquement composées de chiffres, de mots et de lettres séparés ne constituant pas, par leur forme ou leur combinaison, un signe distinctif.

DROIT A LA MARQUE. — EFFET DU DÉPOT ET DE L'ENREGISTREMENT. — DURÉE. — TAXES. — La marque appartient au premier déposant. Toute personne peut cependant contester par la voie judiciaire le droit de ce dernier, pendant les trois ans qui suivent la publication relative à la délivrance du certificat d'enregistrement.

Durée de la protection :

Un à dix ans, avec faculté de renouvellement.

Taxes :

3 roubles (¹) pour la première année, avec augmentation d'un rouble pour chacune des années suivantes.

Une taxe de timbre simple (80 copecks par feuille) est perçue sur les demandes d'enregistrement, les certificats d'enregistrement et les demandes de renouvellement.

EXAMEN. — OPPOSITIONS. — La marque est examinée par l'Administration, qui en refuse l'enregistrement, avec indication des motifs de refus, si elle ne satisfait pas aux dispositions de la loi.

PIÈCES ET OBJETS A DÉPOSER — La demande d'enregistrement sur papier timbré doit être adressée au Département du Commerce et des Manufactures à Saint-Pétersbourg.

Elle doit indiquer le genre de marchandises auquel est destinée la marque, et être accompagnée des pièces et objets suivants :

1° Trois représentations de la marque, exécutées à l'encre de Chine ou toute autre couleur durable ;

2° Une description de la marque ;

3° La taxe de 3 roubles.

Après l'avis de l'Administration informant le déposant du résultat favorable de l'examen :

4° Cent exemplaires de la marque, imprimés au moyen de couleurs durables.

DISPOSITIONS RELATIVES AUX MARQUES ÉTRANGÈRES. — La question de savoir si l'industriel ou commerçant étranger établi en Russie a le droit de déposer sa marque, doit être résolue dans le sens affirmatif, quoique la loi ne contienne pas de dispositions précises à ce sujet.

La protection des marques d'établissements situés à l'étranger est réglée par les traités internationaux.

La Russie a conclu de ces traités avec les États suivants : Allemagne, Autriche-Hongrie, Belgique, Bulgarie, Danemark, Espagne, États-Unis, France, Grande-Bretagne, Italie, Japon, Pays-Bas, Portugal, Serbie et Suisse.

Les négociants et industriels français qui désirent effectuer le dépôt d'une marque en Russie, doivent se faire délivrer par l'*Office national*

---

(1) Le rouble vaut 2 fr. 66.

de la Propriété industrielle, au Conservatoire National des Arts et Métiers, 292, rue Saint-Martin, à Paris, un certificat spécial constatant que le dépôt de leur marque a été régulièrement effectué en France.

Ce certificat est délivré moyennant le versement préalable d'une taxe de 4 francs dont le montant doit être adressé en un mandat ou bon de poste à l'*Office* par tout intéressé qui en fait la demande en joignant à sa requête un exemplaire de la marque déposée.

Le certificat délivré par l'*Office* doit être ensuite légalisé successivement au Bureau du Secrétariat du Ministère du Commerce, 101, rue de Grenelle, au Ministère des Affaires étrangères, et au Consulat général de Russie, à Paris. Il est perçu, pour la légalisation au Consulat général, un droit de 8 francs environ.

SALVADOR

LOI du 15 juin 1910.

Signes exclus de la protection. — Ne peuvent être enregistrés comme marques :

1º Les lettres, mots, noms, écussons, emblèmes ou signes distinctifs dont se servent la Nation ou les municipalités ou bien les États ou villes étrangers, soit pour eux-mêmes, soit pour leurs employés ou institutions ;

2º La forme ou la couleur du produit ;

3º Les dénominations génériques usitées pour désigner un produit ou qui ne comportent pas un caractère de nouveauté en rapport avec le produit avec lequel elles sont employées, en quelque idiome que ce soit ;

4º Les désignations dont on se sert généralement en espagnol ou dans tout autre idiome, pour indiquer la nature de l'article, sa classe ou sa qualité ;

5º Les expressions ou dessins immoraux ;

6º Le nom d'une personne naturelle ou juridique, s'il n'est pas présenté sous une forme particulière et distinctive ;

7º Une marque déjà enregistrée ou dont il est fait usage par un autre, ou semblable à celle-ci, si elle est destinée à des articles de même nature ;

8º Le nom ou le portrait d'une personne, sans son consentement. Si la personne est décédée, on peut se servir de son portrait, pourvu que ses héritiers n'y fassent pas opposition ;

9° Un nom géographique, quand il constitue la partie essentielle de la marque. On ne peut en faire usage que pour indiquer la provenance de l'article. Peuvent être enregistrés les noms de localités de domaines privés, mais seulement par leurs propriétaires ou avec leur autorisation ; •

10° Les signes distinctifs de la Croix-Rouge ; toutefois les personnes ou sociétés commerciales qui en ont fait usage avant le 15 juin 1910 ne peuvent être poursuivies ni obligées à les modifier d'une façon quelconque, ce sans préjudice des règlements qui pourraient être établis sur la demande de la Société de la Croix-Rouge.

DROIT A LA MARQUE. — EFFET DU DÉPOT OU DE L'ENREGISTREMENT. — DURÉE. — TAXES. — Celui qui, le premier, a légalement fait usage d'une marque est le seul qui puisse prétendre à en acquérir la propriété. En cas de contestation entre deux propriétaires de la même marque, la propriété doit appartenir au premier possesseur ou, si la possession ne peut se prouver, au premier déposant.

La propriété exclusive d'une marque de fabrique ne peut être exercée qu'en vertu de l'enregistrement de cette dernière.

L'enregistrement d'une marque n'a de valeur que pour vingt ans ; à l'expiration de cette période, elle est considérée comme abandonnée, si on n'en a pas obtenu le renouvellement en temps utile. Chaque renouvellement est effectué pour une durée de vingt ans.

Tout enregistrement peut être renouvelé avant qu'il soit devenu caduc et après le paiement des droits fixés par la loi.

Les droits d'enregistrement sont de 5 pesos ([1]) par marque.

Les frais de publication de la marque ou de la demande dans le *Journal Officiel*, ne dépassant pas 5 pesos, sont également à la charge du déposant.

PIÈCES ET OBJETS A DÉPOSER. — Celui qui désire obtenir l'enregistrement d'une marque doit en faire la demande à l'Office des brevets d'invention.

La requête doit être accompagnée :

1° D'un pouvoir, si on se fait représenter par un mandataire ;

2° De 20 exemplaires de la marque ;

([1]) Le peso ou piastre vaut environ 5 francs.

3º D'un cliché de la marque. La largeur de ce cliché ne peut être inférieure à 15 millimètres ni excéder 100 millimètres et sa hauteur doit être de 20 à 30 millimètres. Quand une marque est constituée par diverses parties séparées, on dépose un cliché pour chacune d'elles ;

4º D'un récépissé de la Trésorerie constatant le versement de la taxe ;

5º Du consentement par écrit des intéressés, dans le cas où la marque comporte le nom ou le portrait d'une personne vivante ou le nom de localité d'un domaine privé appartenant à une autre personne que le requérant. Ce consentement n'est pas nécessaire quand il s'agit d'une marque étrangère dûment enregistrée dans le pays d'origine.

La requête doit indiquer :

1º Le nom et le domicile du propriétaire de la marque ;

2º Une description détaillée de la marque, déterminant les réserves qu'il y a lieu de faire en ce qui concerne ses parties essentielles ;

3º Le produit ou les produits auxquels la marque est destinée ;

4º La nationalité de la marque ;

5º Le pays et la ville ou le lieu où s'élabore le produit ;

6º Le nom de la fabrique, s'il y a lieu.

EXAMEN. — OPPOSITIONS. — L'Office des brevets fait publier, par trois fois, dans le *Journal Officiel*, la demande de l'intéressé et, s'il ne se présente pas d'opposition dans les 90 jours suivants, il procède à l'enregistrement. En cas d'opposition, on renvoie les parties à débattre leurs droits devant les Tribunaux de droit commun compétents, lesquels décident par un jugement en faveur de qui l'enregistrement doit être effectué.

DÉCHÉANCE POUR CAUSE DE NON-EXPLOITATION. — La marque doit nécessairement être employée pour les produits auxquels elle est destinée. S'il n'en est pas fait usage dans le délai d'un an à compter du jour de l'enregistrement, ou si on cesse d'en faire usage pendant un an, elle est considérée comme abandonnée.

Si la marque est étrangère, l'importation de l'article en Salvador n'est pas nécessaire, et elle n'est pas considérée comme abandonnée si le déposant a satisfait, dans son propre pays, aux prescriptions précitées.

SERBIE (Pays Unioniste)

LOI du 30 mai/11 juin 1884 [1]. — RÈGLEMENT du 25 mai 1885 [2].

SIGNES ADMIS OU EXCLUS COMME MARQUES. — Est considéré comme marque tout signe servant à distinguer les produits d'une industrie ou les objets d'un commerce des produits ou objets similaires, en particulier les cachets, vignettes, reliefs, chiffres, inscriptions, figures spéciales, etc.

Sont exclues de la protection les marques :

1º Qui sont d'un usage général dans le commerce ;

2º Qui consistent en une seule lettre, en un soul chiffre ou en un seul mot ;

3º Qui reproduisent les armoiries de l'État ;

4º Qui ont un caractère immoral ou qui sont contraires à l'ordre public.

DROIT A LA MARQUE. — EFFET DU DÉPOT OU DE L'ENREGISTREMENT. — DURÉE. — TAXES. — La marque appartient au premier déposant.

Durée de la protection :

Dix ans, avec faculté de renouvellement.

Taxe de dépôt :

20 dinars (francs), en timbres qui doivent être apposés sur la demande.

EXAMEN. — OPPOSITIONS. — La loi ne prévoit ni examen administratif de la marque, ni opposition au dépôt de la part des tiers.

---

[1] Voir Bull. Officiel de la Propriété Industrielle (année 1900, n° 857).
[2] Voir Bull. Officiel de la Propriété Industrielle (année 1889, n° 271).

Pièces et Objets a déposer. — Le dépôt doit être fait au Tribunal départemental de la localité où est établi le déposant. Si celui-ci est établi à Belgrade ou à l'étranger, il doit se faire au Tribunal de Commerce de Belgrade.

Le déposant doit fournir :

1° Trois exemplaires de la marque ;

2° Une liste des marchandises auxquelles la marque est destinée ;

3° Si la marque est destinée à des objets de métal, de terre, de verre, etc., des échantillons de ces objets munis de la marque ;

4° Une procuration légalisée, si le dépôt est effectué par un mandataire.

Les marques et échantillons doivent être déposés dans la dimension qu'ils ont dans le commerce.

Dispositions relatives aux marques étrangères. — La loi prévoit l'enregistrement des marques étrangères, sans subordonner la protection de ces dernières à des conditions spéciales.

Des traités conclus avec l'Allemagne et l'Autriche-Hongrie dérogent aux dispositions contenues dans la loi nationale, spécialement par l'établissement d'un délai de priorité pour le dépôt des marques.

La Serbie a conclu des traités en matière de marques avec les États suivants : Allemagne, Autriche-Hongrie, Bulgarie, États-Unis, France, Grande-Bretagne, Monténégro et Russie.

Elle fait, en outre, partie de l'Union de 1883.

SUÈDE (Pays Unioniste)

LOIS des 5 juillet 1884 (¹) et 5 mars 1897 (³). — DÉCRETS des 31 décembre et 25 juin 1897 (³). — LOI du 16 juin 1905 (³).

SIGNES ADMIS OU EXCLUS COMME MARQUES. — Ne peuvent être enregistrées :

1º Les marques qui ne sont composées que de chiffres, de lettres ou de mots ne se distinguant pas par une forme suffisamment particulière pour qu'il y ait lieu de considérer la marque comme une marque figurative. L'enregistrement ne pourra cependant pas être refusé, si la marque se compose de mots pouvant être considérés comme une désignation spécialement créée pour certaines marchandises indiquées dans la demande, et si cette dénomination n'a pas pour but de désigner l'origine, la nature, l'affectation, la quantité ou le prix de la marchandise ;

2º Celles qui contiennent indûment un nom autre que celui du déposant ou le nom d'un immeuble appartenant à un tiers ;

3º Celles qui contiennent des armes ou des timbres publics, ou des reproductions de nature scandaleuse ;

4º Celles identiques à des marques déjà enregistrées ou régulièrement déposées en faveur d'un tiers, et celles qui ressemblent à d'autres marques de manière à pouvoir facilement se confondre avec elles, sauf si la ressemblance porte sur des signes généralement en usage dans certaines industries.

DROIT A LA MARQUE. — EFFET DU DÉPOT ET DE L'ENREGISTREMENT. — DURÉE. — TAXES. — Le droit à l'usage exclusif de la marque appartient au premier déposant.

Durée de la protection :

10 ans à partir de la date de l'enregistrement ou du renouvellement.

---

(1) Voir L... Officiel de la Propriété industrielle (année 1899, n° 781).
(2) Voir Bull. Officiel de la Propriété industrielle (année 1903, n° 1031).
(3) Voir Bull. Officiel de la Propriété industrielle (année 1907, n° 1211).

Taxe de dépôt :
40 couronnes (56 francs).
Taxe de renouvellement :
10 couronnes (14 francs).

EXAMEN. — OPPOSITIONS. — L'Administration examine si la marque répond aux conditions exigées par la loi. Si tel n'est pas le cas, le dépôt est refusé, sauf recours auprès du roi dans les soixante jours à partir de la date du refus.

PIÈCES ET OBJETS A DÉPOSER. — La demande doit être adressée au *Kungl. Patent-och Registreringsverket*, à Stockholm, et contenir les indications suivantes :

1° Le nom entier et en toutes lettres du déposant ou sa raison commerciale, ainsi que sa profession et son adresse postale ;

2° La description de la marque réduite aux points qui sont absolument indispensables pour la caractériser ;

3° Si le déposant ne revendique un droit sur la marque que pour certaines marchandises, l'indication de ces dernières ;

4° S'il revendique, comme marque ou partie de marque, une dénomination spécialement créée pour certaines espèces de marchandises, l'indication de ces dernières ;

5° Si le déposant est un étranger, l'indication d'un mandataire domicilié en Suède, qui sera chargé de le représenter dans toutes les affaires relatives à la marque ;

6° Le bordereau des annexes jointes à la demande ;

7° La signature du déposant.

On doit y joindre :

1° Trois exemplaires d'une empreinte de la marque, sur papier fort, ayant au maximum 10 centimètres de haut sur 15 centimètres de large ;

2° Deux clichés de la marque ayant les mêmes dimensions que les exemplaires déposés ;

3° La taxe de 40 couronnes.

Et s'il s'agit de marques étrangères :

4° Un extrait du registre des marques, certifié par l'autorité compétente, et portant que la marque a été admise au dépôt dans le pays d'origine ;

5° Une déclaration du déposant autorisant une personne habitant la Suède à agir en son nom dans toutes les affaires concernant la marque.

DISPOSITIONS RELATIVES AUX MARQUES ÉTRANGÈRES. — Le roi peut, sous condition de réciprocité, décréter que les personnes exploitant une industrie ou un commerce à l'étranger sont admises à jouir de la protection accordée par la loi, moyennant le dépôt des documents indiqués sous les nos 4 et 5 ci-dessus. La marque étrangère n'est pas protégée à un degré plus étendu, ni pour un terme plus long que dans le pays d'origine.

La Suède a conclu des traités en matière de marques avec les États suivants : Allemagne, Autriche-Hongrie, Danemark, Espagne, France, Japon et Norvège.

Elle fait, en outre, partie de l'Union de 1883.

SUISSE (Pays Unioniste)

LOI du 26 septembre 1890 (¹). — RÈGLEMENT du 7 avril 1891 (²).

SIGNES ADMIS OU EXCLUS COMME MARQUES. — Sont considérés comme marques :

1º Les raisons de commerce ;

2º Les signes appliqués sur les marchandises ou sur leur emballage à l'effet de les distinguer ou d'en constater la provenance.

L'enregistrement d'une marque est refusé :

1º Lorsqu'il n'est pas satisfait aux conditions et formalités établies par la loi ;

2º Lorsque la marque comprend, comme élément essentiel, des armoiries publiques ou toute autre figure devant être considérée comme propriété publique, ou lorsqu'elle contient des indications contraires aux bonnes mœurs ;

3º Lorsque plusieurs personnes déposent concurremment la même marque, jusqu'au moment où l'une d'elles produit une renonciation dûment certifiée de ses concurrents ou un jugement passé en force de chose jugée ;

---

(1) Voir Bull. Officid de la Propriété Industrielle (année 1890, n° 357).
(2) Voir Bull. Officid de la Propriété Industrielle (année 1891, n° 393).

4° Lorsque la marque porte une indication de provenance évidemment fausse ou une raison de commerce fictive, imitée ou contrefaite, ou l'indication de distinctions honorifiques dont le déposant n'établit pas la légitimité (sur ce dernier point, la preuve de possession légitime n'est exigée des déposants étrangers qu'en ce qui concerne les distinctions honorifiques obtenues en Suisse).

DROIT A LA MARQUE. — EFFET DU DÉPOT OU DE L'ENREGISTREMENT. — DURÉE. — TAXES. — Le droit à la marque est acquis par la priorité d'usage ; mais jusqu'à preuve du contraire, il y a présomption que le premier déposant est le véritable ayant droit.

Durée de la protection :

Vingt ans, avec faculté de renouvellement.

Taxe de dépôt :

20 francs.

EXAMEN. — OPPOSITIONS. — L'Administration examine si la marque satisfait aux exigences de la loi. Si ce n'est pas le cas, elle refuse l'enregistrement, sauf recours au Département fédéral de Justice et de Police dans le délai de trois mois.

Si le Département maintient la décision, l'intéressé peut en appeler en dernière instance au Conseil fédéral, dans un nouveau délai de trois mois.

Si l'Administration constate qu'une marque n'est pas nouvelle dans ses éléments essentiels, elle en avise confidentiellement le déposant, qui peut maintenir, modifier ou abandonner sa demande.

PIÈCES ET OBJETS A DÉPOSER. — Le déposant doit adresser au Bureau fédéral de la Propriété intellectuelle, à Berne :

1° Deux exemplaires d'une demande d'enregistrement, rédigée sur un formulaire fourni par ledit Bureau ;

2° Deux exemplaires de la marque ou de sa reproduction exacte (empreinte du cliché prescrit sous 3°, collé sur une feuille de papier blanc de grand format), avec date et signature ;

3° Un cliché de la marque ayant au minimum 1,5 et au maximum 10 centimètres de côté, sur une épaisseur de 2,4 centimètres ;

4° La taxe d'enregistrement de 20 francs ;

5° S'il s'agit d'industriels ou de commerçants établis en Suisse : une déclaration délivrée par le Bureau du registre du commerce compétent et constatant l'inscription de l'intéressé dans le registre à une date récente, ou pour des personnes non soumises à l'inscription dans le registre, une pièce de date récente, délivrée par l'autorité compétente de leur domicile et attestant qu'elles ont dans la localité leur domicile régulier ;

6º S'il s'agit de personnes établies dans un État qui accorde la réciprocité de traitement : la preuve qu'elles ont leur établissement régulier dans ledit État, et que leurs marques y sont protégées ;

7º S'il s'agit d'associations d'industriels, de producteurs ou de commerçants, celles-ci doivent en outre fournir la preuve qu'elles jouissent de la capacité civile, lorsque cette preuve ne résulte pas des pièces déjà mentionnées sous 5º et 6º ;

8º S'il s'agit de marques appartenant à des administrations publiques d'États qui accordent la réciprocité de traitement, la preuve que leurs marques sont protégées dans l'État dont il s'agit ;

9º Une pièce établissant le droit du déposant sur les distinctions honorifiques renfermées dans la marque (voir page 215, § 1er) ;

10º Un pouvoir écrit autorisant le mandataire à signer la demande, quand le dépôt est effectué par un mandataire.

Les demandes d'enregistrement peuvent être rédigées en français, en allemand ou en italien. Les autres pièces qui s'y rapportent doivent être écrites dans la même langue, ou être accompagnées d'une traduction dans cette langue, officiellement attestée conforme.

DISPOSITIONS RELATIVES AUX MARQUES ÉTRANGÈRES. — Les personnes établies dans les États qui accordent la réciprocité de traitement sont admises à déposer leurs marques, pourvu qu'elles fournissent la preuve que celles-ci sont protégées au lieu de leur établissement.

La Suisse a conclu des traités en matière de marques avec les États suivants : Allemagne, Autriche-Hongrie, Belgique, États-Unis, Grande-Bretagne, Grèce, Japon, Pays-Bas, Roumanie et Russie.

Le traité conclu avec l'Allemagne déroge aux dispositions contenues dans la loi nationale, spécialement par l'établissement d'un délai de priorité pour le dépôt des marques.

La Suisse fait, en outre, partie de l'Union de 1883, et elle a adhéré à l'Enregistrement international.

SURINAM (Colonie Néerlandaise Unioniste)

ARRÊTÉ du 9 novembre 1893.

SIGNES ADMIS OU EXCLUS COMME MARQUES. — DROIT A LA MARQUE. — EFFET DU DÉPOT OU DE L'ENREGISTREMENT. — DURÉE. — TAXES. — EXAMEN. — OPPOSITIONS. — Comme pour les Pays-Bas.

PIÈCES ET OBJETS A DÉPOSER. — Comme pour les Pays-Bas, sauf que le dépôt du cliché n'est pas obligatoire.

DISPOSITIONS RELATIVES AUX MARQUES ÉTRANGÈRES. — Les personnes non domiciliées dans la Colonie doivent y faire élection de domicile.

Cette Colonie fait partie de l'Union de 1883, et a adhéré à l'Enregistrement international.

TRANSVAAL

RÈGLEMENT du 9 mai 1902.

FORMALITÉS ET DOCUMENTS. — Toutes les demandes d'enregistrement doivent être adressées au Bureau des brevets, service des marques de commerce, Palais de justice, Pretoria (*Patent Office Trade marks branche, Law Courts, Pretoria*).

Sauf toutes autres instructions qui peuvent être données par le registrateur, toutes les demandes, avis, contre-déclarations, représentations de marques, papiers sur lesquels sont fixés des représentations de marques ou tous autres documents requis par ladite proclamation ou par les présents règlements pour être laissés ou envoyés au registrateur, doivent être sur du papier ministre et doivent laisser en dehors sur le côté gauche une marge d'au moins un pouce et demi.

Toute demande pour l'enregistrement d'une marque de commerce doit contenir une représentation de la marque fixée au verso de la formule de demande.

Lorsque la représentation est plus large que le verso de la demande, la représentation doit être montée sur toile, toile à calquer, ou autre tissu, que le registrateur considérera approprié. Une partie doit être fixée au verso, et le reste peut être plié par-dessus. Doivent accompagner chaque demande d'enregistrement deux représentations additionnelles de chaque marque, correspondant exactement avec celle fixée au verso de la demande et marquées avec tous détails tels qu'ils pourront de temps en temps être requis par le registrateur. Lesdits détails doivent, s'il est requis, être signés par le requérant, ou son avoué ou l'agent de brevets. Toutes les représentations de marques doivent être d'un caractère durable ; les deux représentations additionnelles doivent être fixées sur des feuilles simples de papier ministre solide et annotées comme il a été dit.

Lorsqu'il n'est pas possible de donner un dessin ou une représentation ou un spécimen dans les conditions sus-indiquées, un spécimen de la marque de commerce pourra être envoyé soit en grandeur naturelle ou dans des proportions réduites, et cela dans telle forme que le registrateur estimera la plus favorable.

	£	s.	d.
TAXES. — 1º Demande pour l'enregistrement d'une marque de commerce ; pour un ou plusieurs articles compris dans une classe.	0	10	0
Pour un ou plusieurs articles compris dans une classe ; après la première.	0	5	0
2º Pour demandes simultanées d'enregistrer deux ou plus de deux marques de commerce au nom du même propriétaire :			
Pour la première marque.	0	10	0
Pour chaque nouvelle marque additionnelle. . . .	0	5	0
3º Enregistrement d'une marque pour un ou plusieurs articles compris dans une classe.	2	0	0
Pour un ou plusieurs articles d'une classe ; après la première.	1	0	0
4º Enregistrement de deux ou plus de deux marques demandées en même temps par le même propriétaire :			
Pour la première marque.	2	0	0

Pour chaque marque additionnelle.   1   0   0

5° Pour demande d'enregistrement d'un propriétaire
subséquent dans les cas de cession ou transmission :

La première marque.   1   0   0

6° Pour chaque marque additionnelle cédée ou transmise au même moment.   0   5   0

TUNISIE (Pays Unioniste)

LOI du 3 juin 1889 (¹). — DÉCRET du 22 octobre 1892 (²).

SIGNES ADMIS OU EXCLUS COMME MARQUES. — Comme pour la
France.

DROIT A LA MARQUE. — EFFETS DU DÉPOT OU DE L'ENREGISTRE-
MENT. — DURÉE. — TAXES. — Comme en France, le dépôt a un effet
purement déclaratif. Nul, cependant, ne peut revendiquer la propriété
exclusive de la marque, s'il n'en a effectué le dépôt.

Durée de la protection :

Quinze ans, avec faculté de renouvellement.

Taxes :

Il est perçu un droit fixe de 1 fr. 25 pour la rédaction du procès-
verbal de dépôt et pour le coût de l'expédition.

EXAMEN. — OPPOSITIONS. — La loi ne prévoit ni examen administratif de la marque, ni opposition au dépôt de la part des tiers.

PIÈCES ET OBJETS A DÉPOSER. — Comme pour la France.

---

(1) Voir *Bull. Officiel de la Propriété Industrielle* (année 1891, n° 373).
(2) Voir *Bull. Officiel de la Propriété Industrielle* (année 1891, n° 459).

DISPOSITIONS RELATIVES AUX MARQUES ÉTRANGÈRES. — Comme pour la France.

La Tunisie fait partie de l'Union de 1883, et elle a adhéré à l'Enregistrement international.

TURQUIE

RÈGLEMENT du 10 mai 1888 ([1]).

SIGNES ADMIS OU EXCLUS COMME MARQUES. — Sont considérés comme marques de fabrique tout nom, cachet, dessin, lettre, chiffre, enveloppe et tout autre signe figurant sur les produits en vue de faire connaître au public le nom de la fabrique, le lieu d'origine, les nom, prénoms et domicile du fabricant ou du commerçant.

On ne peut choisir comme marques des signes, caractères ou emblèmes contraires à l'ordre public, aux bonnes mœurs ou à la morale.

DROIT A LA MARQUE. — EFFET DU DÉPOT OU DE L'ENREGISTREMENT. — DURÉE. — TAXES. — Nul ne peut invoquer les dispositions de la loi, par une action en contrefaçon, s'il n'a effectué le dépôt régulier de sa marque.

Durée de la protection :

Quinze ans, avec faculté de renouvellement.

Taxe de dépôt :

2 1/2 à 5 livres turques (57 à 114 francs).

EXAMEN. — OPPOSITIONS. — La loi ne prévoit ni examen administratif de la marque, ni opposition au dépôt de la part des tiers.

PIÈCES ET OBJETS A DÉPOSER. — Le déposant doit remettre au Ministère du Commerce, à Constantinople, et au Conseil d'Adminis-

---

(1) Voir Bull. Officiel de la Propriété Industrielle (année 1898, n° 751).

tration, dans les *vilayets*, un exemplaire de la marque, quand elle consiste en un cachet ou en un poinçon. Si la marque consiste en un dessin ou en un emblème, il doit en remettre une copie exacte, en double exemplaire. On doit y joindre tous les documents nécessaires, signés par l'intéressé ou par son mandataire, ainsi que les procurations ou autres documents utiles pour être conservés dans les archives.

DISPOSITIONS RELATIVES AUX MARQUES ÉTRANGÈRES. — Les étrangers qui se livrent, en Turquie, à l'industrie et au commerce, sont admis à déposer leurs marques moyennant l'accomplissement des formalités prescrites. Le Ministère admet cependant toutes les marques au dépôt, sans rechercher si le déposant est domicilié ou non en Turquie.

URUGUAY

LOI du 17 juillet 1909. (¹) — DÉCRET du 20 novembre 1909 (²).

SIGNES ADMIS OU EXCLUS COMME MARQUES. — Peuvent être employés comme marques, les dénominations d'objets ou les noms de personnes, sous une forme spéciale, les emblèmes, les monogrammes, les gravures ou impressions, les timbres, les vignettes et reliefs, les franges, les lettres et numéros avec un dessin spécial formant une combinaison, les récipients et enveloppes des objets, et tout autre signe, par lesquels on veut distinguer les produits d'une fabrication, les objets d'un commerce ou les produits des industries agricole, extractive, forestière et pastorale.

Ne sont pas considérées comme marques :

1º Les lettres, noms, paroles, écussons ou distinctifs qu'emploient ou doivent employer les autorités de l'État ou les municipalités ;

2º La forme donnée aux produits, à moins qu'elle ne soit plus utile ou convenable qu'une autre pour le genre de commerce ou d'industrie auquel elle s'applique ;

---

(1) Voir *Bull. Officiel de la Propriété Industrielle* (année 1909, n° 1344).
(2) Voir *Bull Officiel de la Propriété Industrielle* (année 1910, n° 1366).

3° La couleur des produits et celle des récipients. On peut cependant employer comme marque les combinaisons de couleurs pour les récipients ;

4° Les dénominations techniques, commerciales ou communes, employées pour désigner les qualités ou les attributs des produits ;

5° Les termes ou locutions devenus d'un usage général et les signes qui ne sont pas de fantaisie, c'est-à-dire qui ne présentent pas un caractère nouveau ou spécial ;

6° Les désignations employées d'habitude pour désigner la nature des produits ou la catégorie, le genre et l'espèce auxquels ils appartiennent ;

7° Les dessins et expressions contraires à la morale ;

8° Les caricatures, portraits, dessins ou expressions tendant à mettre en ridicule des idées, des personnes ou des objets dignes de respect et de considération ;

9° Les portraits ou les noms de personnes vivantes, à moins d'obtenir leur consentement, et ceux des personnes décédées tant que l'on n'aura pas obtenu le consentement de leurs parents jusqu'au 4e degré de consanguinité et jusqu'au 2e degré d'affinité ;

10° Les lettres, paroles, noms, armes ou distinctifs qu'emploient ou doivent employer les États étrangers toutes les fois que leur usage commercial n'est pas autorisé par un certificat délivré par le Bureau correspondant de l'État intéressé ;

11° Les paroles similaires à un nom commercial ou à un autre nom connu par rapport à des produits déterminés ;

12° Les paroles, signes ou distinctifs qui feraient préjuger du dessein de faire une concurrence déloyale.

DROITS RÉSULTANT DE L'ENREGISTREMENT. — La propriété exclusive de la marque, ainsi que le droit de s'opposer à l'usage de toute autre pouvant produire directement ou indirectement une confusion entre des produits, appartient au commerçant ou industriel qui a rempli les formalités exigées par la loi.

La propriété exclusive de la marque est seulement acquise par rapport à l'objet pour lequel elle a été sollicitée.

L'emploi de la marque est facultatif. Il peut être cependant obligatoire quand des nécessités de convenance publique l'exigent.

Le registre des marques est attributif de propriété et nul ne peut faire valoir de droits exclusifs sur une marque sans produire le certificat correspondant délivré par le Ministre des Industries.

Malgré les dispositions qui précèdent, toute personne qui a en usage dans le pays une marque, sans l'avoir fait enregistrer ou dont l'enregistrement serait devenu caduc, peut s'opposer à l'enregistrement de la même marque que veut faire un tiers. Si le tiers en a déjà fait l'enregistrement et obtenu les garanties correspondantes, les intéressés peuvent demander au Pouvoir Exécutif l'annulation de l'inscription ou des inscriptions faites au préjudice de leurs droits antérieurs d'usage. En introduisant l'action d'annulation, elles devront joindre ou indiquer les preuves montrant leurs droits d'usage antérieurs à l'inscription indue faite par la tierce personne.

Le délai pour demander l'annulation est de deux ans à partir du jour de l'inscription dont l'annulation est demandée. Passé ce délai, on n'admet aucune réclamation contre l'inscription faite au Registre.

DURÉE DE LA PROTECTION. — TAXES. — La protection accordée par l'enregistrement d'une marque dure dix ans. Ce délai peut être prorogé d'une durée égale chaque fois que le délai est expiré ou près d'expirer.

Pour obtenir l'enregistrement d'une marque et les prorogations, on doit acquitter un droit de 10 pesos (¹).

Le commerçant ou fabricant qui laisse expirer le délai de dix ans sans demander le renouvellement de l'enregistrement, ne peut invoquer en sa faveur les bénéfices accordés par les dispositions de la loi.

Dans les deux années suivant le délai de dix ans établi au paragraphe premier, le renouvellement de l'enregistrement d'une marque peut être uniquement demandé par la personne au nom de laquelle la marque a été enregistrée ou par son représentant.

FORMALITÉS DE L'ENREGISTREMENT. — Toute personne désirant obtenir la propriété d'une marque de fabrique, de commerce, ou d'agriculture, doit s'adresser au Ministère des Industries, du Travail et de l'Instruction publique, en justifiant qu'elle exerce le commerce ou l'industrie. Il suffit, en tous cas, pour faire cette preuve, de produire la patente de commerce.

---

(1) Le peso vaut environ 5 fr. 36.

A la requête relative à l'obtention d'une marque doivent être joints en outre :

1º Trois exemplaires de la marque dont on veut faire usage ;

2º Une description en double de la marque, s'il s'agit de dessins ou d'emblèmes ; on doit indiquer la catégorie d'objets auxquels ils sont destinés et s'ils seront appliqués à des produits d'une fabrication de la terre, ou à des objets d'un commerce ;

3º Un reçu prouvant le versement à la Trésorerie générale du droit établi ;

4º Un pouvoir ou une procuration dûment légalisée si ces actes sont établis à l'étranger ;

5º L'autorisation des personnes dont les noms ou portraits constituent un des éléments de la marque.

SYSTÈME DE DÉLIVRANCE. — Les requêtes présentées sont constatées par un bref procès-verbal résumant leur contenu et portant la date et l'heure auxquelles elles ont été présentées. Ce procès-verbal est inscrit dans un registre dont les feuillets sont numérotés et paraphés par le Ministère compétent.

Le procès-verbal ayant été établi, on procède aux frais des intéressés, à la publication officielle d'un extrait de la requête, de la date de sa présentation, du nom de l'intéressé et de la gravure de la marque : on exige, à cet effet, des intéressés la remise du cliché correspondant.

La publication est faite au *Diario Oficial* pendant quinze jours consécutifs.

Si dans le délai de dix jours après la date de la dernière publication, il ne se présente personne pour s'opposer à la concession, et si l'on n'a pas délivré des marques analogues ou semblables, on enregistre la marque demandée et on délivre le certificat constatant sa propriété.

DISPOSITIONS SPÉCIALES AUX MARQUES ÉTRANGÈRES. — Pour l'enregistrement des marques étrangères, on exige la présentation du certificat d'inscription de la marque dans le pays d'origine.

Les documents délivrés par des autorités étrangères doivent être présentés avec la signature de l'autorité qui les a délivrés, légalisée par la Légation ou le Consulat de la République établis dans le pays où ils ont été délivrés et la signature du Ministre ou du Consul doit être légalisée par le Ministère des Affaires Étrangères.

VENEZUELA

LOI du 24 mai 1877 (¹). — RÈGLEMENT du 7 janvier 1898 (²).

SIGNES ADMIS OU EXCLUS COMME MARQUES. — Ne peut être enregistrée une marque qui n'est pas ou ne pourrait pas devenir une marque légitime ; ou qui consiste simplement dans le nom d'une personne, d'une société ou d'une corporation, sans accompagnement d'un signe distinctif suffisant pour le différencier d'autres noms semblables ; ou qui est identique à une autre marque déjà appliquée aux mêmes produits, et déjà enregistrée ou présentée à l'enregistrement ; ou qui présente une telle ressemblance avec une autre marque, qu'il s'ensuive une probabilité d'erreur de la part du public.

DROIT A LA MARQUE. — **EFFET DU DÉPOT OU DE L'ENREGISTREMENT.** — **DURÉE.** — **TAXES.** — L'enregistrement de la marque est attributif de propriété, sauf le cas où il aurait été obtenu frauduleusement.

Durée de la protection :

Trente ans, avec faculté de renouvellement ; les marques étrangères cessent, toutefois, de jouir de la protection légale dès qu'elles ne sont plus protégées dans leur pays d'origine.

La loi n'indique pas de taxe à payer.

EXAMEN. — **OPPOSITIONS.** — L'administration ne doit enregistrer une marque que si elle satisfait aux prescriptions légales. Aucun recours n'est prévu en cas de refus.

PIÈCES ET OBJETS A DÉPOSER. — La demande d'enregistrement doit être adressée au Ministre du *Fomento*. Elle doit indiquer :

1º Le nom de l'intéressé, sa résidence et le lieu de son établissement ;

2º La classe de marchandises auxquelles la marque est destinée, et l'énumération des articles sur lesquels elle est ou sera apposée ;

---

(1) Voir *Bull. Officiel de la Propriété Industrielle* (année 1900, n° 837).
(2) Voir *Bull. Officiel de la Propriété Industrielle* (année 1900, n° 838).

3º La description de la marque, avec des *fac-similés* indiquant la manière dont on désire l'appliquer ;

4º La durée pendant laquelle la marque a été en usage, le cas échéant.

On doit y joindre :

1º Une déclaration affirmant que le déposant a le droit de faire usage de la marque ; que celle-ci ne ressemble pas à une marque déjà enregistrée de manière à se confondre avec elle et à tromper le public ; et que la description et les *fac-similés* susmentionnés représentent exactement la marque qu'il s'agit de protéger.

S'il s'agit d'une marque étrangère :

2º Une copie authentique de l'enregistrement de la marque fait dans le pays étranger, et, si cet enregistrement n'indique pas la durée de la protection, une copie authentique de la loi du pays étranger. Dans l'un ou l'autre cas, le document devra être légalisé par le Consul du Venezuela résidant dans la localité d'où il sera expédié.

DISPOSITIONS RELATIVES AUX MARQUES ÉTRANGÈRES. — La protection légale est accordée à toute personne, société ou corporation résidant en un pays étranger, qui, par traité ou convention, accorde la réciprocité de traitement aux citoyens du Venezuela.

Les marques destinées à des produits étrangers pourront être enregistrées, en l'absence de toute convention, si ces produits sont reconnus par le Pouvoir Exécutif être utiles à la République.

Le Venezuela a conclu des traités en matière de marques avec les États suivants : Allemagne, Belgique, Danemark, Espagne et France.

CONDITIONS ET FORMALITÉS

ALLEMAGNE

LOI du 11 janvier 1876. — INSTRUCTIONS des 29 février 1876 et 23 décembre 1886 ([1]).

DÉFINITION. — Sont seuls considérés comme dessins et modèles, aux termes de la loi, les productions nouvelles et présentant un caractère original.

Les modèles peuvent être destinés à être appliqués à des surfaces planes ou à des objets en relief.

DÉPOT.— L'auteur ne jouit de la protection que s'il a demandé l'enregistrement du dessin ou modèle et en a déposé, à cet effet, un exemplaire ou une reproduction figurative.

FORMES DU DÉPOT.— Les demandes d'enregistrement peuvent être présentées soit par écrit, soit de vive voix. Dans le premier cas, la signature du requérant doit être légalisée par l'autorité compétente ; dans le second cas, l'identité du requérant, lorsqu'il n'est point connu du Tribunal, doit être certifiée par un témoin digne de foi.

La déclaration doit indiquer si le modèle est destiné à être appliqué à des surfaces planes ou à des objets en relief.

On ne peut comprendre dans la même déclaration des modèles pour figures planes et pour produits en relief.

Les dessins ou modèles peuvent être déposés, soit ouverts, soit sous enveloppe cachetée, un à un ou en paquets de 50 au maximum n'excédant pas 10 kilogrammes.

---

(1) Voir *Bull. Officiel*, n°° 703, 733 et 786 (années 1897, 1898 et 1899).

Les enregistrements sur le registre des dessins ont lieu sans examen préalable.

LIEU DU DÉPOT. — Le registre des dessins et modèles est tenu par les autorités judiciaires chargées de la tenue du registre de commerce.

L'auteur d'un dessin ou modèle doit faire son dépôt au Tribunal du lieu de son principal établissement et, dans le cas où il ne possède pas de firme enregistrée, auprès du Tribunal compétent du lieu de son domicile.

L'auteur qui ne possède dans le pays ni établissement, ni domicile, fera sa demande de dépôt auprès du Tribunal de Leipzig.

DURÉE DE LA PROTECTION. — La protection est, au choix du demandeur, de un à trois ans à compter du jour de la demande d'enregistrement.

L'auteur est admis, moyennant les taxes ci-après indiquées, à réclamer la prolongation du délai de protection jusqu'au terme maximum de quinze années. Il peut exercer ce droit soit lors du dépôt, soit à l'expiration de la troisième et de la dixième années du délai de protection.

TAXES. — Tous les documents nécessaires pour l'enregistrement sont exempts du droit de timbre.

Le droit dû pour l'enregistrement et le dépôt d'un dessin ou modèle seul ou d'un paquet de ceux-ci est de 1 mark (1 fr. 25) pour la durée de trois ans et au-dessous.

Pour chaque année en sus, jusqu'à concurrence de dix années exclusivement, le déposant doit acquitter, pour chaque dessin et modèle, une taxe de 2 marks (2 fr. 50) ; la taxe est de 3 marks (3 fr. 75) par année, de la onzième à la quinzième.

Tout certificat d'enregistrement et tout extrait du registre donne lieu à la perception d'une taxe de 1 mark.

En dehors des taxes d'enregistrement indiquées ci-dessus, le déclarant doit acquitter les frais d'insertion au *Reichsanzeiger* à raison de 30 pfennigs (0 fr. 35) par ligne, plus 10 pfennigs (0 fr. 10) pour chaque exemplaire du journal qui doit être joint au dossier et le remboursement des frais de port à l'Administration du *Reichsanzeiger*.

OBLIGATION D'EXPLOITER EN ALLEMAGNE. — La loi s'applique à tous les dessins et modèles appartenant à un auteur national, pourvu que les objets fabriqués d'après ces dessins ou modèles l'aient été en

Allemagne. Il est d'ailleurs indifférent qu'ils soient débités dans ce pays ou à l'étranger.

DROIT DES ÉTRANGERS. — Lorsque des auteurs étrangers ont leur établissement industriel dans l'Empire allemand, ils jouissent pour ce qui concerne les objets produits dans ce pays, de la protection de la loi.

En dehors de ce cas, l'auteur étranger est protégé par application des traités en vigueur.

PROTECTION DES DESSINS ET MODÈLES DE FABRIQUE FRANÇAIS EN ALLEMAGNE. — Les dessins et modèles de fabrique français sont protégés en Allemagne en vertu de l'article 18 du traité de Commerce conclu à Berlin le 2 août 1862 entre la France et le Zollverein, et dont les dispositions ont été remises en vigueur par l'article 2 de la Convention additionnelle du 12 octobre 1871 au traité de paix signé le 10 mai [1].

L'Empire allemand ayant adhéré à la Convention d'Union du 20 mars 1883, le 1er mai 1903, les dispositions de cette convention s'appliquent également à la matière des dessins et modèles.

AUSTRALIENNE (FÉDÉRATION)

LOI du 28 août 1906 [2].

DÉFINITION. — D'après la loi australienne, le terme « dessin » désigne un dessin industriel applicable de toute manière et par tout moyen, à l'ornementation, au modèle, à la forme ou à la configuration d'un objet, ou à deux ou plusieurs de ces choses.

DU DROIT D'AUTEUR EN MATIÈRE DE DESSINS. — Le droit d'auteur sur un dessin est le droit exclusif d'appliquer, ou d'autoriser une autre

---

[1] Voir le texte de ces dispositions dans le n° 6 (année 1881) du *Bull. Officiel de la Propriété Industrielle*.
[2] Voir *Bull. Officiel* n° 1228 (année 1907).

personne à appliquer ce dessin aux objets en vue desquels il a été enregistré ; ce droit court de la date de l'enregistrement.

L'auteur d'un dessin peut seul en demander l'enregistrement ; il peut toutefois céder ce droit à un tiers.

D) ENREGISTREMENT DES DESSINS. — FORMALITÉS. — TAXES. — Tout dessin nouveau et original n'ayant pas encore été publié en Australie avant le dépôt de la demande d'enregistrement peut être enregistré pour tous les objets compris dans une ou plusieurs classes de la classification.

La demande peut être déposée personnellement au Bureau des dessins ou à une de ses succursales, ou lui être envoyée par la poste.

Elle doit être accompagnée du montant de la taxe.

Une demande distincte doit être faite pour chaque classe.

Le déposant doit fournir au *Registrar* le nombre prescrit de dessins, photographies, calques, reproductions du dessin.

La demande peut être modifiée après avis favorable du *Registrar*.

Taxes :

	£	s.	d.
Demande d'enregistrement d'un dessin dans les classes 1 à 6, 8 à 11 et 14	1	0	0
Demande d'enregistrement d'un dessin dans les classes 7, 12 et 13.	0	2	0
Certificat du *Registrar*.	0	10	0

PROCÉDURE DE L'ENREGISTREMENT. — Le *Registrar* examine la demande et s'il est convaincu que le dessin est susceptible d'être enregistré, il peut l'enregistrer. Un certificat d'enregistrement est délivré au demandeur.

Le *Registrar* peut aussi se refuser à enregistrer un dessin, soit d'une manière générale, soit pour un objet particulier. Mais l'enregistrement ne peut être refusé sans que le demandeur ait été entendu.

Le déposant peut exercer un recours contre la décision du *Registrar*, soit auprès de l'Officier de la loi, en premier ressort, soit auprès de la Cour suprême en dernier ressort.

DURÉE DE LA PROTECTION. — L'enregistrement produit ses effets à partir de la date du dépôt de la demande d'enregistrement et demeure en vigueur pendant un terme de cinq ans à partir de cette date.

OBLIGATION D'EXPLOITER. — Le propriétaire du dessin doit, dans les deux ans qui suivent l'enregistrement, utiliser le dessin d'une manière effective en Australie, ou faire en sorte qu'il y soit utilisé d'une manière effective, sous peine de déchéance.

Si le dessin est employé industriellement à l'étranger, le délai d'exploitation sera réduit à six mois.

MENTION OBLIGATOIRE A PORTER SUR LES OBJETS MUNIS D'UN DESSIN. — Le propriétaire du dessin enregistré doit, sous peine d'une amende de 20 livres, faire munir, avant la mise en vente, chacun des objets auquel est appliqué ledit dessin du signe prescrit indiquant que le dessin est enregistré.

AUTRICHE

LOI du 7 décembre 1858 (¹), modifiée par celle du 23 mai 1865 (¹).

DÉFINITION. — Sous la dénomination de dessin de fabrique ou de modèle, la loi autrichienne entend tout type se rapportant à la forme d'un produit industriel et destiné à être reproduit sur celui-ci.

DÉPOT. — LIEU DU DÉPOT. — Celui qui veut s'assurer un droit exclusif à l'exploitation d'un dessin doit le déposer au Greffe de la Chambre de Commerce et d'Industrie du district où il a son domicile, ou de celui où est situé l'établissement qui fait usage de ce dessin.

FORMES DU DÉPOT. — Le dépôt peut avoir lieu soit à découvert, soit sous enveloppe cachetée. Dans le premier cas, le duplicata du dessin déposé est remis à l'intéressé comme justification de son dépôt ; dans le second, un certificat relatant les indications du procès-verbal de dépôt est remis à la partie.

Le dépôt de plusieurs dessins sous une même enveloppe est admis, mais le nombre de dessins doit y être indiqué exactement.

Les personnes n'ayant ni domicile ni établissement en Autriche sont tenues de déposer leurs dessins auprès de la Chambre de Commerce et d'Industrie, à Vienne.

---

(1) Voir *Bull. Officiel*, n°⁸ 62 et 1223.

Durée de la protection. — La durée maximum du droit d'exploitation exclusif est de trois ans à dater du jour de l'enregistrement du dessin de fabrique. Le requérant est libre de choisir dans les limites de ce délai, le nombre d'années que doit durer la protection qu'il sollicite.

La durée de la protection ne peut plus être prolongée par la suite.

Taxes. — L'enregistrement de chaque dessin donne lieu à une taxe fixée à une couronne (¹) pour chaque année de protection.

Toute indication inexacte sur l'enveloppe et ayant pour effet de réduire la taxe, donne lieu à une amende égale à trois fois le montant de la somme qui restait due.

Obligation d'exploiter. — L'ayant droit est tenu d'exploiter le dessin dans le pays, et de livrer ses produits au commerce dans un délai d'un an à partir du jour du dépôt.

Nota. — L'Autriche a adhéré, depuis le 1ᵉʳ janvier 1909, à l'Union internationale pour la protection de la Propriété industrielle.

BELGIQUE

LOI du 18 mars 1806 (¹). — ARRÊTÉS ROYAUX des 10 juillet et 10 décembre 1884.

La législation belge en matière de dessins et modèles réside dans les articles 14 à 19 de notre ancienne loi française du 18 mars 1806, portant établissement d'un conseil de Prud'hommes à Lyon.

Un arrêté royal du 10 décembre 1884 a déterminé les formalités à remplir pour le dépôt des dessins et modèles industriels.

Lieu du dépôt. — Tout auteur d'un dessin ou d'un modèle industriel qui veut se réserver le droit d'en revendiquer l'usage exclusif doit en opérer le dépôt aux Archives du Conseil de Prud'hommes dans le ressort duquel est situé son établissement.

---

(1) La couronne vaut environ 1 fr. 05.
(2) Voir *Bull. officiel* n°ˢ 54 et 727.

S'il n'existe pas de Conseil de Prud'hommes dans ce ressort, le dépôt peut en être effectué au Greffe du Conseil des Prud'hommes le plus proche.

Si l'intéressé a plusieurs établissements situés dans des ressorts différents, il suffit de faire le dépôt au Greffe du Conseil des Prud'hommes dans le ressort duquel est situé son principal établissement.

FORMES DU DÉPOT. — Le dépôt peut être effectué par la partie intéressée ou par un mandataire muni d'une procuration enregistrée.

Le déposant doit fournir un échantillon ou une esquisse du dessin ou modèle sous enveloppe cachetée et signée.

Il doit indiquer si le dépôt est fait pour une, trois, cinq années ou à perpétuité.

TAXES. — Le déposant doit acquitter une indemnité qui ne peut excéder un franc pour chacune des années pendant lesquelles il veut conserver le droit à l'usage exclusif de son dessin ou modèle et qui est de 10 francs pour le dépôt à perpétuité.

DROIT DES ÉTRANGERS. — Les étrangers résidant en Belgique peuvent prétendre au bénéfice de la loi, au même titre que les Belges.

Quant aux personnes qui résident hors du territoire belge, elles ne peuvent, conformément à l'arrêté royal du 10 juillet 1884, jouir de cette faculté que si, dans le pays où leurs établissements sont situés, des Conventions internationales ont stipulé la réciprocité pour les dessins ou modèles d'origine belge.

Dans ce cas, le dépôt doit avoir lieu aux archives du Conseil de Prud'hommes de Bruxelles.

CANADA

STATUTS révisés de 1886.

EXAMEN PRÉALABLE. — Les dessins de fabrique ne sont enregistrés au Canada qu'après un examen préalable portant sur la question de savoir si le dessin ne ressemble pas à quelque autre dessin déjà enregistré.

ENREGISTREMENT. — Tout propriétaire d'un dessin peut le faire enregistrer sur le Registre des dessins de fabrique tenu au Ministère de l'Agriculture, en remettant au Ministre une esquisse et une description en double, avec une déclaration portant que personne autre que lui ne faisait usage de ce dessin à sa connaissance lorsqu'il en a fait choix.

Si l'examen préalable est favorable au demandeur, on remet à celui-ci un duplicata de l'esquisse et de la description avec un certificat déclarant que le dessin a été dûment enregistré.

Ce certificat, en l'absence de preuve contraire, est une preuve suffisante du dessin, du nom du propriétaire, de l'enregistrement, de la date et de la période de l'enregistrement, de la propriété du dessin et de l'accomplissement des prescriptions de la loi. Il constitue, *prima facie*, la preuve des faits qui y sont mentionnés.

DURÉE DE LA PROTECTION. — Le droit exclusif de propriété d'un dessin de fabrique acquis par l'enregistrement est valable durant cinq ans, mais il peut être renouvelé à l'expiration de cette période pour une autre période de cinq ans, de manière que la durée totale du droit exclusif n'excède pas dix ans.

TAXES. — Avant qu'il ne soit rien fait à l'égard d'une demande d'enregistrement d'un dessin de fabrique, les droits suivants doivent être versés entre les mains du Ministre de l'Agriculture, savoir :

	doll.	cent.
Pour chaque demande d'enregistrement d'un dessin, y compris le certificat	5	00
Pour chaque demande de renouvellement d'enregistrement, y compris le certificat, pour chaque année de renouvellement.	2	00
Pour une copie de chaque certificat d'enregistrement distincte du *duplicata* renvoyé.	1	00
Pour l'enregistrement d'une cession.	2	00
Pour copie officielle des documents qui ne sont pas mentionnés ci-dessus, pour chaque cent mots ou fraction de cent mots	0	50

Pour chaque copie de dessin de fabrique esquissé, les frais raisonnables d'exécution.

MENTIONS A PORTER SUR LES OBJETS REVÊTUS DE DESSINS. — Le nom du propriétaire du dessin devra être mentionné sur les objets mis en vente ; les produits revêtus du dessin devront en outre porter une mention indiquant que le dessin a été enregistré avec l'indication de l'année de l'enregistrement.

Refus d'enregistrement. — Le Ministre peut refuser d'enregistrer tous dessins qui ne lui paraîtront pas tomber sous les dispositions de la loi ou qui seront contraires à la morale ou à l'ordre public.

La décision du Ministre est susceptible d'un recours devant le Gouverneur en Conseil.

Dans le cas de refus d'enregistrement, le montant de la taxe est remboursée moins 2 piastres.

CAP DE BONNE-ESPÉRANCE

LOI du 21 août 1894 (¹).

Définition. — Aux termes de la loi du 21 août 1894, le mot « dessins » désigne tout dessin appliqué à tout article manufacturé ou substance artificielle ou naturelle, ou partiellement artificielle ou partiellement naturelle, sans qu'il y ait lieu de distinguer si le dessin est appliqué au modèle, à sa forme, à sa configuration, à son ornementation ou à deux ou plusieurs de ces choses, par impression, peinture, broderie, tissage, couture, modelage, moulage, brochage, gravure, pressage ou timbrage, teinture ou toute autre façon manuelle, mécanique ou chimique, séparée ou combinée, pourvu qu'il ne s'agisse pas d'un dessin de sculpture.

Enregistrement des dessins. — Nulle personne ne peut être admise à intenter des poursuites pour réprimer la contrefaçon d'un dessin qu'autant que ce dessin a été inscrit sur le « Registre des dessins ».

Ce registre est tenu à la disposition du public et des extraits certifiés des inscriptions qu'il contient peuvent être délivrés moyennant taxe.

L'enregistrement peut être fait par le Greffier, sur la demande de

---

(1) Voir *Bull. Officiel de la Propriété Industrielle.* (année 1896, n° 650).

toute personne qui déclare être propriétaire de tout dessin nouveau, non encore publié dans la Colonie.

Un certificat d'enregistrement est délivré au déclarant.

Le Greffier peut refuser l'enregistrement ; cette décision est susceptible d'un recours devant la Cour suprême.

DROIT DE COPIE CONCERNANT LES DESSINS ENREGISTRÉS. — Le propriétaire du dessin jouit du droit de copie pendant cinq ans à dater de l'enregistrement.

Avant la livraison ou la vente de tous les articles sur lesquels un dessin enregistré a été apposé, le propriétaire doit fournir au Greffier le nombre réglementaire de reproductions du dessin et marquer chaque article d'une indication témoignant de l'enregistrement du dessin, le tout sous peine de déchéance du droit de copie.

Pendant l'existence du droit de copie, le dessin ne peut être examiné que par le propriétaire ou par toute personne munie de son autorisation écrite.

Après l'extinction du droit de copie, le dessin est livré à l'examen du public et toute personne peut en prendre copie moyennant le paiement de la taxe réglementaire.

A la requête de toute personne présentant un dessin déterminé, le Greffier doit lui faire savoir si l'enregistrement du dessin est encore valable et indiquer, avec la date de l'enregistrement, le nom et l'adresse du propriétaire enregistré.

TAXES. — Les taxes sont fixées d'après le tarif suivant :

	£	s.	d.
Pour chaque demande d'enregistrement d'un dessin pour un ou plusieurs articles compris dans une seule catégorie .	0	10	0
Pour chaque demande d'enregistrement de plus d'un dessin, pour un ou plusieurs articles d'une même catégorie, pour chaque dessin additionnel après le premier.	0	5	0
Pour chaque demande d'enregistrement d'un dessin concernant des marchandises de différentes catégories, par chaque catégorie après la première, un prix additionnel de.	0	5	0
Pour l'enregistrement d'un simple dessin.	2	0	0
Quand la même personne est enregistrée en même temps pour un même dessin concernant des marchandises de différentes catégories, pour l'enregistrement du dessin dans chaque catégorie, après la première, un prix additionnel de.	0	5	0

	£	s.	d.
Pour l'enregistrement de plusieurs dessins pour un ou plusieurs articles d'une même catégorie, par dessin en sus du premier.	1	0	0
Pour chaque demande d'enregistrement d'un propriétaire ultérieur en cas de cession ou de transfert, le premier dessin.	1	0	0
Pour chaque dessin en sus cédé ou transféré en même temps.	0	5	0
Pour changement d'adresse dans le registre pour chaque dessin.	0	5	0
Pour chaque inscription dans le registre, rectification ou modification non tarifée ailleurs.	0	10	0
Pour chaque certificat d'enregistrement.	1	0	0
Pour chaque copie du certificat sus-énoncé.	0	5	0
Pour examen du registre, par chaque quart d'heure. .	0	2	0
Pour chaque demande faite pour savoir si l'enregistrement existe encore au sujet d'un dessin.	0	5	0
Pour copie certifiée de toute inscription, pour les 100 premiers mots.	0	2	0
Pour les 100 mots suivants ou fraction de 100 mots. .	0	1	0
Pour l'examen d'un dessin pendant l'existence du droit de copie.	0	5	0
Pour l'examen d'un dessin après l'extinction du droit de copie.	0	2	0
Pour chaque copie d'un dessin après l'extinction du droit de copie.	1	0	0
Pour tout changement sur une demande d'enregistrement de dessin.	0	5	0

———

DANEMARK

LOI du 1ᵉʳ avril 1905. — ORDONNANCE du 1ᵉʳ septembre 1905. — RÈGLEMENT du 25 septembre 1905 (¹).

DÉFINITION. — La loi danoise protège les dessins et modèles pouvant servir de type pour l'ornementation ou la forme extérieure des produits industriels.

DÉPOT. — La protection s'obtient par l'inscription dans le registre des dessins et modèles à la suite d'un dépôt.

DURÉE DE LA PROTECTION. — La protection peut être demandée pour une ou plusieurs périodes de trois ans susceptibles de prolongations sans que la durée de la protection totale puisse excéder quinze ans.

FORMALITÉS DU DÉPÔT. — Le dépôt peut comprendre de 1 à 50 dessins ou modèles qui peuvent être déposés soit ouverts, soit sous pli cacheté. Ils doivent être numérotés.

La demande de dépôt s'opère au Bureau de l'enregistrement des marques de fabrique et des dessins et modèles, en deux exemplaires signés et rédigés en langue danoise.

La demande doit indiquer :

1º Les nom, profession et domicile du déposant ;

2º Le nombre des dessins ou modèles à protéger ;

3º Si le dépôt a lieu à découvert ou sous pli cacheté ;

4º Si le déposant est l'auteur du dessin ou, au cas contraire, les nom, profession ou domicile de l'auteur ;

5º Les objets auxquels le dessin ou modèle doit être appliqué ;

6º Les nom, profession et domicile du mandataire s'il y a lieu ;

7º La durée de la protection ;

8º Si le dessin a figuré à une exposition officielle danoise, la date de l'ouverture de l'exposition et celle à laquelle le dessin ou modèle a été présenté à cette exposition ;

9º L'indication du premier dépôt effectué à l'étranger s'il y a lieu.

---

(1) Voir Bull. Officiel nᵒˢ 1131 et 1206.

Le poids des paquets de dessins accompagnant une demande ne doit pas excéder 10 kilogrammes et leur dimension en tous sens ne peut pas dépasser 0ᵐ40.

Si la demande n'est pas conforme aux prescriptions, le déposant est invité à la régulariser dans un certain délai ; dans ce cas, la demande n'est considérée comme ayant été déposée qu'à partir du moment où ces rectifications ont été faites. Au cas où la demande n'est pas régularisée dans le délai fixé, la demande est rejetée et la taxe remboursée.

Ce délai ne pourra excéder quatre semaines pour les déposants domiciliés au Danemark et douze semaines pour les autres.

S'il n'y a pas eu rejet de la demande, le dépôt est inscrit dans le registre sans examen préalable.

Pour obtenir une prolongation de durée, l'intéressé doit faire une demande signée accompagnée du montant de la taxe et indiquant la durée demandée et le nombre de dessins.

TAXES. — Lors du dépôt, il est perçu pour la première période de trois ans une taxe de 2 couronnes([1]) pour chaque dessin ou modèle sans que cette taxe excède 5 couronnes.

Si la protection doit être prolongée, il est perçu pour chaque dessin ou modèle compris dans le dépôt, pour la période de la 4e à la 6e année, une taxe de 3 couronnes n'excédant toutefois pas 10 couronnes ; pour la période de la 7e à la 9e année, une taxe de 4 couronnes n'excédant pas 20 couronnes ; pour la période de la 10e à la 12e année, une taxe de 5 couronnes n'excédant pas 35 couronnes et pour la période de la 13e à la 15e année, une taxe de 6 couronnes n'excédant pas 60 couronnes.

La taxe pour la prolongation de la durée de la protection échoit la veille de la période de prolongation en question. La taxe peut être payée à l'avance pour plusieurs périodes. Si la taxe n'est pas payée au jour fixé, la protection peut néanmoins être maintenue par le paiement, dans les trois mois qui suivent l'échéance, de la taxe prescrite et d'un supplément de 1 couronne par dessin ou modèle, ne dépassant toutefois pas 5 couronnes.

Toutes les taxes doivent être versées au comptant ou par mandat-poste.

---

(1) La couronne vaut environ 1 fr. 38.

COMMUNICATION DU REGISTRE DES DESSINS. — Toute personne peut, aux heures d'ouverture des Bureaux, prendre connaissance du registre et éventuellement, moyennant le versement d'une taxe, prendre connaissance des demandes de dépôt et des dessins et modèles déposés à découvert appartenant à la demande et obtenir des copies du registre.

ESPAGNE

LOI du 16 mai 1902 sur la Propriété industrielle (¹).

DÉFINITION. — On entend par *dessin de fabrique* toute disposition ou combinaison de lignes ou de couleurs applicable dans un but industriel à l'ornementation d'un produit, l'application du dessin pouvant se faire par tous moyens manuels, mécaniques ou chimiques combinés, comme l'impression, la peinture, la broderie, le moulage, la fonte, le repoussé, etc.

On entend par *modèle de fabrique* tout objet pouvant servir de type pour la production industrielle d'un produit, ainsi que les formes que présentent les produits industriels ou qui sont susceptibles de s'appliquer à ces produits.

Nota. — Les dessins ou modèles présentant un caractère purement artistique ne peuvent être protégés que par la loi sur la propriété intellectuelle.

CARACTÈRES DE LA NOUVEAUTÉ. — Sont considérés comme nouveaux les dessins et modèles qui, avant la demande d'enregistrement, n'auraient été divulgués ni en Espagne, ni à l'étranger par des publications, des imprimés ou des objets mis en vente.

ENREGISTREMENT DES DESSINS ET MODÈLES. — Pour jouir du bénéfice de la loi du 16 mai 1902, les dessins et modèles doivent être enregistrés.

---

(1) Voir *Bull. Officiel* (année 1902), nᵒˢ 969 et suivants.

Les Espagnols ou les étrangers peuvent demander l'enregistrement de leurs dessins et modèles.

Si l'enregistrement est accordé, on délivre au demandeur un *certificat-titre* qui constitue une présomption *juris tantum* de propriété.

La propriété du dessin sera acquise par prescription après trois années ininterrompues de possession de bonne foi et à juste titre.

Quand deux ou plusieurs personnes demanderont l'enregistrement d'un même dessin, le droit de priorité appartiendra à celui qui aura été le premier à présenter sa demande.

DURÉE DE L'ENREGISTREMENT. — La durée de l'enregistrement d'un dessin ou modèle est de vingt ans.

L'enregistrement n'est pas renouvelable.

TAXES. — L'enregistrement d'un dessin ou modèle donne lieu au paiement d'une taxe de 100 pesetas ([1]) payable par périodes de cinq ans et progressivement comme suit : pour les cinq premières années, 5 pesetas payables dans les quinze jours qui suivent la publication relative à la concession du dessin ou modèle ; pour les trois autres périodes quinquennales, au commencement de chaque période, une taxe de 25 pesetas pour la seconde période, de 30 pesetas pour la troisième et de 40 pour la quatrième.

Le paiement de ces taxes peut avoir lieu dans les trois mois qui suivent l'échéance, moyennant une surtaxe de 10, 20 ou 30 pesetas respectivement pour un, deux ou trois mois de retard.

Le non-paiement entraîne la déchéance de l'enregistrement.

FORMALITÉS DU DÉPOT. — Les documents à déposer pour l'enregistrement d'un modèle sont les suivants :

1º Une *demande au Ministre* indiquant les nom, prénoms, domicile du demandeur ou de son mandataire ;

2º Une *description* en double exemplaire indiquant quel est le modèle adopté et la matière qui le constitue. La description doit être écrite sur papier de 0ᵐ32 sur 0ᵐ22 ayant une marge munie d'un timbre de 0 fr. 05 par feuille.

([1]) La peseta vaut 1 franc.

A la description doit être jointe une feuille contenant la reproduction du dessin avec indication de l'échelle et ombres, teintes ou
couleurs si l'intéressé le juge utile.

La description doit être écrite en langue espagnole ;

3º Un autre exemplaire de la description sur recto seulement, en
vue de l'impression dans le *Bulletin.*

4º Un cliché typographique de 0ᵐ10 sur 0ᵐ08 pour l'impression
de la reproduction du dessin dans le *Bulletin.*

Le dépôt peut être effectué sous pli cacheté.

En cas d'irrégularité dans le dossier, un délai de deux mois est
accordé à l'intéressé pour régulariser sa demande.

Lorsque le dépôt est régulier, il est immédiatement procédé à la
publication dans le *Bulletin Officiel.*

DROIT DES ÉTRANGERS. — Les sujets ou citoyens des États qui ont
adhéré à l'Union pour la protection de la Propriété industrielle
jouissent des mêmes avantages que les nationaux, conformément à
l'article 2 de la Convention Internationale du 20 mars 1883.

Les étrangers dont le pays ne fait pas partie de l'Union jouissent
des droits stipulés dans les traités et, en l'absence de traité, sont
soumis au principe de la réciprocité dans toute sa rigueur.

Les étrangers, dans l'un et l'autre cas, doivent joindre à leur
dépôt un certificat établissant l'enregistrement effectué dans le pays
d'origine. Ce document doit être légalisé par le Consul espagnol et
la signature de ce dernier être légalisée par le Ministre d'État.

PROTECTION TEMPORAIRE AUX EXPOSITIONS. — La législation
espagnole accorde une protection temporaire à tout dessin ou modèle
de fabrique figurant dans les expositions internationales et les expositions officielles qui peuvent avoir lieu en Espagne.

La durée de cette protection est de six mois à compter de l'admission du produit à l'exposition. Cette protection est sans effet si,
pendant sa durée, il n'a pas été déposé de demande d'enregistrement
définitif.

La délivrance des certificats est gratuite.

ÉTATS-UNIS

STATUTS révisés concernant la protection des dessins de fabrique. — LOI du 4 février 1887. — RÈGLEMENT de 1897. — LOI du 9 mai 1902 modifiant la section 4929 des statuts révisés ([1]).

DÉFINITION. — Sont considérés comme dessins de fabrique (*designs*) tous dessins nouveaux, originaux et ornementaux destinés à des produits industriels.

Toute personne qui a inventé un dessin rentrant dans ces conditions peut obtenir un « brevet pour dessins ».

La loi du 9 mai 1902 a rendu applicables aux brevets pour dessins les conditions de nouveauté établies pour l s brevets d'invention.

Il est par conséquent nécessaire que le n'ait été ni connu, ni employé aux États-Unis antérieurement au dépôt de la demande, ni breveté, ni décrit dans une publication imprimée aux États-Unis ou dans un autre pays antérieurement à la demande et qu'il n'ait pas été publiquement employé ou mis en vente aux États-Unis depuis plus de deux ans.

DURÉE. — Les brevets pour dessins peuvent être accordés pour un terme de trois ans et six mois, pour sept ans ou pour quatorze ans, selon la durée indiquée dans la demande.

TAXES. — Les taxes sont fixées comme suit :

Pour une durée de   3 ans et six mois . . . . 10 dollars
—   —   —   7 — 15   —
—   —   — 14 — 30   —

FORMALITÉS. — DEMANDE. — La demande signée par l'inventeur doit être présentée au Commissaire des Brevets. Le dépôt complet comprend, outre la taxe, une demande, une description et le serment, des dessins, modèles ou spécimens s'il y a lieu.

---

(1) Voir *Bull. Officiel de la Propriété Industrielle*, (année 1903. n° 1025).

La demande, la description et le serment doivent être en anglais.

Aucun dépôt n'est enregistré en vue de l'examen avant que toutes ses parties aient été reçues.

DESCRIPTION. — La description doit indiquer clairement les caractères essentiels du brevet et renfermer les indications suivantes :

1° Nom et domicile du déposant, titre du dessin, articles sur lesquels il figurera ;

2° Description détaillée du dessin ;

3° Revendications ;

4° Signatures de l'auteur et de deux témoins.

DESSINS. — Lorsqu'un dessin peut être représenté par des figures, on n'exige pas de modèle.

Les dessins doivent indiquer clairement tous les détails visés dans les revendications.

Ils doivent être établis de manière à pouvoir être reproduits d'une manière claire et précise par la photo-lithographie.

Nota. — Sur demande, le *Patent Office* se charge d'exécuter les dessins.

Peuvent seuls entrer dans la description du dessin les éléments suivants :

La forme ou configuration nouvelle d'un produit fabriqué ; le dessin ou ornement nouveau et original appliqué sur un produit à l'exclusion des matières ou de leurs combinaisons.

GRANDE-BRETAGNE

LOI du 28 août 1907 (¹). — RÈGLEMENT du 17 décembre 1907 (²).

DÉFINITION. — Dans la loi de 1883, le terme « dessin » signifie tout dessin applicable à un article de manufacture ou à toute autre substance artificielle ou naturelle, que ce dessin soit applicable au

---

(1) Voir *Bull. Officiel* n° 1253 (année 1902).
(2) Voir *Bull. Officiel* n° 1301 (année 1909).

modèle, à la forme, à la configuration de l'objet ou encore à l'ornementation de ce dernier, quel que soit d'ailleurs le moyen par lequel il est appliqué : impression, peinture, broderie, tissage, couture, modelage, coulage, repoussé, teinture ou tous autres moyens manuels, mécaniques ou chimiques pourvu qu'il ne s'agisse pas d'un dessin pour une sculpture ou pour un autre objet tombant sous l'application de la loi de 1814 sur le droit d'auteur en matière d'œuvre de sculpture.

ENREGISTREMENT DES DESSINS. — Sur demande faite par une personne se disant propriétaire d'un dessin nouveau ou original, non encore publié dans le Royaume-Uni, le contrôleur peut enregistrer ce dessin.

DEMANDES D'ENREGISTREMENT. — Toute demande d'enregistrement doit être déposée au Patent Office (Designs Branch) ou envoyée par la poste à l'adresse du Contrôleur, au Patent Office (Designs Branch), 25, Southampton Buildings, Chancery Lane, Londres.

La demande doit indiquer la nature du dessin et la ou les classes de marchandises dans lesquelles l'intéressé désire que le dessin soit enregistré.

Toute demande d'enregistrement doit être accompagnée de trois représentations (photographies ou calques) du dessin à enregistrer, et indiquer si le dessin s'applique à la décoration, à la forme extérieure ou à la configuration du produit.

Les esquisses, reproductions ou calques doivent être exécutés à l'encre et être montés sur du papier fort de 13 pouces sur 8 avec une marge d'environ 2 pouces du côté gauche.

CERTIFICAT D'ENREGISTREMENT. — Si le contrôleur décide d'enregistrer un dessin, il délivre au propriétaire un certificat d'enregistrement muni du sceau du Patent Office.

En cas de perte du certificat, il peut en être délivré des duplicata.

REFUS D'ENREGISTREMENT. — Le Contrôleur peut refuser tout dessin, photographie, calque, représentation ou spécimen qui, dans son opinion, n'est pas apte à figurer dans les documents officiels.

Dans ce cas, le déposant peut demander, dans le mois qui suit l'opposition faite par le Contrôleur, à être entendu personnellement ou par mandataire par le Contrôleur.

Le refus d'enregistrement opposé par le Contrôleur est susceptible d'un recours devant le Board of Trade. Ce recours doit être signifié au Patent Office dans le délai d'un mois à partir de la date de la décision.

Le *Board of Trade* entend, si cela est demandé, le demandeur et le Contrôleur et peut rendre une ordonnance déterminant à quelles conditions, le cas échéant, l'enregistrement doit être permis.

Durée du. droit d'auteur sur les dessins enregistrés. —

Quand un dessin est enregistré, le propriétaire de ce dessin jouit du droit d'auteur sur le dessin pendant *cinq ans* à partir de la date de l'enregistrement. La durée de cette protection peut être prolongée, sur requêtes adressées au Contrôleur, pour deux nouvelles périodes successives de cinq ans.

Formalités a remplir avant la mise en vente. —

Avant la mise en vente de tout article muni d'un dessin enregistré, le propriétaire doit fournir au Contrôleur le nombre prescrit de spécimens du dessin s'il n'en a pas été fourni lors du dépôt ; sinon, l'enregistrement peut être annulé.

Le propriétaire du dessin doit, en outre, sous la même sanction, apposer sur cet article une mention indiquant que le dessin est enregistré.

Communication des dessins déposés. —

Pendant l'exercice du droit d'auteur, le dessin ne peut être communiqué qu'au propriétaire lui-même ou à une personne autorisée par lui, ou encore à une personne autorisée par le Contrôleur.

Dans ce dernier cas, la personne qui examine le dessin ne peut le faire qu'en présence du Contrôleur, sans pouvoir prendre copie ni du dessin, ni d'aucune de ses parties et après paiement de la taxe prescrite.

A l'expiration du droit d'auteur, le dessin peut être communiqué au public moyennant le paiement de la taxe prescrite.

Le Contrôleur doit renseigner toute personne sur la question de savoir si l'enregistrement subsiste à l'égard d'un dessin déterminé et, dans l'affirmative, pour quelles classes de marchandises l'enregistrement a été demandé. Il doit aussi indiquer la date de l'enregistrement ainsi que le nom et l'adresse du propriétaire enregistré.

Obligation d'exploiter. —

Si un dessin enregistré est utilisé industriellement dans un pays étranger et non en Grande-Bretagne dans les six mois à partir de son enregistrement, le droit d'auteur sur ce dessin cesse d'exister.

REGISTRE DES DESSINS.— Il est tenu, au *Patent Office*, un registre de dessins sur lesquels sont inscrits les noms et les adresses des propriétaires des dessins enregistrés et les notifications relatives aux cessions et transferts.

PROTECTION PROVISOIRE AUX EXPOSITIONS. — L'exhibition à une exposition industrielle ou internationale d'un dessin ou d'un article revêtu d'un dessin, ou l'exhibition qui peut en être faite à l'insu ou sans le consentement du propriétaire ou la publication pendant la durée de l'exposition n'empêchent pas le dessin d'être enregistré pourvu que les trois conditions suivantes soient remplies :

1o Que l'exposition industrielle ou internationale ait été certifiée comme telle par le *Board of Trade* ;

2o Que l'exposant, avant d'exhiber son dessin, ait fait connaître au contrôleur son intention d'agir ainsi ;

3o Que la demande d'enregistrement ait été faite avant la date de l'ouverture de l'exposition ou dans les six mois à partir de cette date.

TAXES. — Les taxes sont fixées ainsi qu'il suit :

	£.	s.	d.
1o Pour le dépôt d'un dessin destiné à un seul article dans une classe (non compris les dentelles), à l'exception des articles appartenant aux classes 13 à 15.	0	5	0
2o Pour le dépôt d'un dessin devant être appliqué à une série d'articles dans une classe (non compris les dentelles)	0	10	0
3o Pour le dépôt d'un dessin pour dentelle, ou d'un dessin appartenant à la classe 15	0	1	0
4o Pour le dépôt d'un dessin devant être appliqué à une série d'articles de dentelle.	0	2	0
5o Pour le dépôt d'un dessin appartenant aux classes 13 ou 14	0	2	6
6o Pour une demande au Contrôleur en vertu de l'article 33 (indication des motifs d'une décision et des matériaux lui servant de base).	0	5	0
7o Pour la prolongation du droit d'auteur (section 53,2). .	1	0	0
8o Pour une demande de prolongation du droit d'auteur (section 53,3).	0	10	0
9o Pour la prolongation du droit d'auteur (section 53,3). .	1	10	0

10º Pour une demande collective tendant à l'inscription d'un cessionnaire. . . . . } Comme la taxe de dépôt

11º Pour la demande d'inscription d'un cessionnaire, etc., en vertu de l'article 44, par dessin 0 10 0

12º Pour la demande d'un créancier-gagiste, d'un porteur de licence ou d'une autre personne enregistrée comme ayant un intérêt, en radiation de l'inscription qui la concerne. 0 1 0

13º Pour l'inscription d'une nouvelle adresse pour notifications ou d'une nouvelle adresse personnelle 0 1 0

14º Pour une demande en correction d'une erreur de plume 0 1 0

15º Pour une demande en radiation de l'enregistrement, présentée par le propriétaire ou son mandataire. . 0 1 0

16ʼ Pour une demande de recherche (sect. 57), quand le numéro du dessin est indiqué 0 1 0

17º Pour une même demande quand le numéro n'est pas indiqué. 0 2 6

18º Pour une demande de recherche en vertu de l'art. 60. . 0 2 6

19º Pour une demande de certificat du Contrôleur, en vue d'une procédure légale ou dans un autre but spécial. 0 5 0

20º Pour une demande en radiation, en vertu de la section 58. . . . . 1 0 0

21º Pour un avis concernant l'exhibition projetée d'un dessin non enregistré 0 5 0

22º Pour un avis au Préposé en vertu de l'article 87. . . 0 2 6

23º Pour un appel au *Board of Trade*, pour chaque décision dont il est appelé. 0 5 0

24º Pour chaque inscription, dans le registre, d'une modification ordonnée par la Cour. 0 5 0

25º Pour chaque copie d'un certificat d'enregistrement. . 0 1 0

26º Pour la communication du registre ou d'un dessin dont la communication est permise, sauf dans le cas prévu au second paragraphe de la section 56 (1), par quart d'heure. 0 1 0

27º Pour copie officielle d'un dessin . . . . { Taxe à convenir

28º Pour copie officielle de documents, par 100 mots (minimum 1 s.). 0 0 4

29° Pour la certification de copies officielles, manuscrites   f.   s.   d.

ou imprimées.   0   1   0

Les taxes à payer sont les mêmes au Bureau de Manchester qu'à celui de Londres.

CLASSIFICATION DES MARCHANDISES

Classes

1   Objets composés entièrement ou partiellement de métal, sauf ceux rentrant dans la classe 2.

2   Bijouterie.

3   Objets composés entièrement ou en majeure partie : de bois, d'os, d'ivoire, de papier mâché ou d'autres substances solides ne rentrant pas dans les autres classes.

4   Objets composés entièrement ou en majeure partie : de verre, de terre ou de porcelaine, briques, tuiles ou ciment.

5   Objets composés entièrement ou en majeure partie : de papier (sauf les papiers-tenture) ou carton.

6   Objets composés entièrement ou en majeure partie de cuir (y compris les reliures de tout genre).

7   Papiers-tenture.

8   Tapis de toute nature et toiles cirées.

9   Dentelles.

10 Bonneterie.

11 Articles de mode et vêtements, y compris les chaussures.

12 Broderies sur mousseline ou autres tissus.

13 Dessins imprimés ou tissés sur des étoffes fabriquées à la pièce (sauf les carreaux et les bandes).

14 Dessins imprimés ou tissés sur mouchoirs et châles (sauf les carreaux et les bandes).

15 Dessins imprimés ou tissés (sur étoffes à la pièce, mouchoirs ou châles) et consistant en carreaux ou en bandes.

16 Marchandises non comprises dans les autres classes.

HONGRIE

DÉCRET du 31 décembre 1907 ([1]).

DROIT AU DÉPOT ET A L'ENREGISTREMENT. — La protection légale n'est assurée qu'aux dessins et modèles applicables à l'extérieur des produits industriels et représentés en surface plane ou en forme plastique. La protection n'est assurée qu'aux modèles appliqués aux produits industriels nouveaux.

La protection n'est pas accordée aux simples imitations d'ouvrages artistiques.

DURÉE DE LA PROTECTION. — La durée de la protection est laissée au choix du déposant, mais ne peut excéder trois années.

La durée, une fois fixée, ne peut plus être prorogée.

TAXES. — Lors du dépôt, le déposant doit déclarer le nombre d'années pour lequel il demande la protection et verser le droit d'enregistrement, soit une couronne (environ 1 fr. 05) pour chaque modèle et pour chaque année de protection.

LIEU DU DÉPOT. — Le dépôt doit être effectué au Bureau de la Chambre de Commerce et d'Industrie dans le ressort de laquelle se trouve l'établissement industriel du déposant. Les étrangers doivent déposer et faire enregistrer leurs modèles au bureau de la Chambre de Commerce de Budapest, et ce par l'intermédiaire d'un représentant ayant son domicile en Hongrie et muni d'une procuration spéciale.

FORMES DU DÉPOT. — Le dépôt, qui doit être opéré préalablement à la mise en vente, peut s'effectuer verbalement ou par lettre. On doit joindre à la demande trois échantillons, soit du produit industriel sur lequel le dessin est appliqué, soit de la reproduction quelconque (dessin, photographie, etc., du modèle).

L'un des trois échantillons est rendu au déposant, lors de la délivrance du certificat d'enregistrement ; l'autre est conservé dans

---

(1) Voir *Bull. Officiel de la Propriété Industrielle* (année 1910, n° 1361).

la collection de modèles de la Chambre de Commerce respective ; le troisième est envoyé au Registre central créé près l'Office royal Hongrois des brevets d'invention.

Les modèles peuvent être déposés ouverts ou en enveloppes fermées, chaque modèle à part ou plusieurs modèles en paquet. Mais au bout d'une année, les paquets fermés sont ouverts et déposés dans la collection publique des modèles.

Un paquet ne peut contenir plus de cinquante modèles.

CAUSES DE DÉCHÉANCE. — Le droit privatif est déchu, si le modèle n'est pas exploité dans le délai d'un an sur le territoire des pays de la couronne Hongroise, si le déposant importe de l'étranger des produits industriels munis du dessin déposé et enfin si le propriétaire ayant son domicile à l'étranger n'a pas désigné, dans un délai de six mois, son représentant en Hongrie.

ITALIE

LOI du 30 août 1868 (¹). — CODE PÉNAL du 30 juin 1869. — RÈGLEMENT du 7 février 1869 (²).

CERTIFICATS DE PRIVILÈGE. — Les inventeurs de dessins ou modèles de fabrique nouveaux peuvent obtenir des *certificats de privilège* leur conférant le droit exclusif de reproduire ces dessins et modèles.

DURÉE DE LA PROTECTION. — La durée du privilège est de deux ans comptés à partir de la date de la publication qui en est faite.

FORMALITÉS A REMPLIR. — La demande doit être adressée au Ministère de l'Agriculture, de l'Industrie et du Commerce par l'intermédiaire de la Préfecture locale. Elle doit être signée par le demandeur ou par son mandataire et indiquer :

(1) Voir *Bull. Officiel* n°° 66 (année 1855), 67 (année 1855) et 778 (année 1898).
(2) Voir *Bull. Officiel* n° 778 (année 1898).

1º Les nom, prénoms, nationalité et domicile du déposant ou de son mandataire ;

2º Le titre sommaire et précis de l'invention.

La demande doit être accompagnée :

1º D'une description de l'invention ;

2º De dessins, outre les modèles que l'inventeur juge utiles pour faire comprendre l'invention ;

3º De la quittance de la somme de 10 lires, taxe légale ;

4º Du titre ou de la copie légale du privilège précédemment obtenu à l'étranger, s'il y a lieu ;

5º D'une procuration authentique ou sous seing privé, s'il y a lieu, sur laquelle la signature du mandant doit être légalisée ;

6º D'un bordereau des pièces déposées.

Tous ces documents doivent être écrits sur papier timbré à l'exception des dessins, sur lesquels le timbre est apposé par le Bureau du timbre extraordinaire.

La description rédigée en langue italienne (avec traduction française s'il y a lieu) doit indiquer, d'une manière complète, les moyens d'exécution de l'invention.

La description et les dessins doivent être fournis en triple exemplaire.

Les dessins doivent être tracés à l'encre de Chine ou à l'aquarelle avec échelle métrique.

Les lithographies et photographies ne sont pas admises.

Les modèles, lorsqu'on en envoie, doivent être placés dans des caisses.

Délivrance des certificats. — Les certificats sont délivrés dans l'ordre d'enregistrement des demandes.

Une copie authentique, sur timbre, de chaque certificat est délivrée à l'intéressé moyennant le prix du papier timbré seulement.

Les autres copies demandées sont soumises au paiement d'une taxe de 10 lires.

Obligation d'exploiter. — Le privilège prend fin de plein droit si les inventeurs n'ont pas mis leurs dessins en œuvre dans l'année qui suit la publication.

Droit des étrangers. — Les étrangers sont admis, au même titre que les nationaux, au bénéfice de la loi.

Toutefois le privilège accordé à un étranger, même s'il a été concédé pour un délai plus long, ne produit pas ses effets en Italie au delà de deux ans à compter du jour de sa publication.

L'étranger qui demande un certificat de privilège pour l'importation en Italie d'un dessin ou modèle déjà protégé dans son pays doit joindre à sa demande le titre original ou la copie légale du titre obtenu à l'étranger.

JAPON

LOI du 2 avril 1909 (¹). — ORDONNANCE des 20 juin 1899 et 4 janvier 1905 (²).

Droit au dépôt et a l'enregistrement. — Tout auteur d'un dessin ou modèle industriel nouveau applicable à un objet et relatif à sa forme, à son dessin, à sa couleur ou à la combinaison de ces divers éléments, peut en obtenir l'enregistrement.

Quand plus de deux personnes ont chacune le droit à l'enregistrement de dessins ou modèles identiques ou analogues applicables aux mêmes objets, l'enregistrement n'est accordé qu'au premier déposant. Si les demandes sont déposées le même jour, les déposants doivent s'entendre pour savoir lequel d'entre eux obtiendra l'enregistrement. Si l'entente ne se fait pas, aucun d'eux n'obtient l'enregistrement.

Dessins ou modèles susceptibles de protection. — Pour être considérés comme *nouveaux* au sens de la loi, les dessins ou modèles industriels ne doivent pas avoir été déjà connus publiquement ou employés publiquement dans l'Empire avant le dépôt de la demande d'enregistrement, ni ressembler à des modèles industriels rentrant dans cette dernière catégorie.

Ils ne doivent pas également avoir été déjà décrits ou ressembler à des modèles déjà décrits dans des imprimés rendus publics dans

---

(1) Voir *Bull. Officiel de la Propriété Industrielle* (année 1909, n° 1313).
(2) Voir *Bull. Officiel de la Propriété Industrielle* (années 1899, 1901 et 1905, n°° 805, 925 et 1131).

l'Empire, avant le dépôt de la demande d'enregistrement, de telle manière que leur exécution paraisse par là rendue facile.

Les dessins ou modèles industriels qui, destinés à s'appliquer à un même genre d'objets, n'ont de ressemblance qu'avec un dessin ou modèle appartenant au même déposant, sont considérés comme nouveaux.

DESSINS OU MODÈLES EXCLUS DE LA PROTECTION. — Les dessins ou modèles ayant une forme identique ou analogue à celle du chrysanthème des armes impériales ou ceux qui sont de nature à porter atteinte à l'ordre public ou aux bonnes mœurs, ou à tromper le public, ne sont pas admis à l'enregistrement.

DURÉE DE LA PROTECTION. — La durée de la protection accordée au dessin ou modèle industriel est de dix ans.

TAXES. — Toute personne ayant obtenu une décision favorable à l'enregistrement demandé, et tout titulaire d'un dessin ou modèle industriel doit payer, pour chaque dessin et enregistrement, les taxes ci-après :

1o 1re à 3e année, 3 yens (1) payables en une seule fois, au moment où l'enregistrement est obtenu ;

2o 4e à 10e année, 2 yens par an.

Si des dessins ou modèles industriels qui se ressemblent sont destinés à être appliqués aux mêmes objets, les taxes prévues dans le paragraphe précédent doivent être payées pour l'un d'eux ; pour le reste, il suffit de payer un yen par dessin.

FORMALITÉS DU DÉPOT. — Toute personne qui désire obtenir l'enregistrement d'un dessin ou modèle industriel doit adresser au Chef du Bureau des brevets une demande dans laquelle elle doit indiquer, d'après la classification établie par l'ordonnance de 1899, les objets auxquels ce dessin ou modèle doit être appliqué.

A cette demande doit être jointe une reproduction ou échantillon dudit modèle ou dessin.

Quiconque dépose une demande d'enregistrement peut demander que le dessin ou modèle industriel soit tenu secret pendant que sa demande sera en suspens et pendant trois années au maximum à dater du jour de l'enregistrement.

_____

(1) Le yen d'or vaut environ 2 fr. 75.

EXAMEN. — RECOURS. — Toute demande d'enregistrement est soumise à l'examinateur de l'Office des brevets qui doit rechercher si le dessin ou modèle satisfait aux prescriptions légales et peut refuser l'enregistrement.

En cas de refus d'enregistrement, l'intéressé peut, dans un délai de trente jours à dater du jour où la décision lui a été notifiée, se pourvoir en révision, en indiquant par écrit les motifs sur lesquels il base son pourvoi.

MEXIQUE

LOI du 25 août 1903 (¹).

DÉFINITION. — Est brevetable :

Toute *nouvelle forme* d'un produit industriel, pièce de machine, ferrement, statue, buste, haut ou bas-relief qui, par sa nouvelle disposition artistique ou par la nouvelle disposition de la matière, constitue un produit industriel nouveau et original. Est également brevetable tout nouveau dessin employé dans un but d'ornementation industrielle sur une substance quelconque, et apposé sur elle par l'impression, la peinture, la broderie, le tissage, la couture, le modelage, la fonte, la gravure, la mosaïque, l'incrustation, le repoussé, la décoloration ou tout autre moyen mécanique, physique ou chimique, de manière à donner un aspect particulier et individuel aux produits industriels munis d'un tel dessin.

DURÉE DE LA PROTECTION. — Les brevets pour dessins et modèles industriels sont accordés pour une durée de cinq ou dix ans, au choix du requérant. Les termes indiqués ne peuvent être prolongés.

TAXES. — Les taxes pour brevets pour dessins ou modèles industriels sont les suivantes :

Pour cinq ans : 5 pesos (²).
Pour dix ans : 10 pesos.

---

(1) Voir *Bull. Officiel de la Propriété Industrielle* (année 1905, n° 1066).
(2) *Le peso vaut 2 fr. 57.*

FORMALITÉS DE LA DEMANDE. — Les formalités sont les mêmes que pour les demandes de brevets d'invention ([1]), toutefois, quand on demande un brevet pour un dessin ou modèle industriel, on doit remettre au Bureau des brevets, en sus des documents exigés pour les brevets d'invention, un exemplaire ou un modèle.

Si le ou les dessins qui représentent le dessin ou modèle à breveter sont d'une exécution difficile, le Bureau des brevets peut admettre des photogravures ou des photographies.

Il peut aussi dispenser l'intéressé du dépôt du modèle ou de l'exemplaire, quand l'exécution de ce dernier est très difficile et coûteuse et que les dessins suffisent pour donner une idée exacte et précise de l'objet à breveter.

NORVÈGE

LOI du 2 juillet 1910([2]).

DÉFINITION. — Sont protégés comme dessins et modèles, les nouvelles formes pour la configuration extérieure ou l'ornementation des produits industriels.

DROIT AU DÉPOT. — Le droit à la protection appartient à l'auteur du dessin ou modèle, ou à la personne à laquelle il a cédé son droit.

Le dessin ou modèle n'est pas considéré comme nouveau, s'il a été accessible au public avant le dépôt de la demande, ou s'il ressemble à tel point à un autre dessin ou modèle accessible au public que, malgré des différences dans les détails, il ne représente pas, par comparaison, une création originale.

DURÉE DE LA PROTECTION. — TAXES. — La durée de la protection est de 15 ans au plus, à partir du dépôt de la demande.

Lors du dépôt, la protection peut être demandée soit pour une, soit pour plusieurs périodes de trois ans ; une fois la protection acquise,

---

(1) Voir page 73.
(2) Voir *Bull. Officiel*, n° 1118 (année 1911).

elle peut être prolongée soit pour une, soit pour plusieurs périodes de trois ans, jusqu'à l'expiration du délai de 15 ans.

Les taxes d'enregistrement sont ainsi fixées : pour la première période de trois ans, 3 couronnes ; pour la deuxième, 4 couronnes ; pour la troisième, 6 couronnes ; pour la quatrième, 8 couronnes ; pour la cinquième, 10 couronnes. Lors de la prolongation de la protection de trois ans, la taxe peut être versée au cours des trois mois qui suivent l'expiration de la période précédente en payant un supplément de 1 couronne ; la taxe est considérée comme versée en temps utile si elle a été remise avant l'expiration du délai précité à un bureau de poste du Royaume pour être expédiée à l'*Office*. Si la taxe relative à une période n'est pas parvenue avant l'expiration de la période précédente, il en avertit le propriétaire du dessin ou modèle ; l'omission de cette formalité n'entraîne toutefois aucune responsabilité pour l'*Office*.

FORMALITÉS DU DÉPOT. — Pour obtenir la protection, une demande doit être déposée à l'*Office* pour la protection de la Propriété industrielle.

Elle doit comprendre :

1º Une requête indiquant le nom, la profession et le domicile du déposant ;

2º Un exemplaire ou une reproduction exacte du dessin ou modèle, ne pesant pas plus de 10 kilos et ne mesurant pas plus de 40 centimètres en tous sens ;

3º S'il y a constitution de mandataire, un pouvoir accepté par celui-ci ;

4º La taxe prescrite pour la période de protection demandée.

Le dessin ou modèle, ou sa reproduction, peut être déposé à découvert ou sous pli cacheté.

Les défectuosités de la demande, si elles sont réparées dans un délai convenable prescrit par l'*Office*, n'empêchent pas de considérer cette demande comme ayant été déposée le jour où elle a été remise à l'*Office*.

Toutefois, la demande n'est pas considérée comme déposée, tant que la remise d'un exemplaire ou d'une reproduction n'a pas été effectuée.

NULLITÉS. — DÉCHÉANCE. — L'enregistrement est nul :

1º Si les conditions prescrites par la loi pour obtenir la protection ne sont pas remplies ;

2º Si une autre personne est déjà protégée, à raison d'une demande déposée antérieurement pour le même dessin ou modèle, ou peut être considérée comme ayant des droits équivalents à ceux du déposant ;

3º Si le dessin ou modèle est contraire à la loi ou à la morale.

La protection cesse lorsque le propriétaire du dessin ou modèle fait ou autorise l'importation d'objets fabriqués dans un pays étranger, d'après le dessin ou modèle.

L'enregistrement peut, en pareil cas, être annulé par décision judiciaire, à la requête de toute partie intéressée.

Le Roi peut, sous condition de réciprocité, conclure avec les États étrangers des Conventions d'après lesquelles cette prescription n'est pas applicable.

DROITS DES ÉTRANGERS. — Celui qui n'a pas de domicile en Norvège ne peut déposer une demande d'enregistrement de dessin ou modèle, ni faire valoir les droits qui en découlent, que s'il possède un mandataire domicilié dans le Royaume et désigné comme tel à l'*Office de la Propriété industrielle*.

Ce mandataire représente le déposant dans toutes les affaires relatives au droit au dessin ou modèle, et peut, en cas de procès civil, être assigné en son nom.

PUBLICITÉ DES MODÈLES. — Une année après le dépôt de la demande, les dessins ou modèles déposés sous plis cachetés doivent, si la protection doit continuer, être mis à découvert par l'autorité chargée de l'enregistrement. Le propriétaire du droit au dessin ou modèle peut demander lui-même au cours de la période précitée, que son dessin ou modèle, déposé sous pli cacheté, soit mis à découvert.

RESTITUTION DES DÉPOTS. — Les dessins et modèles déposés sont conservés par l'*Office* deux ans au delà du terme de protection.

Si les ayants droit ne les réclament pas au cours de l'année suivante, ils sont ou détruits ou remis à une institution publique désignée à cet effet par le Roi.

PORTUGAL

LOI du 21 mai 1896, Titre VII ('). — RÈGLEMENT du 28 mars 1895.

DÉFINITIONS. — La loi portugaise définit les dessins et modèles de fabrique de la manière suivante :

Sont considérés comme *dessins de fabrique* : les dessins, figures, gravures, estampes, peintures et tous patrons ou dispositions susceptibles d'être imprimés, peints, tissés, brodés, gravés et empreints, d'une manière distincte, sur la surface des objets fabriqués.

Sont considérés comme *modèles de fabrique* : les moules, formes, objets en relief, et les formes qui représentent les produits industriels ou qui sont susceptibles d'être appliqués à ces produits.

Les dessins ou modèles présentant un caractère purement artistique ne sont pas protégés par la loi de 1896, à moins qu'ils ne soient reproduits mécaniquement ou par des procédés permettant une multiplication facile et de manière à perdre l'individualité qui caractérise les œuvres d'art.

DÉPOT. — Tout fabricant, portugais ou étranger, domicilié en Portugal ou dans ses colonies ou dans l'un des pays de l'Union, peut faire déposer ses dessins et modèles pour lesquels il recevra un titre de dépôt qui lui garantira la propriété de ses dessins ou modèles.

Pour être protégé, le dessin doit être nouveau, mais la concession du titre de dépôt n'implique pas la nouveauté du dessin déposé.

Les déposants peuvent munir leurs objets du mot *depositado* (déposé) ou de l'abréviation *dep.*

FORMALITÉS DU DÉPOT. — Pour obtenir le titre de dépôt d'un dessin ou modèle, l'intéressé doit remettre à la Division de l'Industrie ou lui envoyer par la poste :

1º Une requête, en portugais ou en français, indiquant la nature des produits auxquels le dessin est destiné et en quoi consiste la nouveauté du dessin ;

2º Trois exemplaires du dessin ou modèle ;

3º Le montant de la taxe.

---

(1) Voir *Bull. Officiel* nᵒˢ 616 à 726 (années 1895 et 1897).

Une seule demande peut servir pour le dépôt de plusieurs dessins ou modèles.

TAXES. — La taxe de dépôt est de 1000 reis (5 fr. 60), augmentée de 500 reis (2 fr. 80) pour frais de correspondance.

Quand la demande est rédigée en français, il faut ajouter une somme de 500 reis par page pour frais de traduction.

En cas de renouvellement, la taxe est de 1500 reis (8 fr. 40) pour la première fois, 2000 reis (11 fr. 20) pour la seconde fois et ainsi de suite.

DURÉE. — La propriété des dessins et modèles déposés est garantie pendant cinq ans ; elle peut être prorogée par périodes de cinq ans quand l'intéressé en fait la demande avant l'expiration du terme, et moyennant le versement des taxes sus-indiquées.

APPEL AUX OPPOSITIONS. — La présentation ou la réception au dépôt de dessins ou modèles fait l'objet d'un avis dans le *Diario do Governo* et dans le *Boletim da propriedade industriale*, avis dans lequel on fixe un délai de trois mois pour les réclamations de quiconque pourrait se juger lésé ; si, à l'expiration des trois mois, il n'y a pas eu de réclamations, il est procédé à l'enregistrement.

S'il y a des réclamations, elles sont jugées par le Chef de la Division de l'Industrie ; sa décision est susceptible d'un recours devant le Tribunal de Commerce de Lisbonne.

RUSSIE

RÈGLEMENT sur l'Industrie, articles 199 à 209 (¹). — CODE PÉNAL, articles 1356 à 1357 (¹). — RÈGLEMENT sur les Impôts indirects, articles 320 et 321. — OUKASE du Sénat, 24 septembre/6 octobre 1864.

Pour obtenir la protection d'un dessin ou modèle destiné à être reproduit sur un objet fabriqué dans les manufactures, usines et ateliers, l'inventeur ou ses ayants droit doivent déposer ce dessin ou modèle avant toute publicité ou mise en vente.

FORMALITÉS DU DÉPOT. — Le dépôt d'un dessin ou d'un modèle se fait par la présentation d'une demande au Département du Commerce et des Manufactures ou à la Section du Conseil du Commerce et des Manufactures, siégeant à Moscou (au choix de l'intéressé).

La demande doit être accompagnée d'un croquis ou d'un échantillon.

Les demandes sont enregistrées sur un registre spécial dans l'ordre chronologique.

Le dépôt d'un dessin qui n'est pas nouveau ou qui a déjà été employé est réputé nul et non avenu.

DURÉE. — La durée du droit exclusif d'exploitation d'un dessin ou modèle de fabrique commence à courir du jour du dépôt et peut être, au choix du demandeur, de une à dix années.

TAXES. — La taxe de dépôt, proportionnelle à la durée du dépôt, s'élève à 50 copecks (1 fr. 33) par an.

COMMUNICATION DES DÉPOTS. — Les dessins et modèles sont tous conservés dans la section du Conseil du Commerce et des Manufactures siégeant à Moscou.

Après un an, ils sont tenus à la disposition de ceux qui voudraient les consulter.

Toutefois, si le requérant le désire, le secret peut durer trois ans.

---

(1) Voir *Bull. Officiel de la Propriété Industrielle* (année 1898, n° 750).

MENTION A PORTER SUR LES OBJETS MUNIS D'UN DESSIN OU MODÈLE. — Tous les produits reproduisant un dessin ou modèle déposé doivent porter un cachet, une estampille ou un plomb spécial indiquant le terme pour lequel le droit exclusif d'exploitation a été demandé.

DROIT DES ÉTRANGERS. — Le règlement sur l'industrie (loi codifiée, vol. XI, art. 199, observation 1) dit simplement que les étrangers devront se conformer aux règles imposées aux nationaux pour obtenir un droit sur les dessins et modèles.

La Russie n'a pas adhéré à la Convention d'Union.

SUÈDE

LOI du 10 juillet 1899 (¹). — DÉCRET du 24 novembre 1899.

.L'auteur de tout dessin nouveau peut par l'enregistrement de ce dessin obtenir un droit exclusif d'exploitation.

Sous le terme de « dessins », la loi suédoise comprend aussi les modèles qui sont assimilables aux dessins quant à leur destination.

NOUVEAUTÉ DU DESSIN. — Un dessin ne peut être considéré comme nouveau si, avant le dépôt de la demande, il a déjà été reproduit dans un imprimé rendu public ou sur des produits publiquement mis en vente.

Quand un dessin a figuré à une exposition internationale, la divulgation qui en résulte ne porte pas obstacle à son enregistrement si la demande est déposée dans un délai de six mois après l'exposition du dessin.

FORMALITÉS DE L'ENREGISTREMENT. — Les demandes d'enregistrement doivent être faites par écrit, indiquer la nature générale du dessin, les nom, prénoms, profession et adresse postale du déposant et de son

---

(1) Voir Bull. Officiel (année 1899, n⁰⁰ 833 et 834).

mandataire, s'il y a lieu ; elle doit, en outre, contenir une déclaration quant à la question de savoir si le déposant possède le dessin en qualité d'auteur ou à un autre titre ; elle doit enfin être accompagnée d'un bordereau ; la demande doit être signée par le déposant ou son mandataire.

Les dessins doivent être établis sur papier fort de 0^m33 de hauteur sur 0^m21 de largeur et ne doivent être ni pliés, ni roulés.

Si les pièces ne sont pas régulières, l'intéressé est invité à compléter sa demande dans un délai donné, passé lequel sa demande est déchue.

La demande est rejetée si le dessin n'est pas de nature à pouvoir être enregistré ; s'il n'est pas nouveau ; si le déposant qui a désigné une autre personne comme étant l'auteur du dessin n'établit pas qu'il est l'ayant cause de l'auteur ; enfin, si le déposant a négligé d'acquitter la taxe.

En cas de rejet ou de déchéance, la décision est communiquée par écrit au déposant qui peut se pourvoir en appel auprès du Roi.

Si les pièces sont complètes, le dessin est enregistré et un certificat est remis au déposant.

Taxes. — Le dépôt n'est reçu qu'après versement d'une taxe de 10 couronnes ([1]).

Durée. — Le dessin enregistré est protégé pour un terme de cinq ans à partir du jour du dépôt de la demande d'enregistrement.

Limitation des effets du dépot. — Les droits résultant du dépôt sont sans effet contre celui qui, à l'époque du dépôt de la demande, exploitait déjà dans le royaume le dessin enregistré ou avait pris des mesures sérieuses en vue de cette exploitation.

Droit des étrangers. — Lorsqu'on demande en Suède l'enregistrement d'un dessin dont la protection a été accordée dans un État étranger appartenant à l'Union pour la protection de la Propriété industrielle, la demande formée en Suède, avant l'expiration d'un délai de trois mois pour les pays d'Europe et de quatre mois pour les pays hors d'Europe, est considérée comme si elle avait été déposée simultanément avec la demande effectuée dans le pays étranger.

---

(1) La couronne vaut environ 1 fr. 38.

SUISSE

LOI du 30 mars 1900 (¹). — RÈGLEMENT du 27 juillet 1900.

Définition. — Constitue un dessin ou modèle, au sens de la loi suisse, toute disposition de lignes ou toute forme plastique combinées ou non avec des couleurs devant servir de type pour la production industrielle d'un objet.

Dépot. — Les dessins et modèles ne jouissent de la protection légale que s'ils ont été déposés.

Le dépôt crée une présomption de nouveauté de l'objet déposé.

Le dépôt s'opère au moyen d'une demande adressée dans une des trois langues nationales au Bureau fédéral de la Propriété industrielle à Berne. La demande doit être accompagnée :

D'un exemplaire du dessin ou modèle ;

Du montant de la taxe pour la première période de protection ;

D'une procuration s'il y a lieu ;

• D'un cliché.

Toutes les pièces doivent être signées.

Les dessins ou modèles peuvent être déposés isolément ou réunis en paquets ; ils doivent être solidement emballés.

Un même dépôt ne peut se rapporter à la fois à des dessins et à des modèles. De même, un dépôt de dessins de broderie ne peut renfermer aucun autre dessin, ni un dépôt de modèles de montres aucun autre modèle.

Tout dépôt fait contrairement aux prescriptions réglementaires et non régularisé malgré l'avis du Bureau de dépôt est rejeté.

Durée. — La protection légale des dessins et modèles a une durée de quinze années au plus ; elle est accordée par périodes consécutives de cinq années dont la première commence à la date du dépôt.

Pendant la première période de protection, les dépôts de dessins ou modèles peuvent être ouverts ou secrets.

---

(1) ¡Voir *Bull. Officiel* (année 1901, n°° 900 à 902).

Les dépôts de dessins de broderie peuvent rester secrets durant la deuxième et la troisième périodes.

TAXES. — Les taxes sont fixées comme suit :

1º Pour la première période (1re à 5e années), 1 franc pour un dessin ou modèle déposé isolément ; 1 franc par dessin ou modèle contenu dans un paquet ne renfermant pas plus de quatre dessins ou modèles ; 5 francs pour un paquet de cinq dessins ou modèles au moins ;

2º Pour la deuxième période (6e à 10e années), 3 francs pour un dessin ou modèle déposé isolément ; 3 francs par dessin ou modèle contenu dans un paquet dont neuf objets au plus doivent continuer à être protégés ; 30 francs pour un paquet dont dix objets au moins doivent continuer à être protégés ;

3º Pour la troisième période (11e à 15e années), 6 francs pour un dessin ou modèle déposé isolément ; 6 francs par dessin ou modèle contenu dans un paquet dont dix-neuf objets au plus doivent continuer à être protégés ; 120 francs pour un paquet dont vingt objets au moins doivent continuer à être protégés.

Les taxes pour la deuxième et la troisième périodes échoient le premier jour de chacune de ces périodes. Le montant doit être remis ou adressé au Bureau qui délivre un reçu.

Tout délai fixé par mois ou par année expire le jour qui correspond, par son quantième, à celui à partir duquel ce délai court ; s'il n'y a pas de jour correspondant dans le dernier mois, le délai expire le dernier jour dudit mois.

Il n'est pas accordé de prolongation pour les échéances tombant sur un dimanche ou un jour férié.

ENREGISTREMENT. — Tout dessin ou modèle régulièrement déposé est inscrit par le Bureau au Registre des dessins et modèles, sans examen préalable des droits du déposant, ni de la nouveauté de l'objet déposé. Un certificat de dépôt est remis au déposant.

PUBLICITÉ DU DÉPOT. — Le Bureau publie le titre des dessins et modèles déposés, le mode de dépôt, le nom et le domicile du déposant, la date et le numéro d'ordre de chaque dépôt ainsi que les changements survenant dans la personne ou dans les droits du titulaire.

L'ayant droit peut demander, en tout temps, que ses dépôts sous pli cacheté soient convertis en dépôts ouverts.

Toute personne peut obtenir des renseignements oraux sur le contenu du registre des dessins et modèles et prendre connaissance, en présence d'un fonctionnaire de ce bureau, des dessins et modèles déposés à découvert.

PROTECTION PROVISOIRE PENDANT LES EXPOSITIONS. — Il est accordé à tout auteur d'un dessin ou modèle industriel figurant dans une exposition nationale ou internationale en Suisse, un délai de six mois à dater du jour de l'admission à l'exposition, délai pendant lequel il peut déposer valablement son dessin ou modèle nonobstant tout dépôt opéré par un tiers ou tout fait de publicité survenu dans l'intervalle.

De même lorsqu'une exposition internationale a lieu dans un État qui a conclu avec la Suisse une convention sur cet objet, le délai de priorité que le pays étranger accorde aux dessins et modèles exposés leur est accordé aussi en Suisse sans pouvoir excéder six mois à compter du jour de l'admission du produit à l'exposition.

DROIT DES ÉTRANGERS. — Les ressortissants d'États qui ont conclu avec la Suisse des conventions sur ces matières peuvent, dans le délai fixé à partir de la date de leur premier dépôt, à condition que ce dépôt ait eu lieu dans l'un des États visés par la Convention et sous réserve des droits des tiers, déposer leurs dessins et modèles industriels en Suisse, sans que des faits survenus dans l'intervalle puissent être opposés à la validité du dépôt opéré par eux.

LA TRINITÉ ET TABAGO

ORDONNANCES du 19 novembre 1894 (¹) et de 1900 (¹).

La matière des dessins et modèles est régie par une ordonnance du 19 novembre 1894 qui s'applique également aux brevets et aux marques.

---

(1) Voir Bull. Officiel (année 1900, n° 867).

En ce qui concerne les « dessins », cette ordonnance reproduit en substance les dispositions de la loi métropolitaine de 1883 (Voir Grande-Bretagne).

Les taxes sont fixées comme suit :

	£	s.	d.
Enregistrement d'un dessin.	3	0	0
Réinscription dans le registre (en plus).	1	0	0
Enregistrement d'une cession de dessin.	0	10	0
Consultation d'un registre.	0	2	0

TUNISIE

DÉCRET beylical du 25 février 1911 (¹).

DROIT AU DÉPOT ET A L'ENREGISTREMENT. — DÉFINITION. — CARACTÈRES DU DÉPOT. — La propriété d'un dessin ou d'un modèle industriel qu'il s'agisse, dans le second cas, d'une forme plastique nouvelle ou de tout produit se différenciant de ses similaires, soit par une configuration distincte et reconnaissable lui conférant un caractère de nouveauté, soit par un ou plusieurs effets extérieurs lui donnant une physionomie propre et nouvelle appartient à celui qui l'a créé ou à ses ayants cause.

Nul ne peut revendiquer un droit exclusif sur le dessin ou modèle qu'il a créé sans en avoir fait préalablement le dépôt. Ce dépôt peut être effectué à n'importe quel moment, alors même que les dessins ou modèles qui en font l'objet auraient déjà reçu, soit par leur mise en vente, soit de toute autre façon tout ou partie de la publicité commerciale dont ils sont susceptibles.

Le dépôt confère à celui qui l'effectue une présomption de propriété qui peut être combattue devant les Tribunaux par tous les modes de preuve qu'elle autorise. La partie requérante ne peut, toutefois, être admise à administrer cette preuve qu'à la condition d'avoir, elle-même, procédé au dépôt du dessin ou modèle litigieux.

---

(1) Voir *Bull. Officiel de la Propriété Industrielle et Commerciale* (année 1911, n° 1418).

DURÉE DU DÉPÔT. — Le dépôt peut être opéré pour 5, 10 ou 15 années au maximum.

LIEU DU DÉPÔT. — Le dépôt, à découvert ou sous pli fermé, d'un dessin ou d'un modèle industriel doit être effectué à la Direction de l'Agriculture; du Commerce et de la Colonisation (Bureau des Affaires Commerciales et de la Propriété industrielle), soit par l'intéressé, soit par un fondé de pouvoirs muni d'une procuration sous seing privé.

TAXES. — La taxe perçue au profit du Trésor, pour le dépôt, est de 5 francs, 10 francs ou 15 francs, suivant que le dépôt doit avoir une durée de cinq, dix ou quinze ans. Il est versé, en outre, une somme fixe et invariable de 1 franc destinée aux agents préposés à l'exécution matérielle des formalités dont l'accomplissement incombe à l'administration.

La taxe due, en cas de réquisition tendant à la prolongation de la durée du dépôt si elle n'a été antérieurement réclamée que pour cinq ou dix ans, est de 5 francs ou de 10 francs, suivant que la prolongation est demandée pour cinq ans ou pour dix ans.

Elle doit être accompagnée d'une somme fixe et invariable de 1 franc destinée à être allouée aux agents préposés à l'exécution matérielle des diverses formalités dont l'accomplissement incombe à l'administration.

FORMALITÉS DU DÉPÔT. — Le dépôt comporte obligatoirement deux exemplaires de l'objet revendiqué ou d'un spécimen agrandi ou réduit ou d'une représentation (photographie, etc.) de cet objet. Au verso du dessin ou de la photographie le déposant inscrit lisiblement son nom suivi de sa signature et d'un numéro d'ordre, s'il s'agit d'un dépôt collectif de dessins ou modèles différents, lesquels doivent, dans ce cas, porter le premier, le numéro 1, le second, le numéro 2, et ainsi de suite, sans répétition ni solution de continuité, jusqu'à 50 au maximum.

Si au lieu d'un dessin ou de la représentation d'un modèle, c'est le modèle lui-même qui est déposé, il est apposé une étiquette portant les mêmes mentions.

Si, pour l'intelligence de l'objet déposé, le déposant juge nécessaire de l'accompagner d'une légende, celle-ci mentionne, entre autres indications, les dimensions réelles de l'objet, lorsqu'il est représenté agrandi ou réduit.

La légende figure sur un feuillet séparé et porte, s'il s'agit d'un dépôt collectif, le même numéro que l'objet auquel elle a trait. Elle est signée du déposant.

Le ou les dessins ou modèles déposés doivent être contenus dans une boîte ou une enveloppe dont le poids ne doit pas excéder 10 kilogrammes, ni les dimensions 40 centimètres en tous sens.

Cette boîte ou cette enveloppe est revêtue du cachet et de la signature du déposant ou de son mandataire et, si le dépôt n'est pas effectué à découvert, hermétiquement scellée, fermée ou plombée.

Chaque dépôt doit être accompagné :

1° D'une déclaration, en deux exemplaires, l'un et l'autre signés du déposant contenant :

a) Les nom, prénoms, profession et domicile du propriétaire de l'objet ou des objets déposés, ainsi que ceux de son fondé de pouvoirs s'il y a lieu ;

b) Le nombre, la nature et le mode de dépôt de ces objets (à découvert ou sous pli fermé) ;

c) La mention qu'il est ou qu'ils sont chacun en double exemplaire, et dans le second cas, numérotés du premier au dernier ;

d) La désignation, par leur numéro, de ceux auxquels est annexée une légende explicative ;

e) La période pour laquelle le dépôt est effectué ;

2° De deux récépissés constatant le versement à la Direction générale des Finances des taxes exigées (Voir plus haut : *Taxes*).

PROLONGATION. — RESTITUTION. — PUBLICITÉ. — Le déposant ou ses ayants cause peuvent toujours requérir soit la prolongation du dépôt, soit sa restitution, soit au cas où il n'aurait pas été opéré tout d'abord à découvert, sa publicité.

La réquisition dont il s'agit doit être adressée à la Direction de l'Agriculture, du Commerce et de la Colonisation (Bureau des Affaires Commerciales et de la Propriété industrielle).

Elle doit indiquer les nom, prénoms, profession et domicile du déposant, la date, l'heure et le numéro d'ordre du dépôt en cause et si celui-ci est collectif, désigner par leurs numéros les dessins ou les modèles dont la restitution ou la publicité est demandée ou dont le dépôt doit être prolongé.

Elle doit être accompagnée des deux récépissés des taxes dont le versement est prescrit à la Direction générale des Finances (Voir *Taxes*).

TABLE DES MATIÈRES

LÉGISLATION ÉTRANGÈRE
Brevets d'invention et modèles d'utilité

MARQUES DE FABRIQUE

DESSINS ET MODÈLES

DE LAHARPE

NOTES & FORMULES

DE L'INGÉNIEUR

et du Constructeur-Mécanicien

MATHÉMATIQUES, MÉCANIQUE,

ÉLECTRICITÉ, CHEMINS DE FER, MINES,

MÉTALLURGIE, ETC.

Par un Comité d'Ingénieurs, sous la Direction de

CH. VIGREUX	CH. MILANDRE
Ingénieur des Arts et Manufactures	Ingénieur Civil

16ᵉ ÉDITION

Revue, corrigée et considérablement augmentée,
contenant 2.000 pages et 1.500 figures

suivi d'un

VOCABULAIRE TECHNIQUE en Français, Anglais, Allemand

Prix de l'ouvrage cartonné : 12 fr. 50, franco de port

CARNETS ET BLOCS

EN PAPIER MILLIMÉTRÉ
POUR CROQUIS ET RÉDUCTIONS GÉOMÉTRIQUES

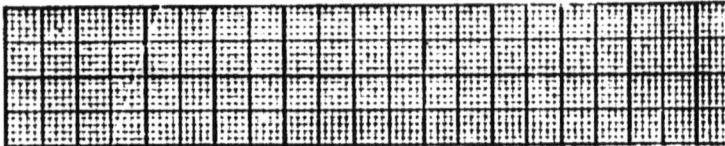

Subdivisions par centimètres avec lignes plus fortes chaque 5 millimètres.

		PAPIER transparent		PAPIER FORT	
		No	Fr.	No	Fr.
BLOCS SUR CARTON, 13½ × 21 :					
	Le bloc .. de 100 feuillets		1 . »		1.30
	Par 10 carnets	501	0.90	502	1.20
	Par 50 —		0.80		1.05
	Par 100 —		0.70		0.95
	Le bloc .. de 200 feuillets		1.80		2.40
	Par 10 carnets	503	1.65	504	2.15
	Par 50 —		1.45		1.90
	Par 100 —		1.25		1.70
— Id. —	21 × 27 :				
	Le bloc .. de 100 feuillets		1.90		2.50
	Par 10 carnets	505	1.70	506	2.25
	Par 50 —		1.50		2 . »
	Par 100 —		1.35		1.75
	Le bloc .. de 200 feuillets		3.60		4.80
	Par 10 carnets	507	3.25	508	4.30
	Par 50 —		2.90		3.85
	Par 100 —		2.50		3.35
— Id. —	27 × 37 :				
	Le bloc .. de 100 feuillets		—		6 . »
	Par 10 carnets		—	508a	5.40
	Par 50 —		—		5 . »
	Par 100 —		—		4.50
PIQURES, couverture moleskine, 13½ × 21 :					
	Le carnet de 100 feuillets		1.50		1.80
	Par 10 carnets	509	1.35	510	1.60
	Par 50 —		1.20		1.45
	Par 100 —		1 . »		1.25
	Le carnet de 200 feuillets		2.75		
	Par 10 carnets	511	2.50		
	Par 50 —		2.20		
	Par 100 —		1.90		
— Id. —	21 × 27 :				
	Le carnet de 100 feuillets		3 . »		3.75
	Par 10 carnets	513	2.70	514	3.40
	Par 50 —		2.40		3 . »
	Par 100 —		2.10		2.60
	Le carnet de 200 feuillets		5.50		
	Par 10 carnets	515	4.95		
	Par 50 —		4.40		
	Par 100 —		3.85		

Les Blocs et Piqûres se font en noir, bleu ou blaire au gré des clients

PAPIER MILLIMÉTRÉ, subdivisions par centimètre, avec divisions plus fortes de 5 en 5 centimètres :

	5 × 65		52 × 50		27 × 7	
	Mince	Fort	Mince	Fort	Mince	Fort
La feuille	0.10	0.20	0.075	0.15	0.05	0.10
Les 100 feuilles	8.50	17 »	5 »	10 »	3.50	7 »
Les 500 —	40 »	80 »	22 »	44 »	14 »	28 »